아직도 민족주의인가
우리시대 애국심의 지성사

곽준혁·조홍식 엮음

한길사

아직도 민족주의인가
우리시대 애국심의 지성사

엮은이 · 곽준혁 · 조홍식
펴낸이 · 김언호
펴낸곳 · (주)도서출판 한길사

등록 · 1976년 12월 24일 제74호
주소 · 413-756 경기도 파주시 문발동 파주북시티 520-11
       www.hangilsa.co.kr
       E-mail: hangilsa@hangilsa.co.kr
전화 · 031-955-2000~3   팩스 · 031-955-2005

상무이사 · 박관순
총괄이사 · 곽명호 | 영업이사 · 이경호 | 경영기획이사 · 김관영
기획편집 · 박희진 안민재 임소정 김지연
전산 · 한향림 | 마케팅 · 박유진
관리 · 이중환 장비연 문주상 김선희

CTP 출력 및 인쇄 · 현문인쇄 | 제본 · 경일제책

제1판 제1쇄 2012년 6월 30일

값 18,000원

ISBN 978-89-356-6236-4 03300

● 잘못 만들어진 책은 구입하신 서점에서 바꿔드립니다.

이 도서의 국립중앙도서관 출판시도서목록(CIP)은 e-CIP홈페이지(http://www.nl.go.kr/ecip)와
국가자료공동목록시스템(http://www.nl.go.kr/kolisnet)에서 이용하실 수 있습니다.
(CIP제어번호 : CIP2012003245)

이 책은 한국연구재단 SSK 시민적 연대 사업단(NRF B00151)의 연구지원으로 출판되었습니다.

프롤로그

한국사회와 민족주의

 2012년 우리는 독특한 경험을 하고 있다. 1980년대 민주화를 이끌었던 정치세력들 중의 일부가 시민적 삶으로부터 유리된 민족주의를 가지고 우리의 일상으로 찾아오고, 해방 이후 한국사회를 이념의 전장으로 만들어왔던 반공과 통일의 정치지형이 다시 고개를 든 것이다. 바로 2012년 총선 이후 통합진보당 비례대표 부정경선 의혹과 더불어 불거진 논쟁을 말함이다. 이미 많은 사람들이 지적했듯이, 지금 경험하고 있는 일련의 이념 논쟁들은 여러 측면에서 1987년 민주항쟁을 경험했던 시민들의 마음을 아프게 한다. 민주화 운동세력이 권위주의 정부 아래에서 부여되었던 도덕적 자신감만을 무기로 비민주적 처사를 통해서라도 자신들의 의사를 관철시키려는 모습에서, 자신들이 대변할 시민들의 삶이 어떻게 돌아가는지에 대해서는 침묵한 채 이념적 딱지를 붙이고 몰아가며 분파적 이익을 챙기는 모습에서, 그리고 민주화 이후 지금까지 시민들이 축적해온 정치적 경험과 상식이 한꺼번에 극단의 미궁으로 빠져들어가는 모습에서, 우리는 좌우를 불문하고 시민적 성찰과 숙고의 시간을 가져야 한다고 느끼고 있다.

무엇보다 다양성이 거부되고 일방적 교화를 반복하는 한국사회의 갈등 양상이 혹 민족주의를 통해 배양된 것은 아닐까 고민하게 된다. 물론 한국사회에서 민족주의가 담당해온 정치·사회적 역할을 부정하는 것은 아니다. 근대국가의 성립과 동시에 전개된 식민지 경험, 해방과 함께 시작된 분단의 고통, 한국전쟁의 집단적 충격, 개발독재의 성장이데올로기, 아래로부터 시작된 민주화 과정, 그리고 분단의 평화적 해결을 위한 현재의 노력에 이르기까지, 민족주의가 담당해왔고 담당해야 할 역할이 실로 광범위하다는 것을 인정한다. 그러나 민주화 이후 민족주의가 '오랜 시간 동안 동일한 영토에서 형성된 종족적 동질성'이라는 신념은 유지하면서도 '시민적 자유와 책임을 통해 구성해온 도덕적·시민적 품위'라는 점에는 무관심했음을 간과할 수 없다.

마치 이스라엘 사람들이 자신들만이 선택받은 민족(goy kadosh)이라고 지칭함으로써 모두가 신의 자녀라는 사실을 망각했듯이, 자신들만이 옳다는 생각으로 다른 동료시민들의 생각은 들을 필요도 없다고 생각하는 것은 아닌지. 마치 '힘이 모든 것'이라고 믿던 시절에 민족주의자들이 '연민'(misericordia)을 거부하고 '지배'(dominatus)를 선택했던 것과 마찬가지로, '성장'과 '지배'로 얼룩진 과거 민족주의와 전혀 다를 바 없는 비관적 현실주의를 가지고 약자의 회복보다 강자의 영광을 공유하려 하는 욕구에 종사하고 있는 것은 아닌지. 그래서 우리의 청소년들은 그 어느 사회에도 있을 법한 따돌림의 문제에 더 취약하고, 그래서 우리의 자살률이 그 어느 OECD 국가에 비해 더 높고, 그래서 우리의 미시적 삶의 일상에 배려보다 권력욕이 용솟음치고, 그래서 우리의 낙인 찍는 문화는 다른 사회보다 더 낙인찍혀 내몰린 약자를 지켜줄 수 있는 절차와 보호에 무관심한 것은 아닌지. 우리 스스로가 경험하고 있는 이른바 '쏠리는' 문화, 민족주의 만능의 문화, 그리고 우리가 갖고 있는 '대한민국'과 '한국인'에 대한 애정을 한번 돌아볼 필요가 있다는 것이다.

민족주의가 곧 파시즘의 모태라는 말을 하려는 것이 아니다. 민족주의의 수정을 요구하는 입장이든 민족담론의 해체를 요구하는 입장이든, 시민적 자유와 평화적 공존을 위해 민족주의 또는 조국에 대한 사랑이 올바르게 기능할 수 있는 방법을 고민해야 한다는 것이다. 실제로 동북아시아 각국의 민족주의는 지구화시대에 더욱 기승을 부리고 있다. 영토분쟁과 시장경쟁, 그리고 과거사 문제와 불균등한 힘의 분포가 다시 민족주의와 결합되고, 이러한 결합과 재결합의 과정에서 민족주의는 새로운 얼굴로 동아시아를 재구성하고 있다. 비록 '애국주의,' '보통국가,' 또는 '신애국주의'와 같은 이름으로 민족주의의 부정적 요소를 탈색하려고 노력하지만, 동아시아 각국의 민족주의가 제공하는 기억과 망각의 도식은 냉전적 사고에 짓눌렸던 과거보다 더욱 냉전적인 대립을 가져올 수 있는 환경을 만들어내고 있다.

이러한 환경 속에서 민족주의가 정치적 이데올로기로서 가지는 위험성을 지적하는 정도에 그치거나, 개선의 방향을 단순히 개개인의 정치적 선택이나 도덕적 판단으로 치환하는 연구로는 충분하지 않다. 아울러 민족주의를 날조된 정치적 선전으로 치부하거나, 보편이라는 이름으로 특수한 조건 속의 삶의 내용에 무관심하거나, 보편 이성에 기초한 도덕률만을 고집하는 것은 역사의식과 정치적 사려가 결여된 처사다. 지금 우리에게 필요한 것은 변화하는 세계와 민족주의 또는 애국주의를 조화시킬 수 있는 일관된 인식론적·철학적·정치적 판단기준이다.

민족주의의 근대성

현대 세계를 대표하는 전형적인 정치 단위가 민족국가라는 사실을 부정하기는 어렵다. 민족이라는 문화적 동질성을 가진 공동체와 국가라는 정치적 권력의 조직을 하나로 묶으려는 계획이야말로 프랑스 대혁명 이후 현재까지 전 세계적으로 확산된 보편 현상이라고 할 수 있다. 이제 지구상에 민족국가의 주권이 미치지 않는 영역은 거의 존재하지 않는다. 70억 세계 인구는 각각 200여 개의 국적(nationality)이라는 '민족성'으로 규정된다. 극소수의 무국적자(apatride)나 다중 국적자의 예외가 존재하지만 한 사람이 이름이나 그림자를 가지듯이 국적을 가져야 한다는 일반적인 원칙에 의문을 제기하기는 어려운 상황이다. 민족국가는 사람뿐 아니라 아무리 작은 무인도라도 소유하고야 마는 강한 흡인력을 발휘한다. 한국과 일본 사이에 독도를 둘러싼 분쟁은 동아시아에서 중국과 필리핀,

베트남 등이 벌이는 소규모 열도에 관한 '영토 민족성'(territorial nationality) 다툼을 대변한다.

　문화적으로 규정되는 민족과 정치 단위로서의 국가를 하나로 통합하는 체제는 당연하거나 자연스럽고 보편적인 것은 아니었다. 스미스(Anthony Smith)와 같은 민족 전문가가 유대 민족의 대표 사례를 들며 '민족의 고대성'을 주장하기는 하지만 이러한 사례는 예외에 속하는 것이었다. 그리스는 하나의 문명권을 형성했지만 정치적으로는 도시라는 보다 작은 단위를 중심으로 만들어졌다. 로마는 제국이라는 거대한 정치 집합을 형성했고, 그 안에는 다양한 규모와 성격의 문화공동체들이 공존했다. 그러기에 앤더슨(Benedict Anderson)은 인쇄자본주의를 통해 국어(national language)가 수립·확산·강요·재생산되는 역사적 과정을 분석하고, 국어뿐만 아니라 지도와 박물관, 문학 등 민족공동체를 표상함으로써 대규모 집합의 상상을 가능하게 하는 다양한 기제에 주목했다. 비슷한 근대주의적 맥락에서 겔너(Ernest Gellner)는 오히려 민족주의가 민족을 만들어낸다고 주장하면서, 농경사회에서 산업사회로 이행하는 과정에서 기능적 필요에 따라 특정 국가 내에 상호 교환 가능한 유사한 개인의 집단인 민족이 필요하게 되었다고 설명한다. 이렇듯 민족과 국가가 일치되어야 한다는 발상 자체는 매우 근대적이었던 것이다.

　결국 현대 세계를 구성하는 각각의 민족국가는 고유의 역사적 과정을 통해 개별적으로 형성되었다고 볼 수 있다. 예를 들어, 프랑스는 왕조를 중심으로 발전한 국가가 다양한 문화집단을 하나의 민족으로 융화한 경우다. 영국 역시 프랑스와 유사하게 국가가 민족을 하나로 묶어내는 사례이지만, 프랑스만큼 정치·사회적 통합이 진행되지는 못했다. 아일랜드처럼 독립했거나 여전히 상대적 정치·문화적 자율성을 누리는 북아일랜드·스코틀랜드·웨일스 등의 민족과 지역이 공존하기 때문이다. 독일은 이들과는 정반대로 상당한 정도의 통일성을 자랑하는 문화공동체로서의 민족이 하나의 국가를 만들어낸 경우다. 다른 한편 아메리카 대륙에서는 식민지의 행정구역을 중심으로 독립국가가 형성되어 사후적으로 민족을 만들어내는 과정에 돌입했다. 영국·프랑스 등 서구의 민족국가 모델은 제국주의를 통해 다시 아시아 및 아프리카의 식민지로 확산되었다. 20세기 들어 제1차 세계대전 이후 민족국가의 원칙과 현실은 중·동유럽으로 확산되었고, 제2차 세계대전 뒤에는 탈식민화를 통해 아시아와 아프리카를 포함한 전 지구로 퍼져갔다. 서구의 민족주의 전형들이 소개되기 이전에 어떤 공동체를 상상했든, 인민주권을 비롯한 근대적 민족담론은 인류의 정치·사회적 환경을 크게 변화시켰던 것이다.

지구화 시대의 민족주의

여기서 우리는 민족국가의 논리가 보편화되고 체계적인 성격으로 발전하면서 인류는 대단히 심각한 폐해를 경험하게 되었다는 점을 성찰해볼 필요가 있다. 첫째, 정치와 문화를 하나의 단위로 묶는 원칙과 논리는 매우 복합적이고 다양한 현실을 왜곡했다. 민족국가의 대표적 모델이라고 할 수 있는 프랑스에서조차 알사스 지방이나 브르타뉴 지방의 독특한 언어를 사용하는 집단은 프랑스어라는 민족언어의 강제에 굴복할 수밖에 없었다. 인도는 독립과정에서 다양한 문화집단이 국가의 독점적 문화권력을 차지하려고 노력했는데 국어를 결정하는 경쟁과정에서 합의에 도달할 수 없었고, 그 결과 제국의 언어인 영어를 국어로 채택할 수밖에 없었다. 한국처럼 단일 민족성을 강조하는 곳에서조차 방언의 사용을 금지하는 것은 헌법에 위배된다는 항의가 제기될 정도로 민족국가 논리의 획일성은 다양하고 복합적인 현실을 왜곡, 탄압하고 있다.

둘째, 민족국가의 독점적 주권의 개념은 위에서 언급했듯이 다양한 분쟁의 원인을 제공하는 것은 물론 전쟁과 충돌, 인종청소와 민족학살 등의 비극을 초래하는 요인으로 작동했다. 두 차례에 걸친 세계대전은 민족국가 간의 극단적 충돌이며, 자기중심적이고 이기적인 민족주의의 발현에 따른 배타성의 귀결이었다. 독일 나치체제에서 자행된 유대 민족의 대학살 정책은 종족적 민족주의와 현대국가의 결합이 얼마나 잔인하고 극악무도한 반인륜 사건으로 발전할 수 있는지를 여실히 보여주었다. 전쟁의 피해가 극심했던 유럽에서는 제2차 세계대전 이후 민족주의에 대한 반성과 새로운 정치와 평화에 대한 갈망이 유럽통합운동으로 연결되었다. 문제는 이러한 비극이 유럽뿐 아니라 민족국가의 논리가 확산된 다른 대륙에서도 어김없이 나타나고 있다는 사실이다. 동부 아프리카에서 벌어지는 후투족과 투치족의 대립이나 코트디부아르의 내전 등에서 나타나는 종교 및 종족 공동체 간의 대립은 국가와 국부를 독차지하려는 노력의 일환이다.

셋째, 현대 세계를 특징짓는 인구의 이동 현상으로 이제 다문화적 현실이 크게 확산되었다. 근대를 만드는 과정에서 유럽의 인구가 전 세계로 확산되는 제국주의와 식민주의 시기는 종결되었지만, 이제는 인구가 증가하는 다른 지역의 이민자들이 부유한 북미와 유럽, 동아시아 등으로 이동하는 시대로 발전했다. 사실 다문화와 다민족 공존에 대한 우리의 근대적 경험은 일천하다. 미국이 다인종·다문화 사회라고 알려져 있지만, 주지하다시피 실질적으로 미국을 지배하는 민족은 이른바 백인-기독교-앵글로-색슨(WASP) 집단이다. 2008년 최초로 흑인 대통령이 선출됨으로써, 미국이 진정한 다인종·다종족 민족(multiethnic nation)으로 첫 단추를 채웠다고 말해도 과언은 아니다. 어떤 면에서는 이제야 비로소 백인·히스패닉·흑인 등 다양한 종족 집단의 충돌 가능성을 경험하게 되었다고도 볼 수 있다.

최근 유럽에서 아시아와 아프리카에서 이주해온 이민자 집단의 사회통합 문제가 커다란 쟁점으로 등장한 것도 같은 맥락이다. 2011년 영국에서와 같은 집단 폭동이 점차 빈번해지고 있으며, 이에 대한 사회의 반발과 적개심, 그리고 극우 민족주의 정치세력의 부활 등이 눈에 띈다. 또한 9·11사건으로 상징되는 국제 테러리즘의 급부상으로 인해 이제 전선 없는 전쟁이 일반화되었고, 각 사회 내부에서부터 치안과 안보를 확보해야 하는 시대가 왔다.

'민족주의 없는 애국심'이라는 제목을 가지고 시작한 공동의 연구는 획일적이고 갈등 유발적인 배타적 민족주의 논리에 대한 반성에서 출발했다. 물론 민족국가의 보편화 과정에서 인류가 얻은 다양한 혜택을 무시하거나 외면할 수는 없다. 기본적으로 근대적 민족 개념의 실현은 민족 구성원 사이에 평등한 관계를 동반하는 것이었고, 그 과정에서 불평등한 봉건적 신분사회를 붕괴시킬 수 있었다. 민족국가와 주권이라는 주제들은 서구 중심의 제국주의 시대에 종말을 고하는 데 크게 기여했고, 훨씬 더 무정부적이었을 국제사회에 조금이나마 질서와 안정을 제공했다. 강대국과 약소국의 불평등한 국제 관계는 현대 세계의 일상적 현실이지만, 그럼에도 불구하고 형식적 주권과 민족국가의 논리는 약자의 권리와 이익을 보호하는 데 기여하고 있다. 민족주의의 혜택과 폐해에 대한 평가는 이 작업에 참여한 학자에 따라 달랐다. '민족주의 없는 애국심'이 과연 개념적·이론적 또는 실천적으로 바람직한지, 가능한지에 대한 평가도 같지 않았다. 그러나 이러한 차이와 다양성이 우리의 공동작업을 풍성하게 만들어주었다. 아울러 앞으로 각자 담당할 후속 연구들을 더욱 풍성하게 해줄 것으로 생각했다. 동료애에서 인류애로의 전이를 위해 모두가 노력하리라는 기대감이 커졌기 때문이다.

민족주의, 대안은 없는가

「백 걸음」(I cento passi)이라는 이탈리아 영화가 있다. 이 영화는 시칠리아의 팔레르모(Parlermo) 지역에 있는 치니지(Cinisi)라는 작은 마을에서 반마피아(anti-Mafia) 운동을 벌이다가 살해된 주세페 임파스타토(Giuseppe Impastato, 1948~78)의 일대기를 그린 것이다.

이 영화가 '민족주의 없는 애국심'과 관련해서 뇌리를 스친 이유는 두 가지다. 하나는 '백 걸음'이 의미하는 바다. 표면적으로는 주인공의 집에서 그 지역 마피아 두목 집까지의 거리다. 그러나 주인공이 동생과 나누는 대사 속에서 다음과 같은 의미가 있다는 것을 어렵지 않게 알 수 있다. 너무나 가까이 있어서 일상이 되어버린 마피아의 지배, 문제가 생길 때마다 쉽게 찾아가서 도움을 구하는 주민들의 습관, 그리고 익숙해져버린 복종이 가져다주는 편안함에 등을 돌린 주민들 때문에 혼자 저항할 수밖에 없는 처지에 대한 탄식을 담고 있다. 혹시 우리의 민족주의도 이런 마피아의 힘을 가진 것은 아닐까.

또 하나는 아들의 반마피아 운동 때문에 마을에서 입장이 난처해진 아버지가 주인공을 집에서 쫓아내며 하는 말이다. '너의 아버지를 존경하라'(Honora tuo padre!). 반마피아 운동에 뛰어든 주인공에게, 결국 마피아의 일원일 수밖에 없었던 아버지는 십계명을 통해 아들의 순종을 요구한 것이다. 그 어느 나라보다 가족적 유대가 강한 이탈리아, 그 어느 나라보다 신앙의 힘이 강한 이탈리아, 자유를 지키려다 자유를 송두리째 파시즘에 갖다 바친 이탈리아, 이 나라의 역사적 경험이 우리가 경계해야 할 민족주의의 미래로 연상된 것이다.

한국사회뿐만 아니라 공화주의 전통이 강한 영미사회에서도 민족주의와 애국주의의 구별은 힘들다. 사실 고전적 공화주의 전통에서도 '시민적 자유의 경험을 통해서만 배양되는 애국심'과 '존경할 가치가 없는 국가에 대해서도 느끼는 애정'을 구별하기란 쉬운 일이 아니다. 그럼에도 불구하고, 고전적 공화주의에서 '자기가 태어난 나라에 대한 무조건적 헌신'과 '시민적 자유와 평등이 보장되는 공화정에 대한 애정'을 구별하려 했다는 점은 지금 시대에도 큰 의미가 있다. 첫째, 고전적 공화주의에서 시민적 자유와 평등을 공동체 내부의 정신적·문화적 동질성보다 중시했다는 것을 기억할 필요가 있다. 즉 정치체제의 성격과 내용이 애국심의 주요한 잣대가 되었고, 동일한 맥락에서 '시민적 자유와 평등'이 애국심이 발현될 수 있는 조건이자 애국심이 지향하는 정치체제의 성격과 내용으로 제시되었다는 것이다. 둘째, '조국에 대한 사랑'이 동료애에서 인류애로 전이될 수 있는 정치·사회적, 윤리적 판단 근거를 모색하는 노력을 중단하지 않았다는 점 또한 기억할 필요가 있다. 키케로(Cicero)가 '비지배 자유'에서 동료애로부터 인류애로의 전이를 가능하게 할 도덕적 의무감의 단초를 발견했듯이, 고전적 공화주의에서는 민족주의 없는 애국심이 개별 국가 차원을 넘어 인류 보편의 차원까지 확대·적용할 수 있는 정치적·도덕적 조정 원칙을 고민했다는 것이다.

이런 문제의식에서 이 책은 한편 플라톤에서 헤겔에 이르는 '애국심'의 지성사를, 다른 한편 근대 이후 민족주의의 경험을 '민족주의 없는 애국심'이라는 틀로 살펴보려 한다. 세부 내용은 크게 다음 네 가지로 구성된다. 첫째, 개인을 희생하며 전체에 헌신하는 자기부정적인 시민적 덕성을 상정하거나, 적극적인 정치참여를 통한 자율성을 애국심의 전형으로 제시했느냐를 살펴볼 것이다. 개인의 자율성을 훼손하면서까지 공공선을 창출하기 위한 집단적 노력이 정당화된다면 그 근거는 무엇인지를 논의한다는 것이다. 둘째, 개인이 동료시민들과 자신이 소속된 정치공동체에 애정을 가지게 되는 원인이 어디에 있다고 보았는지를 분석할 것이다. 이타적 행위의 실질적 동인은 무엇이며, 그러한 행위의 도덕적 근거를 어디서 찾았는지를 논의한다는 것이다. 셋째, 민족국가의 권력에 대한 시민들의 견제와 통제를 정당화할 수 있는 근거를 제공했는지를 찾아볼 것이다. 궁극적으로 시민들에게 민족주의의 퇴행적 진화를 막을 실질적인 힘을 부여했는지를 고찰하는 것이다. 넷째, 동료애에서 인류애로의 확대를 유도하는 내재적 원칙이 있었는가를 확인할 것이다. 공동체 내의 다른 구성원들의 자유뿐만 아니라 다른 공동체에 속한 사람들의 자유 또한 소중히 여기는 행위에 도덕적 의무감을 부여할 수 있는 내재적 원칙은 어떤 것이 있는지를 고찰할 것이다.

이 연구에 참여한 필자들은 이미 책을 내기 전부터 정치사상학회와 한국정치학회에서 서로의 주장을 접할 기회가 잦았다. 그렇지만 동일한 주제를 놓고 공부해온 바를 허심탄회하게 이야기할 기회는 많지 않았다. 그러기에 2010년 국방부의 '군대윤리교육'과 관련된 과제를 마친 후에 자연스럽게 '민족주의 없는 애국심'이라는 주제로 다시 만나게 되었다. 애국심에 대한 보다 깊이 있는 학문적 공조가 필요하다는 인식을 같이했고, 그래서 한국연구재단의 SSK (Social Science Korea) 시민적 연대 사업단의 공동연구에 참여하게 되었다.

최근 민족주의 없는 애국심을 주장하는 학자들이 그러하듯, 주장의 차이를 축적된 공부의 방식으로 인정하고, 동료시민들을 대하듯 서로의 학문적 소양을 존중했다. 동시에 서로의 학문에 대한 존중이 주제에 대한 무관심으로 전락하지 않도록 지속적인 토론을 벌였다. 이 과정에서 박길성 단장님을 비롯한 사업단의 연구자들에게 큰 도움을 받았다. 어려운 여건에도 불구하고, 이 책의 출판을 결정해준 한길사 김언호 사장님과 박희진 편집장님에게 큰 은혜를 입었다. 부족하지만, 이런 격려와 관심이 한국사회의 민족주의에 대한 진지한 성찰에 조금이나마 보탬이 되었으면 하는 마음뿐이다.

2012년 6월
곽준혁·조홍식

아직도 민족주의인가

프롤로그 · 5

1장 아테네 애국심의 두 모델 | 박성우 · · · · · · · · · · · · 21
2장 중세 독일 민족의식의 발전 | 윤비 · · · · · · · · · · · · 61
3장 마키아벨리의 공화적 애국심 | 곽준혁 · · · · · · · · · · 97
4장 스피노자와 조국에 대한 사랑 | 공진성 · · · · · · · · · 133
5장 헤겔의 인륜적 애국심 | 장준호 · · · · · · · · · · · · · 171
6장 프랑스혁명 이후, 애국주의에서 민족주의로 | 홍태영 · 197
7장 프랑스 민족주의와 유럽의 통합 | 조홍식 · · · · · · · · 233
8장 세계시민주의와 애국심 | 조계원 · · · · · · · · · · · · 267
9장 하버마스의 헌정적 애국심 | 홍승헌 · · · · · · · · · · · 301

참고문헌 · 325

- 이전에 발표된 글들은 부분 또는 전체적으로 퇴고했으며, 최초 발표 지면은 다음과 같다.

아테네 애국심의 두 모델 「플라톤의 「메네크세노스」와 아테네 제국의 정체성 그리고 플라톤적 정치적 삶」, 『한국정치학회보』 제41집 4호, 한국정치학회, 2007; 「소크라테스는 칼리클레스와 화해할 수 있을까」, 『서양고전학연구』 제20집, 한국서양고전학회, 2003.

중세 독일 민족의식의 발전 「중세 독일 민족의식의 발전과 로에스의 알렉산더(Alexander of Roes)의 제국론」, 『서양중세사연구』 제28호, 한국서양중세사학회, 2011.

스피노자와 조국에 대한 사랑 「스피노자와 애국심」, 『한국정치학회보』 제45집 4호, 한국정치학회, 2011.

헤겔의 인류적 애국심 「독일에서 애국주의 개념과 변천 : 애국주의 패러독스를 극복하는 헤겔의 인류적 애국심과 현재의 유쾌한 애국심을 중심으로」, 『한독사회과학논총』 제22권 2호, 한독사회과학회, 2012.

프랑스혁명 이후, 애국주의에서 민족주의로 「프랑스 공화주의의 전환: 애국심에서 민족주의로」, 『사회과학연구』 제20권 1호, 서강대학교 사회과학연구소, 2012.

프랑스 민족주의와 유럽의 통합 「프랑스 극우 민족주의 정치세력과 유럽통합: 민족전선의 사례」, 『한국프랑스학논집』 제54호, 한국프랑스학회, 2010.

1장

아테네 애국심의 두 모델

박성우

애국심이란 것이 지도자에 의해서 인위적으로 만들어지는 일시적인 집단감정이 아니라, 국가와 시민들의 정체성과 관련된 지속적인 것이라면, 훌륭한 지도자의 유무가 결정적인 변수가 되어서는 안 된다. 따라서 플라톤은 아테네 애국심의 실패를 페리클레스라는 지도자의 부재 때문이 아니라, 페리클레스의 애국심 모델 자체의 결함 때문이라고 파악하고, 「메네크세노스」의 에피타피오스에서 이를 대체할 새로운 애국심 모델을 제시한다.

아테네 애국심과 에피타피오스

한 국가가 대외적인 독립과 대내적인 통합을 유지하려면 어느 정도 시민들의 희생은 불가피하다. 특히 위기 시의 국가는 개별 시민으로 하여금 국익을 위해서라면 자신의 목숨까지도 기꺼이 바칠 수 있는 희생정신과 국가의 명령이라면 어떤 내용이라도 따르는 무조건적인 복종심을 요구한다. 애국심은 이와 같이 국가의 생존과 번영을 위해 시민들이 감당해야 할 희생과 복종을 뒷받침하는 집단적 감성이다. 그러나 시민의 희생과 복종만이 바람직한 애국심의 요소라고 보기는 어렵다. 시민의 일방적인 희생과 무비판적인 복종은 종종 맹목적인 국수주의로 흐르기 쉽고, 이런 집단감성은 결국 국가의 생존과 번영을 저해하는 결과를 초래할 수 있기 때문이다.

건전한 애국심의 조건은 무엇인가? 그것은 시민들이 국가를 위해 희생할 각오가 되어 있으면서도 국가의 명령에 맹목적으로 복종하지 않고, 또 국가정책에 대해서 어느 정도 비판적 태도를 견지하면서도 국가 분열을 초래하지는 않는, 한편으론 희생과 복종 다른 한편으론 비판과 불복종 사이에서 균형을 찾는 것이다. 그러나 현실적으로 그 균형점을 찾기란 매우 어려운 일이다. 건전한 애국심은 어떻게 성취되고, 또 이런 균형잡힌 애국심이 지속가능하기 위한 조건은 무엇인가?

이 질문에 답하기 위해 이 글은 고대 아테네에서 나타난 두 개의 애국심 모델을 검토할 것이다. 특히 당시 아테네 애국심의 유형이 가장 잘 드러나는 페리클레스의 에피타피오스와 플라톤의 에피타피오스를 분석하면서, 아테네 애국심 모델의 한계와 가능성을 검토할 것이다.

에피타피오스(epitaphios)란 기원전 470년경부터 펠로폰네소스 전쟁 기간을 거쳐 약4세기 말 정도까지 비교적 짧은 기간 아테네에만 존재했던 특수한 관행으로, 전쟁에서 희생된 아테네인들을 추모하는 국장(國葬)에서 행해졌던 장례연설문이다.[1] 이 당시 국장은 하나의 큰 상징적 행사였다. 이틀 동안 가족들에 의한 장례가 치러진 후부터 사자(死者)들은 완전히 공적인 자산이 된다. 장례행렬은 열 개의 나무관을 따라 이어지는데, 각각은 아테네의 열 개 부족을 의미하고, 하나의 빈 상여가 실종된 전사자들을 상징한다. 국장은 대개 전쟁이 있던 해의 연말을 기하여, 혹은 새로운 전투를 앞두고 치러지며, 여기서 에피타피오스를 대중 앞에서 낭독하는 것은 그야말로 국장의 하이라이트이다(Loraux 1986, 123).

에피타피오스는 물론 전몰자들의 업적을 기리고, 그 유족을 위로하기 위한 것이다. 그러나 에피타피오스의 내용은 전몰자들이 몸바쳐 희생한 조국에 대한 칭송이 주를 이룬다. 전몰자들의 희생이 결코 헛된 것이 아님을 강조하기 위함일 것이다. 국가에 대한 칭송은 아울러 전몰자들이 저지른 악행을 알고 있는 사람들로 하여금 이들의 개별적인 악행 대신 조국의 위대함으로 관심을 돌리게 함으로써 전몰자들의 죽음을 명예롭게 하는 효과도 있다. 이 같은 내용으로

---

[1] 데모스테네스는 "아테네인들이 유일하게 그들의 조국을 위해 죽은 시민들에게 추도연설을 행한 집단"이라고 언급한다(Loraux 1986, 1).

에피타피오스가 공개적인 장소에서 읽힌다는 사실을 고려할 때, 이는 전몰자의 유족을 포함해 국장에 참여하고 있는 모든 시민들의 애국심을 고취하는 데 결정적인 역할을 했으리라고 짐작할 수 있다.

평시보다 전시는 애국심이 보다 더 절실하게 요구되는 시점이다. 따라서 전시에 나타나는 아테네의 에피타피오스는 아테네인들이 "어떤 국가" 또는 "국가의 어떤 가치"의 수호를 위해 애국심을 발휘하게 되었는가를 가장 적절히 보여주는 자료이다. 에피타피오스는 주로 정치엘리트에 의해서 작성되지만 그 내용이 시민들에게 일방적으로 주입되는 것은 아니다. 궁극적으로 에피타피오스는 시민들의 애국심을 고취시켜야 하므로 시민들이 자기희생을 통해서 지켜내고자 하는 국가상에 조응해야 한다. 즉 에피타피오스는 이미 시민들이 바람직한 국가상으로 생각하고 있는 국가 정체성을 반영할 수밖에 없다는 것이다.

이런 맥락에서 에피타피오스는 아테네 시민들이 자신의 정체성을 확인할 수 있는 "상상의 공간"이자, 이와 함께 시민들이 국가의 정체성 형성에 기여하는 말을 통해서 끊임없이 "구성되고 재구성되는" 아테네 정체성의 생성소이다(Loraux 1986). 따라서 에피타피오스는 단순히 희생자의 추모와 유가족의 위로에 그치는 것이 아니라, 아테네 시민 전체가 그들의 정체성을 확인하고 이를 내면화하는 과정이다.[2]

---

[2] 이런 맥락에서 로로는 공적인 장소에서 전사자들을 위한 추도연설을 하는 것은 아테네인들이 만든 것이지만, 아테네인들(의 정체성)은 바로 이 추도연설문에 의해 만들어진다고 주장한다(Loraux 1986).

아테네의 에피타피오스가 이와 같은 정치·사회학적 의미를 담고 있음에도 불구하고, 아쉽게도 현존하는 에피타피오스는 그 수가 매우 제한되어 있다. 우리에게 가장 잘 알려져 있는 페리클레스의 에피타피오스가 그 중 하나이다. 그 외에 아주 일부만 단편으로 남아 있는 고르기아스의 에피타피오스, 비교적 늦게(약 기원전 390년) 저술된 리시아스의 에피타피오스, 마지막으로 플라톤의 대화편에 소개되어 있는 에피타피오스가 전부이다.

이 글은 페리클레스의 에피타피오스와 플라톤의 에피타피오스를 비교 분석함으로써 아테네인들의 애국심 유형을 밝히고, 여기에 나타난 애국심의 균형 문제와 지속가능성 문제를 다루고자 한다. 유독 이 두 에피타피오스만을 비교 검토하는 것은 그럴 만한 이유가 있다. 우선, 고르기아스의 에피타피오스는 사료적 가치만 남아 있을 뿐 텍스트로 분석될 만한 분량이 아니다. 한편, 리시아스의 에피타피오스는 비교적 늦은 시기에 전혀 다른 맥락에서 저술된 것이어서, 페리클레스와 플라톤의 두 에피타피오스가 갖고 있는 비교의 가치에 부합하지 않는다. 뿐만 아니라 페리클레스와 플라톤의 에피타피오스는 후자가 전자의 존재를 의식하며 작성되었다고 할 정도의 연관성을 갖고 있다.

그러나 두 에피타피오스가 동일한 시기에, 동일한 아테네 정체성과 애국심을 다루고 있는 것은 아니다. 페리클레스의 에피타피오스가 펠로폰네소스 전쟁의 초기 아테네 제국의 전성기에 작성된 것임에 반해, 플라톤의 에피타피오스는 아테네가 펠로폰네소스 전쟁에서 패하고 코린토스 전쟁이 치러진 이후인 아테네 제국의 쇠퇴기에 저술된 것이다. 또 페리클레스의 에피타피오스가 아테네인들을 대상으로 실제로 행해진 데 비해, 플라톤의 에피타피오스는 플라톤의 「메네크세노스」라는 대화편 안에 제시된 모범적인 모델에 불과하다. 이런 차이점에도 불구하고, 플라톤의 에피타피오스는 형식과 내용면에서 분명 페리클레스의 에피타피오스를 전제하고 있다.

무엇보다 양자가 공통적으로 아테네 제국과 제국 시민의 정체성, 그리고 이에 따른 애국심을 다루고 있다는 것에 주목해야 한다. 페리클레스의 에피타피오스가 아테네 제국의 훌륭함을 칭송하고 이를 전제로 시민들의 애국심을 고취시키고 있다면, 플라톤의 에피타피오스는 그토록 자랑스럽던 제국의 정체성과 애국심에도 불구하고 왜 아테네 제국이 결국 쇠퇴했는지, 그리고 페리클레스적인 정체성과 애국심의 대안으로 어떤 정체성과 애국심을 가져야 하는가를 밝히고 있다. 국가와 시민의 정체성과 이에 따른 애국심은 정치 엘리트가 어떤 대안을 제시하고 또 시민들이 이에 대해 어떻게 반응하느냐에 따라서 전혀 다른 결과가 나올 수 있다.

이제 두 에피타피오스를 면밀히 분석함으로써, 아테네 제국 시민의 정체성과 애국심에 어떤 모델이 있는지 확인하고, 플라톤이 제시하고 있는 애국심이 페리클레스 애국심의 대안이 될 수 있는가를 검토할 것이다.

페리클레스 에피타피오스에 나타난 애국심 모델

페리클레스 에피타피오스는 크게 두 부분으로 구성되어 있다. 하나는 조국 아테네를 위해 싸우다 전사한 자들에 대한 칭송(epainesis)이고, 다른 하나는 유족들과 생존한 시민들이 이제 무엇을 할 것인가에 대한 권고(parainesis)이다. 사실 양자는 구조적으로 서로 긴밀하게 연계되어 있다고 할 수 있다. 페리클레스가 전사자들의 희생을 칭송한다는 것은 적어도 간접적으로 생존자들도 이들처럼 국가를 위해 희생할 각오가 되어 있어야 한다는 것을 권고하기 위함이라고 볼 수 있다.

이런 맥락에서 페리클레스는 전사자들이 조국을 지키기 위해 용감한 행동을 보여줄 수 있었던 것은 이들이 단순히 목숨을 부지하는 것보다 용감히 죽음에 맞서는 것이 명예롭다고 여겼기 때문이라고 하고, 생존자들도 이제 "적들에 대항해서 이들과 똑같은 용기를 가질 수 있도록 결단해야 한다"고 역설한다(Thucydides 1972, 149). 칭송과 권고라는 두 요소로 구성되어 있는 페리클레스 연설의 궁극적인 목적은 시민들에 대한 권고의 부분에 놓여 있다고 할 수 있다. 그러나 이러한 권고가 얼마나 설득력을 가질 수 있는가 여부는 칭송이 얼마나 효과적으로 이뤄지느냐에 달려 있다.

그런데 페리클레스의 에피타피오스의 칭송 부분에서 드러나는 가장 두드러진 특징은 그 내용이 전사자들의 개별적인 위용에 관한 것이 아니라, 아테네 정체(政體)의 우월성에 관한 것이라는 점이다. 즉 페리클레스는 이들이 목숨을 바쳐 싸운 아테네의 민주정체가 다른 정체에 비해 어떤 우월성이 있는가를 알림으로써 이들의 희생이 가치 있음을 나타내고자 한 것이다. 이러한 아테네 정체에 대한 칭송은 아울러 장차 현 생존자들에게 요구될지 모르는 희생이 궁극적으로 아테네 민주정체의 가치를 보존하기 위함이라는 것을 알려주는 대목이기도 하다. 이런 맥락에서 아테네 정체에 대한 칭송은 단순히 전사자들에 대한 칭송과 이를 통한 생존자들에 대한 간접적인 권고를 넘어 아테네인들로 하여금 아테네의 민주적 정체성의 의미를 확인시켜주는 기능을 담고 있다.

따라서 페리클레스가 칭송하고 있는 아테네의 정체는 일반적인 민주정이 아니라, 구체적인 아테네의 민주정이어야 한다. 이런 맥락에서 페리클레스는 우선 아테네의 선조들이 오래 전부터 이 땅에 살아왔으며 그들의 용맹함으로 인해 대대로 현재까지 자신들이 자유(외적인 예속 없이)를 누리며 살 수 있게 되었다고 지적한다. 그러나 곧이어 페리클레스가 칭송하고자 하는 대상은 먼 조상이 아니라 곧 현재의 아테네 제국을 물려준 바로 앞 세대 그리고 이 제국의 확장에 기여한 현 세대임을 드러낸다(Thuc. II. 36). 즉 페르시아 전쟁 이후 그리스 내에서 델로스 동맹을 중심으로 지도국(헤게몬)으로서의 지위를 갖고, 나아가 제국(arche)으로 성장하게 된 지난 50년간 '펜타콘타이티아'(Pentacontaetia: 페르시아 전쟁(기원전 480년)과 펠로폰네소스 전쟁(기원전 431년) 사이)에 대한 칭송이다.

따라서 페리클레스가 추구하는 아테네인들의 정체성은 기본적으로 제국 시민으로서의 정체성이고 그가 권고하고 있는 애국심은 아테네 제국의 존속과 번영을 위한 애국심이다. 페리클레스는 여기서 아테네가 어떻게 애초의 자원으로부터 현 상태의 번영에 이르게 되었는지 그 성장과정에 대한 논의는 이미 잘 알려져 있는 이야기이므로 생략한다고 한다. 아마도 그 과정을 상세히 논하는 것은 제국 시민으로서 아테네인들의 '자랑스런' 정체성을 구축하는 데 도움이 되지 않는다고 판단했을 것이다. 대신 페리클레스는 현재와 같은 아테네 제국의 '위대함'에는 어떤 요소들이 들어 있는가에 초점을 맞춘다.

페리클레스는 우선 자신들의 정체가 소수보다는 다수에게 우위를 둔다는 점에서 민주정이라는 이름이 붙었지만, 이 정체는 타국을 모방한 것이 아닌 매우 독창적인 것임을 지적한다. 페리클레스는 아테네 제국의 민주정적 요소를 크게 다섯 가지 정도로 분류한다.

아테네 민주정체의 첫 번째 특징은 시민들에게 부여된 평등에 있다. 즉 아테네의 법은 모든 시민들에게 평등한 정의를 부여하며, 공적인 생활에 있어서는 빈부의 차이와 관계없이 자신의 능력에 따라 사회적 지위가 결정된다는 것이다. 오늘날의 용어로 하자면, 아테네의 법은 시민들에게 법 앞의 평등과 적어도 공직에 진출할 기회의 평등을 부여한다는 것이다(37.1). 두 번째로 아테네인들은 사적인 영역에서 모든 삶의 방식이 허용되는 자유를 누린다는 것이다(37.2). 그러나 페리클레스는 이런 사적인 영역에서의 자유가 무법적인 방종(lawlessness)을 의미하지는 않으며, 아테네인들은 자유와 함께 법과 공직자에 복종하는 교육도 받았음을 강조한다(36.3). 세 번째로 페리클레스는 아테네가 여가의 가치를 존중하고 이를 바탕으로 그리스 세계의 문화 중심지 역할을 했음을 지적한다. 아테네는 일 년 내내 체육 경기와 (신전의) 제사가 있으며, 다양한 형태의 즐길거리가 있어서 시민들을 고통으로부터 해방시켜주고, 이로 인해 아테네 문화의 위대함이 그리스 세계에 알려져 아테네가 외국 문물의 중심지가 되었다는 것이다(38.1-2). 네 번째는 아테네의 개방성이 군사정책에도 적용되고 있음을 지적한다. 즉, 외국인이 아테네의 군사훈련을 참관하거나 학습하는 것을 금하지 않고 언제나 개방해왔다는 것이다. 이런 개방성은 가끔 적들을 이롭게 하는 결과를 낳기도 하지만, 아테네가 이런 정책을 유지할 수 있었던 것은 군대가 군사조직이나 정책보다 시민들이 갖고 있는 고유한 정신에 의존하고 있기 때문이라고 한다(39.1). 또 군사교육에서도 아테네의 경쟁국(스파르타)이 어려서부터 매우 고통스런 훈련을 실시하고 있는 반면, 아테네는 시민들의 용맹함을 고취시키면서도 매우 자유분방한 교육방식을 채택해왔고, 이미 전장에서 아테네의 방식이 더 우월함이 입증됐다고 지적한다(39.1-4). 아테네인들은 고통스런 습관에 의해서가 아니라 자유로움에 의해서, 그리고 기술적인 용맹이 아니라 본성적인 용맹으로 위기 시의 어려움을 의연하게 대처했다는 것이다. 다섯 번째는 아테네 문화와 시민성의 전반적인 균형성을 지적한다. 즉, 아테네인들은 경제적인 부를 누리고 있으면서도 유약하지 않으며(40.1), 사적으로 자유를 누리고 있으면서도 적극적인 정치참여를 필수적인 삶의 요소로 간주하고(40.2), 관조와 실천을 동시에 유지하며(39.3), 관대하면서도 낭비하지 않는다는 것이다(Thuc.I.40.4-5). 결론적으로 아테네의 문화는 모든 그리스 세계가 배우고 싶어하는 '그리스의 학교'의 역할을 담당해왔다는 것이다(Thuc.II.41.1).

이상이 페리클레스가 전사자들을 칭송할 목적으로 언급하고 있는 아테네 정체의 특징적인 요소들이다. 이어서 페리클레스는 이 같은 아테네의 정체를 유지하기 위해서 전사자들이 자발적으로 영광스런 죽음을 선택했음을 칭송한다. 앞서 언급했듯이 전사자들에 대한 칭송은 결국 현 생존자들에게 이들과 마찬가지의 삶을 권고하기 위함이다. 페리클레스는 곧바로 현 생존자들이 전사자들의 뜻을 이어받아 전장에서 이들과 같은 용맹을 보일 결단을 해야 한다고 역설한다. 그런데 바로 이 대목에서, 페리클레스 애국심이 제국주의적 성격을 띠고 있음이 드러난다. 그는 남아 있는 사람들의 결단은 단순히 적을 물리침으로써 얻게 될 이익의 계산을 통해서가 아니라, 현재 아테네 제국이 누리고 있는 권력 또는 힘을 생각하고, 그런 아테네의 권력에 대한 사랑을 통해 이뤄져야 한다는 것이다. 페리클레스는 여기서 노골적으로 아테네 제국의 힘을 거론하며, 이러한 힘의 매력에 기초해서 아테네인들의 애국심을 고취한다.

페리클레스는 아테네인들의 애국심을 고취하기 위해, 민주정체가 갖는 보편적인 우월성을 지적하는 데 그치는 것이 아니라, 아테네 제국이 누리고 있는, 그리고 앞으로 누리게 될 구체적인 힘 또는 권력을 강조하고 있다는 것이다. 페리클레스는 아테네인들이 애국심을 발휘케 하는 데 이들의 이성적인 판단에만 호소하는 것으로 부족하다는 것을 알고 있었다. 애국심은 기본적으로 국가에 대한 에로스적 애착의 요소를 포함하기 때문이다. 시민들이 국가에 대해 감성적 애착을 갖는 가장 쉬운 방법은 국가의 위대함, 국가의 지배력을 자랑스럽게 여기는 것이다. 페리클레스는 이를 위해 아테네 시민들로 하여금 아테네의 힘에 주목하도록 한 것이다.

이런 페리클레스 애국심은 근본적인 딜레마에 노정되어 있다. 페리클레스는 전사자들의 구체적인 행적보다는 이들이 자신들의 희생으로 지키고자 했던 아테네의 가치, 즉 아테네 민주정체의 특성을 칭송함으로써 시민들이 애국심을 발휘할 수 있는 기본틀을 마련했다. 그러나 이들이 정작 애국심을 갖도록 하기 위해서는 국가에 대한 감성적인 애착을 가질 수 있어야 하는데, 이를 위해 제국의 힘이 필요하다는 것이다. 문제는 시민들로 하여금 제국의 힘을 주목케 함으로써 애국심을 고취시킨 측면이 있지만, 이같이 제국의 힘에 의존하고 있는 애국심은 끊임없는 국가의 자기확장과 팽창을 요구하게 됨으로써 아테네 제국이 신중하지 못한 판단을 내리게 된다는 것이다. 주지하다시피 투키디데스는 이런 경로로 아테네 제국이 쇠퇴에 이르게 되었음을 확인시켜주고 있다(Park 2008). 애국심이 제국의 유지를 위해 필요하지만 이 애국심을 유지시키는 과정에서 결국 제국이 쇠퇴하는 결과를 초래했다는 것이다.

이는 애국심이 갖고 있는 본질적인 한계이기도 하다. 애국심은 결국 이성적인 판단 또는 보편적인 가치의 존중만으로 불가능하므로 감성적인 요소를 포함해야 하는데, 이것은 결국 비이성적인 자기애와 연결되어 있다. 개별 시민은 공동체에 살고 있는 한 노골적인 자기애를 도덕적으로 지탱하기 어려움을 알고 있으므로, 자기애를 국가에 투영하게 되고, 국가에 투영된 자기애는 애국심으로 정당화될 수 있기 때문이다. 페리클레스는 이런 애국심의 심리적 요소를 잘 활용하여 아테네인들의 애국심을 유도하는 데에는 성공했지만, 이런 애국심은 잠재적으로 자기파괴적인 요소를 안고 있음을 간과한 것이다.

펠로폰네소스 전쟁 초기 페리클레스의 애국심 모델은 비교적 성공적으로 작동한 것으로 평가된다. 페리클레스 시절 아테네인들은 제국의 이익을 위해 기꺼이 사적 이익을 희생할 각오를 했기 때문이다.[3] 그러나 페리클레스가 죽고 난 후 아테네인들은 이런 애국심을 유지하지 못했다. 그들은 끊임없이 제국의 팽창만을 추구했고, 결국 시칠리아 원정이라는 전략적으로 대단히 비이성적인 결정으로 인해 제국을 쇠퇴에 이르게 했다. 이는 단순히 페리클레스와 같은 덕 있는 지도자가 부재했기 때문이라기보다, 페리클레스 애국심이 이미 내재하고 있었던 근본적인 딜레마 때문이라고 할 수 있다. 페리클레스의 지도력과 덕은 이 딜레마를 노골적으로 노정시키는 것을 어느 정도 늦출 수 있었지만, 문제를 근본적으로 해결한 것이라고 볼 수 없다.

애국심이 기본적으로 이성적인 요소만으로 불가능하고 어느 정도 감성적인 요소를 포함할 수밖에 없는 것이라면, 페리클레스 애국심 모델이 갖고 있는 근본적인 딜레마는 불가피하다. 따라서 이제 이러한 딜레마가 완전히 배제된 애국심을 찾을 것이 아니라, 어떻게 하면 페리클레스 애국심 모델이 이른바 팽창적인 애국심 또는 지나친 자기애적 애국심으로 타락하지 않고 적정한 수준에서 유지될 수 있는가를 물어야 한다. 투키디데스는 페리클레스와 같은 신

---

[3] 외적의 침입이 있을 때 페리클레스의 전략 중 하나는 모든 시민들이 재빨리 성 안으로 들어와 적을 방어하는 것이다. 그런데 이를 위해서는 시민들이 자신의 재산을 아낌없이 버려야 한다. 이 당시 시민들은 기꺼이 페리클레스의 명령을 따랐다.

중한 정치가의 리더십을 이에 대한 답으로 보았다. 경험적으로 페리클레스가 죽고 클레온의 시대가 시작되면서 페리클레스 애국심 모델의 작동이 어려워졌기 때문이다. 투키디데스의 평가가 근거없는 것은 아니지만, 지도자의 리더십에 의존하는 것은 일반적으로 어떻게 페리클레스 애국심 모델을 지속가능하게 만들 수 있는가에 대한 적절한 답이 되지 못한다. 이런 문제점에 부응이라도 하듯 플라톤은 「메네크세노스」에서 페리클레스의 에피타피오스에 비견할 만한 또 하나의 에피타피오스를 제시한다.

이제 다음 두 절에서는 플라톤의 에피타피오스를 집중적으로 분석함으로써 페리클레스의 애국심 모델을 보완할 수 있는 플라톤의 '조절된' 애국심 모델을 검토하고자 한다.

플라톤적 애국심 모델의 설정[4]

「메네크세노스」에 나오는 에피타피오스를 페리클레스 에피타피오스에 대한 플라톤의 보완책으로 간주하는 데에는 한 가지 어려움이 따른다. 플라톤은 「고르기아스」라는 대화편에서 페리클레스의 리더십, 나아가 페리클레스에 의해 주도된 아테네인들의 애국심을 완전히 부정하는 태도를 보이기 때문이다. 「고르기아스」에서 소크라테스는 페리클레스가 다른 탐욕스런 정치인들과 마찬가지로 "갑

---

4) 이 절은 졸고, 「플라톤의 「메네크세노스」와 아테네 제국의 정체성 그리고 플라톤적 정치적 삶」과 「소크라테스는 칼리클레스와 화해할 수 있을까?」의 일부분을 수정하여 실은 것이다.

문과 선착장, 방어벽"을 건설함으로써 아테네인들의 욕망만 채워 줬을 뿐이지, 궁극적으로는 그들의 영혼을 타락시켰다고 비난한다(515d). 페리클레스는 데모스에게 아첨하고 또 교활하게 자신의 인기에 편승한 정치를 했을 뿐이지, 실질적으로는 아테네인들을 조금도 "더 좋게" 만들지 못했으며 오히려 이들을 "난폭하게" 만들었다는 것이다(515d). 아테네인들은 페리클레스가 죽은 후 그에 비해 훨씬 탐욕스런 현재의 정치인들에 대해서는 맹비난을 퍼부었지만, 페리클레스의 리더십과 그 시절 자신들의 애국심은 동경하고 있던 터였다. 이런 맥락에서 플라톤이 「고르기아스」에서 페리클레스의 부재가 아니라 오히려 페리클레스의 리더십 자체에 근본적인 문제가 있었다고 지적하는 것은 대단히 이례적인 일이다.

그러나 「고르기아스」에 나타난 페리클레스에 대한 정면비판은 페리클레스의 리더십과 이에 수반한 애국심에 대한 정면비판이라기보다, 페리클레스적인 리더십을 최고로 간주하고 이것만을 추구하려드는 잠재적인 정치가들에 대한 경고였다. 페리클레스는 물론 다른 정치가들과 달리 아테네인들이 공공선을 도모할 수 있도록 리더십을 발휘했다. 그러나 그의 리더십이 성공을 거두기 위해서는 결국 아테네 민주정의 권력자인 데모스(민중)의 지지를 얻어야 했고, 지지를 얻기 위해서는 그들 영혼의 탁월성보다는 욕망에 호소할 수밖에 없고, 결과적으로 그들을 타락시킬 수밖에 없었다는 것이다.[5] 이는 모름지기 정치의 궁극적인 목적이 공공선 획득이라는

---

5) 이런 맥락에서 아무리 훌륭한 지도자라도 그 이상을 실현하기 위해서는 권

외적인 선(좋음)에 있는 것이 아니라, 영혼의 좋음, 나아가 시민들의 좋은 삶에 있음을 확인한 것이다. 이런 맥락에서 「고르기아스」의 소크라테스는 자신만이 진정한 정치인이라고 선언한 바 있다. 그러나 플라톤이 이 같은 영혼의 조화를 추구하는 정치를 현실적으로 가능하다고 본 순진한 이상주의자는 아니었다. 플라톤은 「고르기아스」에서 이런 정치가 결국 소크라테스와 같은 정치적 핍박의 희생물을 양산할 위험이 있음을 잘 알고 있었다(486b, 522a).

따라서 「고르기아스」에서 페리클레스에 대한 정면비판은 페리클레스가 설정한 공공선의 정치가 정치 본연의 목적에 비해 낮은 수준이라는 것에 대한 확인이고, 이로 인해 아테네인들의 애국심이 잠재적으로 타락할 가능성이 있다는 것에 대한 경계이지, 공공선을 향한 애국심 자체에 대한 부정은 아니다. 문제는 오히려 이런 애국심이 어떻게 하면 타락하지 않고 지속적으로 유지될 수 있는가이다. 이런 맥락에서 플라톤은 페리클레스의 애국심이 그 속성상 타

력자에게 아첨할 수밖에 없는데, 민주정하에서는 데모스에게 아첨해야 하고, 이것이 성공하기 위해서는 이들의 성향을 닮아야 하는데, 데모스의 성향이 어떠한가? 영혼의 구조상, 다른 무엇보다도 욕망이 가장 강한 부류이다. 따라서 이들의 욕망을 자극하는 수밖에 없는데, 페리클레스의 성공은 데모스의 욕망이 아테네의 공공선으로 향하게 만들었다는 것이다. 그러기 위해서 무엇을 했겠는가? 아테네의 위대함, 아테네의 권력을 강조하는 수밖에 없다. 그러나 욕망을 통한 공공선의 도모는 그것은 시간이 흐름에 따라 욕망이 늘어나고 타락할 수밖에 없다. 페리클레스 시기에는 데모스의 타락이 보이지 않았지만, 언제든지 잠재하고 있었다고 할 수 있다. 이런 의미에서 페리클레스에 대한 비판이 이뤄진 것이다.

락할 수밖에 없지만, 그럼에도 불구하고 그 애국심이 보존될 수 있는 방안으로서 새로운 에피타피오스가 필요했던 것이다. 「메네크세노스」에 등장하는 에피타피오스는 바로 그런 기능을 대변해주고 있다.

「메네크세노스」에서 페리클레스에 대한 플라톤의 태도는 페리클레스가 추구했던 정치 자체를 부정했던 「고르기아스」에서의 태도와 상당한 차이가 있다. 「메네크세노스」는 여기에 소개되는 에피타피오스가 페리클레스의 정부(情婦)가 지어준 것일 뿐 아니라, 페리클레스의 에피타피오스에서 사용하지 않고 남은 일부라고 진술함으로써 처음부터 페리클레스에 대한 부정적 평가를 유보한다. 그렇다고 이 에피타피오스가 페리클레스에 의해 만들어진 아테네인들의 정체성이나 이들의 애국심을 인정한 것은 아니다. 두 에피타피오스는 내용면에서 상당한 차이를 보인다.

이제 「메네크세노스」에서 소크라테스가 전달하고 있는 에피타피오스를 면밀히 검토하면서 어떤 차원에서 플라톤의 에피타피오스가 페리클레스의 그것을 보완하고 있는가를 주장하고자 한다.

「메네크세노스」의 에피타피오스는 크게 세 부분으로 나뉜다. 1) 아테네와 아테네인의 역사적 기원을 설명하는 부분, 2) 고대부터 현대에 이르는 전쟁사, 즉 페르시아 전쟁, 펠로폰네소스 전쟁, 코린토스 전쟁을 기술한 부분, 3) 마지막으로 현재 생존해 있는 아테네인들(전몰자의 부모와 자식들)에 대한 권고가 그것이다. 이런 형식은 전몰자들의 희생을 칭송하기 위해 이들이 몸바쳐 싸운 아테네 정체의 우월성을 칭송하고, 이어서 생존한 시민들에게 이들과 같은 용맹을 보여달라고 주문하는 페리클레스의 에피타피오스 구조와 유사하다. 그러나 「메네크세노스」의 에피타피오스는 아테네 정체와 시민들을 칭송하기 위해 구체적인 역사적 사실을 거론한다는 특징이 있다. 뿐만 아니라 많은 역사적 허위와 왜곡을 포함하고 있다. 특히 아테네의 기원과 아테네가 치른 전쟁을 기술하는 부분에는 역사적 왜곡과 생략 등이 산재해 있다. 왜 소크라테스는 이런 허위와 왜곡을 동원하면서까지 에피타피오스를 지어야 했을까? 우선, 「메네크세노스」 에피타피오스의 구체적인 내용을 살펴보자.

소크라테스는 전몰자들을 제대로 칭송하기 위해서는 그들의 자연적 본성(kata phusin)에서 그 칭송의 내용을 찾아야 한다고 주장하면서, 죽은 자들의 자연적 본성의 근원을 추적한다(237a). 이를 위해 아테네의 지리적·혈통적 전통을 비교적 자세히 소개한다. 페리클레스의 에피타피오스가 아테네의 종족적 기원을 대수롭지 않게 지나쳐버리고, 비교적 최근의 전쟁사 기술에 주력한 반면, 소크라테스의 에피타피오스는 이른바 아테네의 '토착인 전설'(autochthôn)을 마치 역사적 사실인 양 상세히 소개한다.[6] 소크라테스는 여기서 아테네인들이 다른 족속들과는 달리 예전부터 변함없이 같은 땅에서 태어나 그 땅에서 양육받았으며, 지금까지 살고

---

6) 현재 이 땅에서 살고 있는 거주자들은 그 조상으로 거슬러 올라가면 결국 모두 같은 땅에서 나온 한 형제라는 토착인 전설은 플라톤의 『국가』에 잘 소개되어 있다. 플라톤이 사용하고 있는 토착인 전설(autochthôn)의 사용에 대해서는 데리다(Derrida 1997, 94-95), 로로(Loraux 1993), 색슨하우스(Saxonhouse 1986, 252-273)를 참조.

있음을 강조한다(237c5-d2). 뿐만 아니라 이렇게 동일한 지역에서 살 수 있었던 것은 아테네 족속이 신의 축복을 받고 있음을 입증하는 것이라고 주장한다. 신은 그리스의 다른 지역들은 맹수들로 가득 채우는 반면, 아테네인들이 거주해온 아티카에는 인간들과 이들의 섭생에 필요한 곡식으로 땅을 채우는 축복을 내렸다는 것이다(238b2-6). 아울러 이 땅에서 난 사람들이 형제자매를 이루고, 신에게 부여받은 곡식과 열매로 양육되었으며, 신은 또한 이들에게 적당한 기술(technai)을 가르쳐주어, 현재의 정체(politeia), 즉 민주정을 허락하였다는 것이다.

이런 에피타피오스의 내용은 역사적 사실이라기보다 당시에 이미 널리 퍼져 있었던 토착인 전설을 재구성한 것이다. 그럼에도 불구하고 이와 같은 전설과의 연결은 아테네 민주정체를 칭송하는 데 큰 효과가 있다. 즉 아테네 민주정은 인간 선택의 산물이 아니라, 신에게 부여받은 자연적 속성(kata physin)에서 유래한, 신적인 결과물이라는 것이다. 페리클레스의 에피타피오스와 마찬가지로 아테네 민주정에 대한 칭송은 아테네인들의 조상에 대한 칭송이고, 나아가 이 정체에서 양육된 전몰자들과 현재 남아 있는 생존자에 대한 칭송이기도 하다. 그러나 「메네크세노스」의 에피타피오스는 아테네 민주정체의 칭송에 신적인 요소까지 개입시켰다는 특징이 있다.

「메네크세노스」의 에피타피오스는 이 정체를 페리클레스와 달리 민주정(demokratia)으로 부르지 않고 귀족정 또는 최상의 정체(aristokratia)로 분류한다. 그러나 여기서 일컫고 있는 최상의 정체는 페리클레스가 주장한 바 있는 특수한 형태의 아테네 민주정과 크게 다르지 않다. 즉 소크라테스는 여기서 "어떤 이들에게는 민주정으로 불리는 아테네 정체가 사실은 많은 사람들에게 최상의 정체(귀족정)로 불린다고(238d1-2)" 주장하며, 이 정체에서는 부(富)나 부모의 혈통에 의해 관직이 결정되는 것이 아니라, 본인의 지혜와 능력에 의해서 결정된다고 보는데, 이는 페리클레스가 강조한 아테네 민주정의 평등 요소이다.

「메네크세노스」의 에피타피오스에서 독특한 점이 있다면 아테네인들이 추구해온 자유(eleutheria)에 대한 강조이다. 페리클레스 역시 아테네 민주정의 자유를 언급하지만, 소크라테스는 자유의 존중이 아테네 민주정의 가장 본질적인 요소라고 강조한다. 이 "자유를 지키기 위해서 아테네인들은 그리스인들 전체를 대표해 이어족(페르시아)과 싸우기도 하였고, 또 때로는 일부의 그리스인들을 대신하여 또 다른 그리스인들과 대적하기도 하였다"는 것이다. 즉 아테네인들에게 자유의 존중이 그들로 하여금 애국심을 발휘할 수 있게 하는 동력이라는 것이다. 이를 입증하기 위해 플라톤은 페르시아 전쟁, 펠로폰네소스 전쟁, 그리고 코린토스 전쟁으로 이어지는 아테네 전쟁사를 구체적으로 기술하고 있는데, 특이한 것은 이 부분에서 소크라테스의 역사 왜곡이 매우 심각하게 드러난다는 사실이다.[7]

---

[7] 소크라테스가 왜곡한 전쟁사의 내용은 헨더슨과 칸의 논문에 자세히 소개되어 있다(Henderson 1975; Kahn 1963, 220-234).

우선, 페르시아 전쟁에서는 마라톤 전투가 최고의 칭송을 받아야 한다고 주장한다. 바로 이 전투에 참가했던 이들이 아테네인들의 육체적 조상일 뿐만 아니라, 현재 아테네인들이 누리고 있는 자유의 조상이기 때문이다(240d). 다음으로 살라미스와 아르테미시움 해전, 그리고 플라타이아이 육전을 언급한다. 이것은 모두 페르시아 전쟁에서 아테네의 공헌이 드러난 전투들이다. 그러나 페르시아 전쟁을 역사적으로 균형있게 서술하자면 스파르타의 공헌이 돋보였던 테르모필라이 전투를 언급해야 한다. 그러나 이에 대한 언급은 없다. 뿐만 아니라, 기원전 5세기의 페르시아 전쟁 이후 그리스 세계의 역학을 서술하자면, 투키디데스조차 인정하고 있는 아테네 제국의 팽창에 대해 언급해야 한다. 이 역시 「메네크세노스」의 에피타피오스는 침묵하고 있다. 이 같은 역사적 사실의 생략은 적어도 역사 서술의 관점에서 명백한 왜곡에 해당한다.[8] 주지하다시피

---

8) 좀더 구체적으로 살펴보면, 우선 페르시아 전쟁 이후에 벌어진 에우리메돈 전투(기원전 469년), 사이프러스 전투와 이집트 전투(기원전 459-454년) 등에 대해서 소크라테스는 이어족과 공모해 그리스를 위협하는 세력을 제거하기 위한 전투였다고 서술한다. 그러나 이 일련의 전쟁들은 사실 아테네가 페르시아 전쟁 이후 조직한 델로스 동맹을 동원해 자신의 세력을 제국으로 발전시키는 과정에서 일어나게 된 대표적인 세력팽창 전쟁들이었다(Fine 1983, 354-355; Thuc.I.108). 델로스 동맹은 원래 페르시아의 위협에 대비해 아테네에 해군을 제공해주는 것을 목적으로 만들어졌다. 처음에는 에게 해의 제해권을 그리스가 장악하기 위해 동맹국들로부터 직접 군함을 징발했으나, 아테네는 점차 현금징수를 확대해나갔다. 기원전 440년경에는 레스보스·키오스·사모스를 제외한 나머지는 모두 현금을 징발당했다. 세 전투에 관해서는 다음을 참조. 에우리메돈 전투(Thuc.I.100;

투키디데스도 페르시아 전쟁 이후 아테네 제국의 팽창이란 맥락에서 이른바 '펜타콘타이티아'를 기술하고 있다. 그럼에도 불구하고 「메네크세노스」의 에피타피오스는 이런 전쟁들로 인해 페르시아가 그리스 공략을 포기하게 되었고, 이로 인해 그리스의 자유가 지켜졌으니 모든 그리스인들이 아테네인들에게 감사해야 한다는 왜곡된 주장을 펼친다.

펠로폰네소스 전쟁 기술에서도 역사 왜곡은 이어진다. 잘 알려져 있는 바와 같이 투키디데스는 시칠리아 원정에 대한 잘못된 결정과 이에 수반된 전략적 실패를 아테네 제국이 쇠퇴의 길을 걷게 된 결정적 계기였다고 해석한다. 이러한 분석은 아테네 제국이 페리클레스가 죽은 후 데모스의 지나친 탐욕으로 얼룩지게 되었고 결국 무모하게 시칠리아 원정을 감행하게 되었다는 아테네 민주정에 대한 자성과 깊이 연결되어 있다(Strauss 1964; Orwin 1994). 이런 상식적인 평가와 달리, 「메네크세노스」의 에피타피오스는 "함대를 재정비하기에는 원거리의 제약이 있었기 때문에 불운이 그들의 계획을 포기하게 만들었다"(243a3-5)고 기술함으로써 아테네 제국의 쇠퇴를 그저 우연적인 요소에 기인하는 것으로 설명한다. 뿐만 아니라, 마치 카마리나에서 연설하고 있는 아테네인 에우페무스의 주장을 되뇌듯(Thuc.VI.82-87) 애초에 시칠리아 원정은 레온티니의 자유를 위해 출정한 것이라고까지 주장한다.

이어서 에피타피오스는 스파르타와 아테네가 대비될 수 있는 두

Fine 1983, 344), 사이프러스와 이집트 전투(Thuc.I.94, 104, 110, 112).

사건, 즉 기원전 412년경 스파르타와 페르시아의 밀레토스 동맹과 기원전 406년경 아르기누사이 전투를 소개하며, 스파르타가 상황에 따라 이어족과도 동맹을 맺는 반면, 아테네는 끊임없이 그리스 전체의 자유와 덕을 추구해왔다고 기술한다. 그러나 이는 사실과 다르다.[9] 코린토스 전쟁에 대해서도 모든 나라가 아테네에 구조를 요청했고, 아테네는 단지 이 요청에 응했기 때문에 전쟁이 개시되었다고 주장하지만(244e3), 사실은 아테네가 전쟁에 개입할 때는 페르시아와 연계해 스파르타에 대항한 것이었으므로 아테네인들이 이방인들로부터 그리스인들의 자유를 지켜줬다는 주장 역시 사실과 거리가 멀다.[10] 이처럼 「메네크세노스」의 에피타피오스에는

---

[9] 여기서도 역시 소크라테스의 역사 왜곡은 계속된다. 기원전 413년 스파르타와 페르시아는 이오니아 지방에 대한 아테네의 제해권을 놓고 협력했다. 페르시아는 이오니아 지방 도시들의 지배권을 다시 얻기 위해 이 지역에서 스파르타의 군사비를 대주기로 했으며, 그 대가로 스파르타는 키오스의 반란을 돕기로 했다. 스파르타와 페르시아는 모두 이오니아로부터 아테네의 세력을 약화시키는 것을 목적으로 삼았다. 기원전 412년 밀레토스 조약으로 일컬어지는 이 동맹은 이전에 페르시아의 지배권에 있었던 모든 그리스 식민지는 페르시아 제국에 반환된다는 것(Thuc. VIII.18)을 약정한 것이다. 그러나 소크라테스의 주장과는 달리 스파르타가 페르시아를 그리스로 끌어들인 것은 아니다. 더구나 이 조약은 곧 파기되었다. 스파르타의 입장에서도 페르시아가 그리스의 지배권을 갖는 것을 두려워했기 때문이다(Thuc. VIII.37, 43; Fine 1983, 500).

[10] 소크라테스의 기술과 달리 사건의 전말은 이렇다. 기원전 400년경부터 스파르타와 페르시아는 이오니아 지방의 제해권을 놓고 다투었는데, 사실 기원전 395년부터는 상당수 아테네의 용병들이 페르시아로 들어갔으며, 아테네는 비공식적으로 군대까지 보냈다. 또 스파르타는 테베를 대신

당시의 정황을 알고 있는 사람들이라면 믿기 어려운 역사 왜곡이 반복해서 나타난다.

「메네크세노스」의 에피타피오스가 왜 이렇게 열거하기 힘들 정도로 많은 역사 왜곡을 담고 있는가가 학자들의 논쟁거리 중 하나이지만 필자는 그 원인의 하나를 이 에피타피오스가 페리클레스의 애국심과 구별되는 새로운 애국심 모델을 모색하고 있다는 데에서 찾을 수 있다고 본다.[11] 즉 소크라테스의 왜곡된 역사 기술은 페르시아 전쟁으로부터 코린토스 전쟁에 이르기까지 아테네가 한 가지 변하지 않는 가치와 덕을 추구해왔음을 강조하기 위함이다. 그 가치와 덕은 다름 아닌 아테네인들 자신뿐 아니라 그리스 전체의 자유 추구이다. 다시 말해, 이 에피타피오스가 새롭게 추구하는 아테네인들의 정체성과 이를 바탕으로 한 새로운 애국심의 기초는 아테네인들뿐 아니라 범그리스적인 자유의 추구에 있다. 이런 관점에서 페르시아 전쟁부터 코린토스 전쟁에 이르는 역사는 개별적인 역사적 사

해서 페르시아가 보이오티아로 침입하는 것을 막았다. 이것이 코린토스 전쟁의 발단이며, 대부분의 전투는 펠로폰네소스 반도와 중앙그리스의 해협에서 치러졌다(Fine 1983, 542-548).

11) 정체성을 구축하는 문제는 과거에 어떻게 했는가를 밝히는 것이 아니라 "과거에 어떻게 했어야 했고" "미래에 어떻게 해야 할 것인가"를 밝히는 데 더 큰 목적이 있다. 더구나 에피타피오스는 정직한 역사인식을 통해 자기반성이 실현되는 공간이라기보다는 내부적으로 새로운 정체성을 확립해가는 공간이라는 점을 이해할 필요가 있다. 그러나 거짓에 기초한 정체성이 결과적으로 바람직하다고 할 수 있는지는 여전히 의문이 남는 부분이다.

실 자체에 의의가 있다기보다 그것이 범그리스적 자유의 수호라는 숭고한 가치를 지키기 위한 것이었음에 더 큰 의의를 두고 있다.

같은 맥락에서 펠로폰네소스 전쟁도 개별 전투의 승패에서 그 의미를 찾는 것이 아니라, 이 전쟁이 아테네인들 그리고 그리스인 전체의 자유를 지키기 위한 과정에서 일어난 경과적인 사건이었다는 데 더 큰 의의를 둔다. 이 연장선상에서 아테네 제국의 쇠퇴까지도 반드시 '비극적'인 것으로 묘사되지 않는다. 주지하다시피 제국의 몰락과 함께 아테네는 스파르타에 의해 주도된 과두혁명을 겪게 되고 이어서 다시 민주정이 회복되는 내전을 치르게 되지만, 이에 대해서도 에피타피오스는 민주파들이 그들의 정적이었던 과두파에게 보여주었던 관대함과 절제를 칭찬한다. 결국 모든 역사에서 플라톤은 아테네가 자유를 추구하는, 그것도 자신들의 자유만이 아니라 범그리스적인 자유를 추구해온, 시민들의 견고한 공동체였다는 사실에 초점을 맞춘 것이다(244a1-3).[12]

---

[12] 따라서 아테네의 내란을 소개하는 대목에서도 이 에피타피오스는 아테네인들이 서로 증오했거나, 악덕을 행했기 때문이 아니라 단지 불운했기 때문이라고 설명한다(244b). 소크라테스는 여기서 과두혁명과 민주정체의 회복 이후의 사면법을 암시하며, 토착인으로서 동일한 종족간의 진정한 유대와 우정을 강조한다. 아테네의 내란과 관련한 사건의 전말은 이렇다. 기원전 404년 7월, 아테네의 과두파들은 스파르타의 장군 라이산더의 지원을 받으면서 30인의 과두가 조상의 법에 따라 새로운 헌법을 세우기 위해 통치한다고 선언했다. 이 30인은 아테네 시민을 3,000명으로 줄이고 1,500명 정도를 죽이는 공포정치를 시작했다(Fine 1983, 520). 트라시불로스에 의해 인도된 일부 민주 망명자들이 기원전 403년 여름 곧바로 다시 민주정체를 회복했다. 그리고 이전의 과두들에 대한 보복을 금

이런 취지는 코린토스 전쟁에 대한 기술에서도 드러난다. 즉, 아테네는 그리스 내의 다른 시민들이나 야만족에 대해서 자유를 뺏으려고 한 적이 없는 반면, 스파르타는 기회를 노려 다른 그리스인들의 자유를 뺏으려 시도했다는 것이고, 이러한 스파르타의 시도를 저지하기 위해 코린토스 전쟁이 일어났다는 것이다. 전쟁사 부분을 종합하자면, 「메네크세노스」의 에피타피오스는 그리스인들의 자유와 안전의 추구를 페르시아 전쟁으로부터 지금까지 이어져 내려오는 아테네 전쟁사의 변함없는 패러다임으로 보고 있다고 할 수 있다. 즉, 아테네인들은 역사상 처음부터 지금까지 자신과 그리스 전체, 때로는 이방인들의 자유까지도 지켜주는 자유의 수호자 역할을 담당해왔다는 것이다.

결론적으로, 플라톤의 에피타피오스에서 드러나는 많은 역사 왜곡은 결국 아테네가 태고부터 지금까지 자유의 가치를 수호해온 정체성을 갖고 있으며, 앞으로도 이를 바탕으로 애국심을 발휘해야 한다는 플라톤의 의도를 전달하기 위함이라고 할 수 있다. 이런 맥락에서 기왕에 아테네가 참가해온 전쟁의 동기와 의도를 서술하는 과정에서 뻔히 드러난 역사 왜곡이 있었다면, 이는 아테네가 사실 자유의 가치를 위해 전쟁을 수행했어야 함에도 불구하고 그러지 못했던 역사에 대한 자기비판이자, 동시에 앞으로 재건해야 할 아테네 정체성과 애국심의 방향에 대한 제시라고 이해할 수 있다.

시칠리아 원정의 실패가 이전 세대의 지나친 욕심과 무지에 기인

지하는 사면법을 제정했다(Brickhouse & Smith 1989).

하고 있음을 잘 알고 있는 아테네인에게 본시 레온티니인들의 자유를 위해 시칠리아 원정이 감행되었다고 거짓 증언하는 것은 아테네인들에게 "그래, 사실 그랬어야 했다"는 자성과 함께 그들이 이제 어떤 방향으로 애국심을 모색해야 하는가를 촉구하는 대목이다. 소크라테스는 아테네의 제국주의적 속성에 침묵하고, 대신 아테네 역사를 그리스 전체의 자유와 안전을 위해 싸운 것으로 윤색함으로써 제국의 문제점이 어디에 있는가를 아테네인들 스스로 깨닫게 했고, 동시에 향후 아테네가 선택해야 할 새로운 정체성과 애국심의 방향을 제시한 것이다.

따라서 「메네크세노스」의 에피타피오스는 페리클레스의 애국심이 탐욕적인 애국심으로 전락하는 것을 방지하기 위해 그 이전으로 한 클릭 재조정한 것이다. 요컨대, 「메네크세노스」 에피타피오스의 궁극적인 목적은 자칫 팽창주의적 애국심으로 흐를 수 있는 페리클레스 애국심에서 탈피하여, 일찍이 범그리스적 자유를 위해 싸웠던 페르시아 전쟁 시기의 자유수호를 위한 애국심으로의 회복이라고 할 수 있다.

플라톤적 애국심 모델의 유지[13]

앞 장에서 우리는 「메네크세노스」 에피타피오스의 궁극적인 목

---

13) 이 절은 졸고, 「플라톤의 「메네크세노스」와 아테네 제국의 정체성 그리고 플라톤적 정치적 삶」의 일부분을 그대로 실은 것이다.

적이 범그리스적 자유의 가치를 수호하는 아테네 애국심의 회복이라는 점을 확인했다. 이제 문제는 이런 애국심이 어떻게 다시 팽창적 애국심으로 전락하는 것을 막느냐는 것이다. 분명 페리클레스가 호소했던 애국심과 페르시아 전쟁 시기의 범그리스적 자유를 수호하기 위한 애국심은 구별될 수 있고, 전자보다 후자가 우월하다는 점은 이미 「메네크세노스」의 에피타피오스에 암시된 바 있다.

그러나 문제는 이 두 애국심 간에 불가피한 연속성이 존재한다는 사실이다. 펠로폰네소스 전쟁 초기에 아테네 사절단의 말처럼 페르시아로부터 자유를 지키기 위한 노력은 필연적으로 아테네를 제국으로 성상시키는 계기를 마련했고, 아테네는 팽창적 제국으로 변모했다.[14] 문제는 팽창적 제국으로의 전환은 거기서 그치는 것이 아니라, 탐욕을 부추겨 제국 시민들 간의 유대를 해치고 결국 제국의 쇠퇴를 초래하게 된다는 데 있다.

다시 말해, 아테네 제국은 애초에 자유의 가치를 수호하기 위해 시민들의 애국심을 동원했지만, 이는 필연적으로 팽창주의적 애국심으로 전환될 수밖에 없고, 이 팽창주의적 애국심의 지속은 결국 자기파괴적인 결과를 낳을 수밖에 없다는 것이다.[15] 「메네크세

---

14) 무명의 아테네 사절단은 스파르타 의회에서 아테네는 처음에 페르시아로부터 자유를 뺏길지 모른다는 두려움 때문에 힘을 키웠고, 그 힘은 주변으로부터 명예를 얻게 했으며, 결과적으로 이득도 가져주었는데 어느 국가가 이 상황에서 이를 마다하겠느냐고 역설하는 이른바 "아테네 테제"를 제시한 바 있다(Thuc. I. 73-78). 이는 자유를 추구하는 제국과 팽창적 제국에 연속성이 있음을 강하게 시사하고 있다.
15) 아테네 제국의 쇠퇴 원인에 대해서는 다양한 해석이 존재하지만, 비교적

노스」의 에피타피오스가 '페리클레스 애국심'의 대안으로 제시한 '자유를 위한 애국심'이 결국 페리클레스 애국심의 연장선상에 있고, 장기적으로 공동체에 투영된 자기애보다 사적 이익의 자기애가 압도해 애국심의 소멸을 초래하게 된다는 것은 플라톤에게 큰 도전이 아닐 수 없다.

애국심의 위축과 제국의 쇠퇴라는 문제 제기에 대해 투키디데스는 페리클레스와 같은 훌륭한 지도자의 리더십이 그 해답이 될 수 있다고 보았다.[16] 그러나 이에 대해 「고르기아스」는 노골적으로 그리고 「메네크세노스」는 페리클레스 이전의 아테네 애국심을 진정한 애국심으로 인정함으로써 간접적으로 투키디데스적 대안을 일축한 셈이다.[17]

이제 「메네크세노스」의 에피타피오스가 설득해야 할 남은 과제

최근의 학계는 팽창적 제국주의가 데모스의 영혼을 타락시켰고, 이로 인해 제국의 대외정책이 공동선의 모색이 아니라 데모스의 욕망을 충족시키는 방향으로 진행되었기 때문이라고 보는 견해가 지배적이다.

16) 이러한 투키디데스의 제안이 아테네 민주주의에 대한 그의 평가와 어떻게 맞물려 있는지를 밝히는 것은 보다 깊은 논고와 상세한 설명이 필요하며 이는 본고의 주제와도 무관하지 않으나 지면의 제약으로 생략할 수밖에 없다. 그러나 자유를 추구하는 민주제국으로서 아테네가 어떻게 변모했고, 또 어떻게 최후를 맞았는지, 이에 대한 투키디데스의 교훈은 Park (2008)을 참조.

17) 주지하다시피 「고르기아스」의 소크라테스는 보다 노골적으로 페리클레스적 대안을 거부한다. 박성우(2003)는 그러나 「고르기아스」의 소크라테스가 보여주고 있는 페리클레스 비판도 표면적으로 보이는 것과는 다른 의도가 있음을 밝히고 있다.

는 페르시아 전쟁 시기에 주도되었던 아테네의 애국심이 어떻게 타락하지 않고, 온전히 유지될 수 있는지에 대한 방도를 제시하는 것이다. 플라톤은 「메네크세노스」 에피타피오스의 말미를 장식하고 있는 생존자들에 대한 권고에서 그 해답을 제시하고 있다.

이 부분은 전통적인 장례연설문 구성형식의 하나인 의인화 기법(propopoeia)이 사용된다. 형식적으로 전쟁에서 희생된 전몰자들의 목소리를 빌려, 유족들이 앞으로 어떻게 살아야 하는가에 대한 권고가 그 내용을 이루는데, 전몰자의 자식에 대한 것과 부모에 대한 것이 다분히 대조적이라는 특징이 있다. 우선 내용부터 살펴보자.

먼저 전몰지의 자식들에게 전하는 당부의 말에서 에피타피오스는 자기 자신에게 수치를 안겨주는(aischunai) 것은 결코 가치 있는 삶이라고 할 수 없다는 점을 강조하며, 그런 삶은 인간들 사이에서는 물론 신들에게도 결코 환영받을 수 없다고 선언한다(246d). 이러한 언급은 단지 전장에서의 용맹함만을 권고하는 것이 아니라, 삶 전체의 모습과 관련된 삶의 방식에 대한 권고이다. 매일 매일의 실천(praxis)에 덕(aretê)이 깃들어 있지 않다면 결국 부끄럽고 천한 행동이 될 것이며, 모든 지식 역시 덕과 정의가 수반되지 않으면 미천한 지식에 불과하다고 경고한다. 아울러 모든 삶의 영역에서 덕스럽게 행동해야 사후에 아비를 영광스럽게 만날 수 있으며, 그러지 않으면 아비들은 자식들을 결코 환영하지 않을 것이라고까지 경고한다(247c).

자식들에 대한 이 같은 권고와 경고는 그들이 부모가 전시에 발휘했던 용기의 덕을 모든 삶의 영역으로 확장하고 삶의 방식에 적용할 것을 전시에나 평시에 발휘할 것을 의도하고 있다. 삶의 방식에 관한 이 같은 권고는 사실 전통적으로 이해되어온 도덕적 삶과 크게 다르지 않다. 에피타피오스가 전몰자의 자식들에게 이런 삶을 권고하는 것은 그런 삶의 방식이 바로 자식들이 발휘해야 할 애국심의 내용이라는 점을 의미한다. 그런데 이런 애국심은 기왕의 잠재적으로 팽창주의적 속성을 띠고 있는 페리클레스의 애국심뿐 아니라, 그 이전의 페르시아 전쟁 시기의 애국심과도 구분된다. 언뜻 보면 페리클레스 애국심과 별 차이가 없는 듯이 보인다. 그러나 자식들에게 권고하고 있는 애국심이 삶 전체의 방식에 대한 권고이므로 절제와 신중함 그리고 개인적인 덕에 초점이 맞춰져 있다면, 페리클레스의 애국심은 대담함이나 무절제까지도 국가의 이익에 부합한다고 여겨지면 맹목적으로 추종할 가능성이 있는 것이다. 페리클레스 애국심은 기본적으로 아테네 제국의 위대함을 사적인 이익과 일치시키는 방법으로 진작되었기 때문이다. 이와 달리 「메네크세노스」가 권고하는 애국심을 받아들인 자식들은 무절제한 국가의 행위에 맹목적으로 동조하기보다 시민으로서 자신이 가진 절제를 국가의 행위에도 투영하고자 할 것이다.

   그러나 이런 애국심 역시 내재적인 한계를 갖고 있다. 페리클레스 애국심을 추구하는 사람들과는 애국심의 동기가 다르지만, 이들 역시 인간적 덕(aretê)과 제국의 이득이 충돌하는 결정적인 순간에 덕보다는 제국의 안전과 이익을 우선시할 것이기 때문이다. 「메네크세노스」 에피타피오스도 전몰자의 자식들에게 평화 시의 도덕적 삶 그리고 전시에는 자유를 추구하는 제국의 정체성을 유지해줄 것을 권고하면서, 인간적 덕이나 훌륭함(aretê)을 위해 제국의 안전과 자유를 양보해야 한다고 주장하지 않는다. 이 에피타피오스가 자식들에게 궁극적으로 정치공동체의 공동선을 초월하는 관조적 삶(bios theoretikos)을 추천하는 것은 아니기 때문이다. 이 에피타피오스는 아테네의 젊은이들로 하여금 덕스런 정치적 삶을 채택케 함으로써 페리클레스의 정체성과는 구별되는 새로운 아테네 정체성을 확립하고자 한 것은 사실이지만, 제국의 존립 자체를 위태롭게 할 생각은 없기 때문이다.

문제는 이런 젊은이들은 아테네 제국의 시민인 한 언젠가 페리클레스저 애국신으로 쉽게 동화되고, 순차적으로 팽창적·맹목적 애국심으로 타락하여 제국의 자기소멸을 초래하게 된다는 것이다.[18] 어찌 보면 아테네 제국의 애국심은 진퇴양난의 처지에 놓여 있다. 제국의 정체성을 유지케 하는 한 아무리 절제 있고 도덕적인 애국심을 심어놓는다 하더라도 결국 페리클레스 애국심으로 전환되게 마련이고, 그렇다고 정치공동체의 정체성 자체를 송두리째 부정하는 철학적 또는 관조적 삶을 제안할 수도 없는 노릇이기 때문이다. 「메네크세노스」의 에피타피오스는 세대 간에 각기 다른 역할을 부여함으로써 이런 곤경에서 벗어난다.

에피타피오스는 전몰자들의 부모에게 당부하는 말에서 자식들에게 한 권고와는 전혀 다른 태도를 보인다. 에피타피오스는 우선

---

[18] 제국주의 외교정책에 의해 시민들의 국내적 정치활동도 역시 제국주의적 성향으로 전환될 수 있다는 점을 지적한 대표적인 연구로 Park(2008)을 참조.

유명한 델피의 격언인 "무엇이든 지나침이 없어야 한다"(mêden agan)라는 문구를 상기시킨다. 이 격언은 사실 절제의 중요성을 강조하지만[19] 「메네크세노스」에피타피오스는 자신의 행복을 다른 사람에게 지나치게 의존하고 있으면 안 된다는 것으로 해석한다. 따라서 모든 사안에서 자기 자신만을 의지하는 사람이 가장 훌륭한 삶을 살 준비가 된 것으로 간주한다(247e-248a). 덧붙여 이렇게 자기충족과 자기독립성을 갖춘 사람만이 절제 있고(sôphrôn), 용기있으며(andreios) 지혜로운(phronimos) 사람이라고 정의한다. 이런 사람은 무엇이 생겨나고 사라질 때 (예컨대 부나 자식의 경우) 지나치게 즐거워하거나 지나치게 괴로워하지 않으며, 이제 죽음이 그리 머지않은 나이에 이르러서는 자식을 잃었다고 슬퍼하기보다는 지금까지 이룬 것을 명예롭게 하는 편이 더 낫다고 에피타피오스는 조언한다.

이런 언급은 앞서 자식들에게 주었던 권고와는 대조적이다. 물론 앞의 덕스런 정치적 삶과 마찬가지로 대담함보다는 절제를, 도시에 대한 에로스적인 탐닉보다는 자기충족(autarcheia)을 강조한다는 측면에서는 자식들에 대한 권고와 맥을 같이한다. 그러나 가능하면 독립적이고 독자적인 삶을 권고하는 것은 가족적인 유대와 조상의

---

[19] 소크라테스가 사용하는 "지나침이 없음"은 "자신에 대한 보살핌"(epimeleia heautou)의 의미가 내포되어 있다는 점에서 중간지점을 찾는 아리스토텔레스의 중용과 구별된다. 이런 측면에서 소크라테스의 두 개의 격언(mêden agan, gnothi seauton)을 자아의 보살핌이라는 관점에서 해석하고 있는 연구로 푸코(Foucault 2005, 특히 chapter 1)를 참조.

명성에 걸맞은 덕을 끊임없이 성취해야 하고, 만약 그렇지 못하면 사후에 가족들을 반가이 맞을 수 없다는 젊은이들에 대한 당부와는 거리가 있다.[20] 여기서는 적어도 아테네의 위대함이라는 불멸의 기억을 바탕으로 개인의 삶을 희생하라고 권하지도 않는다. 대신 살아 있는 사람은 죽은 사람보다 더 잘 살아야 한다고 하면서, 그 방법은 다름 아니라 "지나침이 없이"라는 델피의 격언을 잘 이행하는 수밖에 없다는 제안을 한다.

아테네 시민의 애국심을 고취해야 하는 에피타피오스에서 "지나침이 없는" 삶을 제안하고 있는 것을 어떻게 이해할 것인가? 이는 분명 삶과 죽음, 부와 빈곤, 자식의 생사에 이르기까지 모든 문제에 있어서 한 걸음 떨어져 지나치게 열심내지 않는 삶을 의미한다. 이런 삶은 정치공동체의 공적인 일에 무관심한 철학적 삶 내지 관조적 삶을 연상케 한다. 그러나 여기서 부모 세대에 제안하고 있는 지나침이 없는 삶은 철학자가 "전체에 대한 지식"을 사랑하기에 공동체의 일을 멀리하거나 초월할 수밖에 없는 그런 관조적 삶이라기보

---

20) 스타우퍼는 부모에 대한 조언에서 다분히 철학적인, 소크라테스적 톤을 갖추고 있다는 점을 지적하고 있다(Collins & Stauffer 1991). 비슷한 맥락에서 프리들랜더도 이 "부모에 대한 조언" 부분이 「메네크세노스」에서 전통적인 "플라톤적" 성격을 띠는 부분이라고 지적한다(Frieldänder 1964, 226-227). 그러나 이들은 왜 플라톤이 이 부분에서 유독 「메네크세노스」의 전체적인 메시지와는 이질적인 메시지를 전달하고 있는지를 설명하지 못한다. 본고는 플라톤 정치사상의 전체적인 주제 중의 하나인 이론과 실천의 관점에서 이 문제를 풀었고, 이는 또한 왜 플라톤이 이질적인 메시지를 담고 있는 「메네크세노스」를 저술했는가에 대한 해답이 된다.

다는, 일반인들이 상식적으로 취할 수 있는, 세상일에 어느 정도 거리를 두고 지나치게 욕심을 내지 않는 정도의 삶이다. 「에피타피오스」가 이런 삶을 부모 세대에게 제안하는 이유는 물론 자식을 잃은 부모의 슬픔을 달래기 위하는 차원도 있지만, 이보다 더 큰 플라톤의 의도가 있다.

앞에서 우리는 젊은이들에게 제시해야 할 애국심의 딜레마를 지적한 바 있다. 장차 아테네 제국 시민의 주역이 될 젊은이들에게 페리클레스 애국심을 허용함으로써 잠재적으로 팽창적이고 탐욕적인 애국심으로 전락하는 것을 방관할 수도 없고, 그렇다고 보편적 가치의 제시를 통해서 제국의 정체성 자체를 부정할 수도 없는 노릇이다. 이런 상황에서 부모 세대에 권고하고 있는 "지나침이 없는" 삶은 아테네 젊은이들이 균형을 잡을 수 있는 좋은 본보기가 된다. 젊은이들은 제국의 위대함이나 세력을 자랑스럽게 생각하는 페리클레스적 애국심이 아니라, 자유의 수호라는 가치를 지향하는 제국으로서의 아테네에 대한 애국심을 갖도록 하고, 반면 부모 세대들은 매사에 지나치게 열성을 내지 않고 다소 비정치적인 삶을 살게 함으로써, 젊은이들이 지나치게 팽창적인 애국심이나 침략적 애국주의로 전락하는 것을 제어할 수 있기 때문이다.

균형잡힌 애국심의 추구

전통적으로 페리클레스의 애국심 모델은 비교적 균형을 갖춘 바람직한 애국심으로 간주되어왔다. 페리클레스는 시민들을 향해 맹목적인 애국심을 요구한 것이 아니라, 아테네 민주정이 지향하고 있는 보편적 가치—예컨대 평등, 자유, 문화적 개방성, 적극적 정치참여 등—를 내세우면서 이런 공동체의 수호를 위한 애국심을 강조하기 때문이다. 그러나 페리클레스의 에피타피오스와 병렬적 관계에 있는 플라톤의 에피타피오스는 페리클레스의 애국심 모델에 심각한 결함이 있음을 지적한다. 플라톤의 문제 제기는 페리클레스의 애국심 모델이 균형잡힌 애국심이라면 왜 아테네인들은 그런 애국심을 오래 유지하지 못하고, 차츰 팽창적이고 탐욕적인 애국심을 선택하고 결국 제국의 쇠퇴를 자초하게 되었는가에서 출발한다.

투키디데스는 페리클레스와 같은 신중하고 훌륭한 지도자의 부재를 그 원인으로 꼽는다. 그러나 애국심이란 것이 지도자에 의해서 인위적으로 만들어지는 일시적인 집단감정이 아니라, 국가와 시민들의 정체성과 관련된 지속적인 것이라면, 훌륭한 지도자의 유무가 결정적인 변수가 되어서는 안 된다. 따라서 플라톤은 아테네 애국심의 실패를 페리클레스라는 지도자의 부재 때문이 아니라, 페리클레스의 애국심 모델 자체의 결함 때문이라고 파악하고, 「메네크세노스」의 에피타피오스에서 이를 대체할 새로운 애국심 모델을 제시한다.

플라톤의 애국심 모델은 페리클레스의 그것보다 보편적 가치로서의 자유를 강조한다. 플라톤의 에피타피오스 역시 아테네라는 정치공동체의 유지와 번영이라는 공공선의 필요성을 인정하지만, 아테네가 자국뿐 아니라 그리스 전체의 자유를 수호한 정체성을 갖고 있음을 강조하면서, 아테네인들의 애국심이 쉽게 팽창적·탐욕적 애국심으로 전락하는 것을 제어하고자 했다. 그러나 아테네가 보편적 가치에 대한 존중을 얼마나 오래 유지할 수 있을지는 여전히 미지수이다. 페리클레스적 애국심이 자신이 죽고 난 후에는 작동하기 어려웠던 것처럼, 플라톤이 제시한 범그리스적 자유를 수호하는 아테네 정체성에 기초한 애국심 역시 시간의 흐름에 따라 차츰 변질될 수 있다.

이런 사태를 막기 위해 플라톤의 에피타피오스는 세대 간에 다른 애국심 모델을 제시한다. 즉 자식들 세대에 대해서는 범그리스적 자유라는 보편적 가치를 추구하는 애국심을 제시하고, 부모 세대에 대해서는 자식들의 애국심이 결국 타락할 수밖에 없음을 감안해 이들의 타락을 막을 수 있는 절제의 요소를 강조하는 애국심을 제시했다. 삶 전체를 지나침이 없이 바라볼 수 있는 부모 세대의 절제는 국가가 불가피하게 추구할 수밖에 없는 다른 공동체에 대해 배타적인 국가 이익의 범주를 벗어나는 것이다. 이러한 태도는 사실 애국심의 범주를 벗어나는 것일 수도 있다. 그러나 플라톤은 이런 요소를 에피타피오스에 삽입함으로써 역설적으로 애국심의 균형상태를 유지하고자 한 것이다.

애국심이 이성적 요소만으로 충족될 수 없고 불가분 시민들의 감성적인 요소에 호소해야 하는 한 애국심의 균형을 유지하기란 매우 어려운 일이다. 따라서 처음부터 애국심을 불합리한 것으로 완전히 배제하지 않는 한(Cf. Kateb 2006), 어떻게 하면 균형잡힌 애국심을 가능한 한 오래 유지할 것인가가 관건이다. 플라톤의 에피타피오스는 페리클레스적 애국심보다 더 안정적인 애국심 모델을 의도했으며, 그 해결책으로 세대별로 다른 종류의 삶을 좋은 삶으로 제시한 것이다.

2장

중세 독일 민족의식의 발전

윤비

쾰른 출신의 프란시스코파 수사였던
로에스의 알렉산더(Alexander of Roes, 1225?-1300?)는
여러 작품을 통해 유럽 기독교 세계의 맹주로서 신성로마제국의
권위를 옹호했다. 그의 작품에서 각 민족 집단들 간의 구분은
정치세계를 규율하고 역사를 이해하는 기본 원리로서 등장하며,
그러한 맥락에서 특히 독일인들은 제권의 행사를 통해
기독교 세계를 정치적으로 지도할 적극적 사명을 지닌 것으로
그려진다. 이 연구는 중세 초기 이래 독일 민족의식의 발전경로를
추적하는 가운데 알렉산더의 사상을 그 중요한 계기이자
동시에 증거로서 보고 분석한다.

민족의식의 역사

서유럽의 역사적 경험에서 본다면 민족은 확실히 부정적인 인상을 불러일으키는 단어이다. 19세기 이래 유럽 내외를 휩쓴 수차례의 전화와 유럽 국가들이 세계적으로 벌인 수탈과 착취, 나치에 의해 저질러진 유대인 학살과 코소보에서 벌어진 인종말살 범죄 등, 유럽의 현대사에 드리워진 크고 작은 그늘의 뒤에는 민족적 정체성에 대한 지나친 강조와 과장된 자부심, 그 경계 밖에 있는 다른 인간 집단에 대한 편협한 견해가 자리 잡고 있었다. 오늘날 이러한 극단적 민족주의를 부추기던 온갖 사이비 생물학적 견해들, 고고학 · 역사학 · 문헌학의 여러 학설들은 그 영향력을 잃고 신화의 영역으로 밀려나버렸다. 이제 민족은 인류사의 시원부터 주어진 초역사적 실체로 더 이상 간주되지 않는다. 많은 사람들이 민족의 탄생과 그 탄생의 조건, 발전, 그리고 (이미 시작된, 혹은 미구에 시작될) 소멸에 대해 이야기한다.[1]

민족에 대한 연구가 이처럼 방향을 틀게 되면서, 연구자들은 민족의식 또는 민족정체성 의식의 기원과 발전에 대해 점점 더 관심을 기울이게 되었다. 오늘날의 민족이 처음부터 객관적 실체로서 존재했던 것이 아니라 하나의 '상상력'이 시간의 흐름 속에서 '물

---

[1] 비교적 최근의 민족주의 연구의 동향을 일별하기 위해서는 Umut Özkırımlı, *Theories of Nationalism: A Critical Introduction*, New York: Macmillian, 2000과 Jonathan Hearn, *Rethinking Nationalism: A Critical Introduction*, New York: Palgrave Macmillian, 2006.

질화'된 것이라면, 왜, 언제부터, 어떠한 형태로 그러한 상상력이 모습을 드러냈으며, 어떠한 계기로 사람들을 사로잡고 힘을 갖게 되었는가의 문제가 필연적으로 제기되는 것이다.

이 연구는 중세 독일 민족의식의 발전을 대상으로 한다. 샤를마뉴 제국의 해체와 그에 뒤이은 과정에서 동프랑크 제국의 지배층 주변에서 발전하기 시작한 일종의 동족의식은 이후 오토 왕조와 살리 왕조를 거치며 호헨슈타우펜 왕조에 이르러 독일민족이라는 운명공동체가 객관적으로 존재하며, 여기에는 기독교 세계를 이끌어 나아갈 사명이 주어져 있고, 개개인은 이를 위해 헌신해야 한다는 생각으로 나아갔다.

특히 이 연구는 이러한 독일 민족의식이 급격한 발전을 보이는 13세기에 주목한다. 이 시기에 호헨슈타우펜 왕가의 제국은 심각한 위기 속으로 빠져들고 있었다. 황제권의 지나친 성장을 제어하려 했던 로마교회와, 황제권이 라인 강 동쪽에 머무르는 것에 반감을 가지고 있었던 프랑스 양측의 도전은 기독교 세계 내에서 제권의 근본 목적과 그것이 독일인에 의해 행사되어야 할 필요에 대한 적극적인 설명을 요구하게 되었다. 아마도 그러한 설명으로 가장 눈에 띄는 하나가 아래에서 집중적으로 다루고자 하는 로에스의 알렉산더(Alexander of Roes)의 제국론일 것이다. 쾰른 출신의 프란시스코파 수사였던 알렉산더는 여러 작품을 통해 유럽 기독교 세계의 맹주로서 신성로마제국의 권위를 옹호했다. 그의 작품에서 각 민족 집단들 간의 구분은 정치세계를 규율하고 역사를 이해하는 기본 원리로서 등장하며, 그러한 맥락에서 특히 독일인들은 제권의 행사를 통해 기독교 세계를 정치적으로 지도할 적극적 사명을 지닌 것으로 그려진다. 이 연구는 알렉산더의 이러한 주장이 독일 민족의식 발전의 경로를 알려주는 중요한 한 지점이라고 본다.

논의를 시작하기 전에 연구의 접근법과 관련하여 몇 가지 점을 밝혀두고자 한다. 왜냐하면 오늘날 연구자 간에 민족·민족주의·민족의식 등의 개념에 대해 여전히 다양한 견해들이 합의점을 찾지 못한 채 충돌하고 있기 때문이다. 특히 중세의 민족의식을 이야기하는 것은 네오 마르크스주의, 네오 베버리안의 견지에서는 아나크로니즘으로 보일 것이다.[2] 오늘날에도 여전히 강한 영향력을 발휘하고 있는 이 입장은 민족정체성 의식이란 근본적으로 19세기 민족주의의 산물이라고 본다. 즉 민족주의는 존재하지 않는 혈통적 동질성의 신화를 퍼뜨림으로써 연대의식을 창출했고, 이를 통해 근대국가의 동원, 통합이데올로기로서 기능했다는 것이다.

오늘날 이러한 주장은 지나친 단순화와 도식화의 혐의를 도처에서 받고 있다.[3] 많은 역사가들과 인류학자들은 혈통적 동질성에 기반을 둔 운명공동체라는 관념이 19세기 인텔리겐차들의 발명품이라는 주장을 실증적 근거를 들어 반박한다.[4] 이하에서 보다 상세

---

2) 이 계열의 대표 저작으로는 Ernest Gellner, *Nations & Nationalism*, Ithaca: Cornell Univ. Press, 1983; Benedict Anderson, *Imagined Communities*, rev. ed., London: Verso, 2006; Eric J. Hobsbawm, *Nations & Nationalism since 1780: Programme, Myth, Reality*, Cambridge: Cambridge Univ. Press, 1990.
3) 이에 대해서는 특히 Anthony D. Smith, *Nationalism*, Cambridge: Polity, 2001 참조.
4) Walter Schlesinger, "Die Entstehung der Nationen: Gedanken zu einem

히 살펴보겠지만, 독일의 경우만 하더라도, 늦어도 12세기 중반에 이르면 언어와 관습에서 친화성을 가지고 라인 강 이동을 거주지로 하는, 혈통과 역사를 공유한 하나의 공동체로서의 독일인이라는 관념이 출현해 영향력을 얻기 시작했으며, 16세기 이후 인문주의자들에 의해서 크게 확산된다.[5]

Forschungsprogramm", in Helmut Beumann & Werner Schröder eds., *Aspekte der Nationenbildung im Mittelalter*, Sigmaringen: Jan Thorbecke, 1978, pp. 11-62; His, "Zur Nationenbildung im Mittelalter", in Otto Dann ed., *Nationalismus in vorindustrieller Zeit*, München: Oldenbourg, 1986, pp. 21-33; Joachim Ehlers, "Die deutsche Nation des Mittelalters als Gegenstand der Forschung", in Joachim Ehlers ed., *Ansätze und Diskontinuität deutscher Nationenbildungen im Mittelalter*, Sigmaringen: Jan Thorbecke, 1989, pp. 11-58; Heinz Thomas, "Das Identitätsproblem der Deutschen im Mittelalter", *Geschichte in Wissenschaft und Unterricht* 43, 1992, pp. 135-156; Joachim Ehlers, *Die Entstehung des deutschen Reiches*, 2nd ed., München: Oldenbourg Verlag, 1998; His, "Was sind und wie bilden sich nationes im mittelalterlichen Europa (10.-15. Jahrhundert)? Begriff und allgemeine Konturen", in Almut Bues & Rex Rexheuser, eds., *Mittelalterliche nationes– neuzeitliche Nationen: Probleme der Nationenbildung in Europa*, Wiesbaden: Harrassowitz, 1995, pp. 7-26; Bernd Schneidmüller, "Reich - Volk - Nation: Die Entstehung des Deutschen Reiches und der deutschen Nation im Mittelalter", in Bues & Rexheuser eds., 같은 책, pp. 73-101; His, "Nationenbildung als Innovation? Reiche und Identitäten im mittelalterlichen Europa", in Christian Hesse & Klaus Oschema eds., *Aufbruch im Mittelalter - Innovation in Gesellschaften der Vormoderne: Studien zu Ehren von Rainer C. Schwinges*, Ostfildern: Thorbecke, 2010, pp. 269-292.

물론 뒤에서도 지적하듯이 중세에 등장한 민족의식이란 — 적어도 오늘날 우리에게 남아 있는 문헌만을 기반으로 '실증주의적'으로 판단해본다면 — 주로 지배층과 그 주변의 식자층에 의해 지지되는 픽션이었다. 그리고 이 픽션 안에는 19세기 민족주의 이후 보편화된 성원 간의 형식적인 평등 관념은 포함되어 있지 않았으며, 구체적으로 어느 지역의 누구를 그 주체로 보는가의 차원에서도 오늘날의 상식과는 크게 다르다. 따라서 이 당시에 이미 독일인·영국인·프랑스인·이탈리아인 등의 정체성의식을 가지고 스스로를 하나라고 여기는 집단이 있기는 했어도 그 실제적인 모습은 오늘날 우리가 알고 있는 민족과는 여러모로 크게 달랐을 것이다.

그렇다고 해서 이 당시 등장한 민족의식이 중요하지 않은 것은 아니다. 민족을 '관념'의 '육화'로 본다면 민족 탄생의 첫 장은 그러한 관념이 처음 출현하는 순간에 씌어진 것이기 때문이다. 사람들은 어떤 동기로 독일인·영국인·프랑스인·이탈리아인이라는 정체성의 아이디어를 생각해내고 퍼뜨리기 시작했으며, 어떻게 그러한 관념이 다른 사람들의 마음속으로 파고들어 삶의 규범의 일부로 내화되어갔는가?

이러한 접근법이 민족에 대한 목적론적 정당화를 의미하지 않음은 물론이다. 19세기의 민족주의라는 이데올로기와 그를 거쳐 오늘날 존재하는 민족 그 자체는 민족의식이 탄생한 무렵에는 닥칠

---

5) 이에 대해 최근의 가장 괄목할 성과로는 Caspar Hirschi, *Wettkampf der Nationen: Konstruktionen einer deutschen Ehrgemeinschaft an der Wende vom Mittelalter zur Neuzei*, Göttingen: Wallstein, 2005.

수도 또는 닥치지 않을 수도 있는 미래였으며, 그 이후로도 오랫동안 그러했다. 발생진화론적인 용어를 빌려 말한다면 민족은 여전히 '형성 중'이었으며, 따라서 민족의식을 담지하고 퍼뜨리고 있던 그룹은 앞서 이야기했듯이 오늘날의 기준으로 민족이라고 말하기 어려운 모종의 공동체 내지 종족이었다고 할 수 있다.[6] 그러나 이것이 '민족의식'의 역사가 갖는 중요성을 부정하는 근거는 될 수 없다. 다만 우리에게 요구되는 것은 이 시기 스스로를 독일인 · 영국인 · 프랑스인 · 이탈리아인 등으로 규정했던 집단이 오늘날의 민족과 갖는 차이를 염두에 두고 분석과 서술을 진행시켜 나아가는 '분별력'이다.[7]

---

[6] Benedykt Zientara, "Populus – Gens – Natio. Einige Probleme aus dem Bereich der ethnischen Terminologie des frühen Mittelalters", in Otto Dann ed., *Nationalismus in vorindustrieller Zeit*, München: R. Oldenbourg, 1986, pp. 11-20.

[7] 여기서 우리는 유사한 문제를 가지고 있는 유럽사의 연구자들이 어떻게 하고 있는가를 살펴보는 것이 도움이 된다. 오늘날 유럽사를 연구하는 학자들은 우리가 알고 있고 문제로 삼고 있는 유럽이 과거에는 존재하지 않았다는 사실을 잘 알고 있다. 원래부터 유럽이 있었고 유럽인이 있었던 것이 아니라, 언젠가부터 그러한 정체성의 관념이 생겨났으며, 힘을 얻고 변화해가는 가운데 오늘날의 모습에 도달한 것이다. 그리고 그 관념이 언제부터 대중적인 지지를 받았는가를 묻는다면, 우리는 제2차 세계대전 이전에는 그다지 언급할 거리가 없다는 사실을 알게 된다. 여기서 연구자들이 흔히 택하는 서술전략은 발생진화론적인 접근법이다. 예를 들어 터키의 비잔틴 함락에 즈음하여 이슬람 세력에 맞서 전 유럽이 단합해야 한다는 교황 피우스 2세의 1454년 제국의회에서의 주장은 유럽관념의 탄생에서 중요한 장으로 다루어진다. 한편 연구자들은 그를 지지했던 사람들이 염두

이 글의 첫 부분은 11세기 후반에서 12세기 초반에 등장하기 시작한 독일 민족관념의 기본 동인과 논리를 전체적으로 살펴볼 것이다. 두 번째 부분은 알렉산더의 제국론과 독일 민족의식의 부상을 구체적으로 추적한다.

중세 독일 민족의식의 탄생

지난 수십 년간의 연구 성과를 통해 우리는 대략 9세기에서 13세기에 이르는 기간에 어떻게 단일 프랑크족에 의해 세워진 카롤링거 제국이라는 의식이 소멸되고, 그 자리에 독일과 프랑스의 민족의식이 들어서게 되었는가에 대해 상당히 많은 사실을 알게 되었다.[8]

에 둔 유럽이 오늘날 우리가 이야기하는 유럽과 그 지리적 범위나 구성, 그리고 그 정치적 전망에서 현저히 달랐다는 사실에 적절히 주의를 기울이며, 이에 따라 '유럽' 개념을 선별적으로 사용한다. 유럽은 여전히 '형성 중'이었기 때문이다. 그러한 예로서 Kevin Wilson & Jan van der Dussen eds., *The History of the Idea of Europe*, London: Routledge, 1995; Wolfgang Schmale, *Geschichte Europas*, Köln: Böhlau, 2000; Anthony Pagden ed., *The Idea of Europe: From Antiquity to the European Union*, Washington, DC: Woodrow Wilson Center Press, 2002.

8) Werner Goez, *Translatio Imperii: Ein Beitrag zur Geschichte des Geschichtsdenkens und der politischen Theorien im Mittelalter und in der frühen Neuzeit*, Tübingen: Mohr, 1958; Eckhard Müller-Mertens, "Römische Reich im Besitz der Deutschen, der König an Stelle des Augustus. Recherche zur Frage: seit wann wird das mittelalterlich-frühneuzeitliche Reich von den Zeitgenossen als römsich und deutsch begriffen?", *Historische Zeitschrift* 282, 2006, pp. 1-58; His, "Imperium und Regnum im Verhältnis

독일 민족, 의식의 형성과 관련해서 본다면, 우리는 그 단초를 대략 9세기 말 이후 동프랑크 왕국에서 형성되기 시작한 독자성에 대한 의식에서 찾을 수 있다. 911년 루트비히 4세가 18세로 죽음을 맞았을 때, 당시 동프랑크 왕국을 떠받치던 프랑켄·작센·바이에른·알레마니아 공국(regna)의 귀족들이 서프랑크 왕국의 샤를 3세를 부를 생각조차 하지 않았다는 사실은 이미 이들이 동프랑크 왕국을 서프랑크 왕국과 구별되는 별개의 단위로 여기기 시작했다는 사실을 보여준다. 다시 말해 단일 프랑크족에 의한 단일 제국의 일부라는 자기규정이 이 무렵에 이르면 동프랑크 왕국 내부에서 서서히 약화되기 시작했다는 것이다.[9]

물론 이로부터 곧바로 독일 민족관념이 솟아났다고 추론하는 것

---

zwischen Wormser Konkordat und Goldener Bulle. Analyse und neue Sicht im Licht der Konstitutionen", *Historische Zeitschrift* 284, 2007, pp. 561-595; Gottfried Koch, *Auf dem Wege zum Sacrum Imperium: Studien zur ideologischen Herrschaftsbegründung der deutschen Zentralgewalt im 11. und 12. Jahrhundert*, Berlin: Akademie Verlag, 1972; Helmut Beumann, "Die Bedeutung des Kaisertums für die Entstehung der deutschen Nation im Spiegel der Bezeichnungen von Reich und Herrscher", in Beumann & Schröder eds., *Aspekte der Nationenbildung*, pp. 317-365; Reinhard Schneider, "Das Königtum als Integrationsfaktor im Reich", in Ehlers ed., *Ansätze und Diskontinuität*, pp. 59-82; Benedykt Zientara, *Frühzeit der europäischen Nationen: Die Entstehung von Nationalbewusstsein im nachkarolingischen Europa*, in Klaus Zernack (German) trans., Osnabrück: Fibre, 1997; Carlrichard Brühl, *Die Geburt zweier Völker: Deutsche und Franzosen* (9.-11. Jahrhundert), Köln: Böhlau, 2001.

9) Ehlers, *Die Entstehung des deutschen Reiches*, p. 16.

은 사태를 지나치게 단순화한다. 동프랑크 왕국의 지배층을 규정하고 있던 일차적 정체성은 바이에른인(Baioarii), 프랑켄인(Franci), 작센인(Saxones), 알레마니아인(Alemanni) 따위의 지역 종족 단위였다. 무엇보다도 동프랑크 왕국 자체가 안정된 왕권 재생산 구조를 가진 정치체가 아니었음에 유의할 필요가 있다. 국왕 선출은 당시 각각의 지역에서 독자적 지배권을 구축하고 있던 귀족 간의 합의에 아직도 크게 의존하고 있었다. 오토 왕조에 이르러서야 이러한 상황에 의미 있는 변화가 일어나기 시작했다. 레히펠트(Lechfeld) 전투(955)에서의 승리 이래로 하인리히 2세를 거치면서 오토가 세운 제국은 왕권의 강화와 지배구조의 내적 공고화에서 진전을 보였다.

물론 제국을 하나로 묶어내는 일은 11세기에도 여전히 진행형인 과제였으며, 왕권은 상당한 정치적 자립을 구가하던 귀족들과의 길고 힘든 밀고 당기기를 거듭해야 했다. 그러나 중요한 사실은 이러한 과정을 거치면서 귀족들이 — 왕권의 추종자로서이든, 또는 왕권을 감시·통제하기 위해서이든 — 제국의 통치에 점점 깊숙이 관여하게 되었고, 당시까지 존재하던 개별 종족을 넘어서는 상위의 연대의식을 서서히 형성하기 시작했다는 점이다.

'우리는 독일인'이라는 집단 정체성의 관념은 이러한 기반 위에서 11세기 후반에 이르러 본격적으로 모습을 드러내기 시작했다. 이 시기에 이르면 우리는 독일인의 왕국, 곧 '레그눔 티우토니코룸'(regnum Teutonicorum)이라는 표현을 마주하게 된다.[10] 독일인이라는 정체성이 사람들의 머릿속에 서서히 각인되기 시작했다는 것을 보여주는 상징적인 예들이 있다. 1073년에서 1076년 사이에 씌어진 연대기에서 브레멘의 아담은 보니파키우스가 라인 강 동쪽에서 벌인 전도활동이 오늘날 로마제권을 가지고 있는 독일인들(Teutonicum populi)을 일깨웠다고 썼다.[11] 여기서 아담은 『빌레하두스의 생애』(Vita sancti Willehadi)를 참조했는데, 중요한 것은 이 작품에는 같은 자리에 독일인이 아니라 프랑크인(Francii)이 등장한다는 사실이다. 즉 아담은 자신의 연대기에서 의식적으로 프랑크인을 독일인으로 바꾸었던 것이다.[12]

여기에서 아담이 사용하는 '티우토니키'(Teutonici)라는 라틴어 명칭은 본래 이탈리아에서 로마인이 아닌 종족을 지칭하는 의미로 처음 쓰인 용어로서, 이로부터 속어 형태인 '디우티스케'(Dûtisce, Diutiske)가 발생했고 이것이 오늘날 독일을 가리키는 '도이치'

---

10) 이 용어의 출현 배경과 과정, 내용, 함의에 대해서는 Eckhard Müller-Mertens, *Regnum Teutonicum: Aufkommen und Verbreitung der deutschen Reichs- und Königsauffassung im früheren Mittelalter*, Berlin: Böhlau, 1970.

11) Adam of Bremen, *Gesta Hamburgensis ecclesiae pontificum*, in Werner Trillmich & Rudolf Buchner eds., 1: 10, in *Quellen des 9. und 11. Jahrhunderts zur Geschichte der Hamburgischen Kirche und des Reiches*, Darmstadt: Wissenschaftliche Buchgesellschaft, 1961; Müller-Mertens, "Römische Reich im Besitz der Deutschen", p. 17.

12) *Vita sancti Wellehadi*, in MGH SS, Vol. 2, eds. Georg H. Pertz et al., Hannover, 1829, p. 387; Heinz Thomas, "Julius Caesar und die Deutschen. Zu Ursprung und Gehalt eines deutschen Geschichtsbewusstseins in der Zeit Gregors VII & Heinrichs IV", in Stefan Weinfurter ed., *Die Salier und das Reich*, 3 Vols., Sigmaringen: Jan Thorbecke, 1991, p. 257.

(Deutsch)를 파생시켰다.[13] 이 명칭이 보편화되기 시작한 것은 서임권을 둘러싸고 하인리히 4세와 분쟁을 벌이던 교황 그레고리우스 7세가 이 단어를 정치적으로 이용하기 시작하면서부터였다. 그레고리우스는 하인리히를 독일인의 왕(rex Teutonicorum)이라고 부름으로써 황제가 아닌 일개 종족집단의 수장으로 격하시키려고 했다. 이는 오토 왕조 이래로 황권이 의지하고 있던 정치적 주장에 대한 전면적 부정에 다름아니었다. 왜냐하면 오토 대제와 그의 뒤를 이은 황제들은 자신들의 지배권을 로마의 제권을 계승했던 카롤링거 제국의 연장으로 여겼기 때문이다. 뿐만 아니라 이 주장은 부르군드와 이탈리아가 황권의 지배 영역임을 부정하려는 의도도 담고 있었다.[14]

우리가 주목해야 할 사실은 아이로니컬하게도 황권을 중심으로 한 동프랑크 지역의 지배계층에 의해서 이러한 집단규정이 받아들여졌다는 사실이다. 물론 이것이 그 안에 담긴 교황 측의 정치적 주

---

13) Hans-Dietrich Kahl, "Einige Beobachtungen zum Sprachgebrauch von natio im mittelalterlichen Latein mit Ausblicken auf das neuhochdetusche Fremdword 'nation'", in Beumann & Schröder eds., *Aspekte der Nationenbildung*, pp. 63-108; Ehlers, *Die Entstehung des deutschen Reiches*, pp. 42-44. 이상과 이하에서 'Teutonici', 'Teutonicorum'의 라틴어 음역은 물론 오늘날의 추정에 근거한 것이다. 'Teuton-'의 'eu'를 '이우'로 읽은 것은, 그것이 일반적으로 중세에 통용되었던 라틴어의 발음법에 가깝기 때문이다. 'eu'를 아마도 '이우'로 읽었으리라 추정하게 하는 또 다른 근거는 여기서 파생된 속어가 '위'나 '이우'로 발음되는 'û'나 'iu'를 포함하고 있다는 사실이다.
14) Ehlers, 앞의 책, pp. 45-48.

장을 수용한다는 것을 의미하지는 않았다. 이내 곧 독일인들과 로마제권 간의 특별하고 긴밀한 관계에 대한 이야기들이 생겨나기 시작했다. 1075년에서 1085년 사이에 속어로 쓰인 『안노의 노래』(Annolied)는 독일인들(diudischi liudi)에 대해 이야기하면서 이들이 어떻게 율리우스 카이사르가 황제가 되는 데 힘을 보탰는지에 대해 이야기한다.[15] 저자는 독일인들이 처음부터 로마인들과 친애관계를 맺고 살았다는 점을 강조함으로써 독일인의 제권을 정당화하려 했다. 1112년에서 1113년 사이에 씌어져 하인리히 5세에게 바쳐진 연대기는 심지어 독일인의 계보 안에 샤를마뉴의 지배를 포함시켰다. 이는 카롤링거 제국이 처음부터 독일제국의 한 부분이었으며 따라서 독일인과 중세에 부활한 로마황권은 처음부터 하나였다는 주장에 다름아니다.[16]

당대나 후세에 끼친 영향력 면에서 특히 중요한 인물은 프리드리히 1세의 친척으로서 호헨슈타우펜 왕가의 정치적 이해를 이데올로기적으로 대변했던 프라이징의 주교 오토(Otto of Freising)이다. 그는 1143년부터 1146년 사이에 쓴 연대기[17]에서, "오늘날 로마를

---

15) *Das Annolied*, ed., Eberhard Nellmann, 2nd ed., Stuttgart: Reclam, 1979; Müller-Mertens, "Römische Reich im Besitz der Deutschen", pp. 20-21.

16) *Frutolfs und Ekkehards Chroniken und die anonyme Kaiserchronik*, Franz-Josef Schmale ed., Darmstadt: Wissenschaftliche Buchgesellschaft 1972, p. 212; Müller-Mertens, 앞의 논문, pp. 36-37.

17) Otto of Freising, *Chronica sive Historia de duabus civitatibus*, Walther Lammers eds. & trans., (into German) Adolf Schmidt, Darmstadt: Wissenschaftliche Buchgesellschaft, 1990.

지배하고 있는 독일인의 제국은 프랑크 제국의 한 부분이다"[18] 라고 주장함으로써, 독일인이 샤를마뉴를 통해 프랑크족의 손에 쥐어져 있던 제권을 참칭하거나 찬탈한 것이 아니라는 점을 분명히하려 했다. 그에 따르면 비잔틴 황제의 손에 있었던 제권은 801년 프랑크족의 샤를마뉴의 손으로 넘어간 후, 랑고바르드인(Longobardi)들에 의하여 찬탈된다. 이를 작센인들의 수장이던 오토 대제가 되찾아 '독일 동프랑크인'(Teutonicos orientales Francos)에 되돌려줌으로써 현재의 황권이 성립하게 된다. 결국 그에 의하면 독일인은 처음부터 프랑크족의 지파로서 동프랑크 왕국을 이루고 있었으며, 그러한 점에서 당대 독일인의 손에 제권이 쥐어진 것에는 아무런 문제가 없는 셈이 된다.[19]

이제까지 간략하게나마 살펴보았듯 카롤링거 제국의 분열 위에서 오토 왕조와 살리 왕조를 거치면서 독일인이라는 정체성의 의식이 서서히 모습을 드러내기 시작했다. 물론 이 무렵에 이르러 오늘날 독일 민족의 원형이 완성되었다는 주장은 사태를 지나치게 단순하게 보는 것이다. 12세기 호헨슈타우펜 왕조에 이르러서도 '독일' 또는 '독일인'이라는 표현은 드물게 나타나며, 이는 '티우토니아'(Teutonia)뿐 아니라 이 시기의 독일을 가리키던 다른 표현인 '알라마니아'(Alamannia), '제르마니아'(Germania)를 포함하여 살펴보더라도 마찬가지이다. 13세기 중반까지 황제나 교황 측에서 발행

---

18) Otto of Freising, 같은 책, 6: 17: "(R)egnum Teutonicorum, quod modo Romam habere cernitur, partem esse regni Francorum."
19) Otto of Freising, 같은 책, 6:17.

한 공식문서에 나타나는 용례를 자세히 살펴보면 이들 표현이 어떤 정치적 주체를 지칭하기보다는 주로 지역이나 정치단위를 가리키기 위해 사용되고 있다는 점이 드러난다.[20]

이 당시 이해된 독일인 규정은 그 외연에서도 오늘날과는 상당히 달랐다. 프라이징의 오토의 경우 작센인을 독일인과 다른 혈통, 다른 언어를 가진 집단(ex alia familia seu lingua)으로 구분했다.[21] 오토가 작센인을 이렇게 독일인에서 분리시킨 데에는 과거 그들이 샤를마뉴가 이끄는 프랑크족의 지배에 반기를 들었다가 진압되었다는 역사적 사실이 작용하고 있다. 여기에서도 보이듯 12세기 중반에 이르러서도 아직 과거 종족 간 반목의 기억이 여전히 사라지지 않고 있었으며, 그만큼 독일인이라는 규정이 가진 응집력을 약하게 만들었다.

그럼에도 불구하고 13세기 초에 이르면 독일적 정체성에 대한 의식이 상당한 영향력을 가지고 내적으로 공고화되기 시작했다는 사실이, 강한 독일 선민의식과 자신들의 경계 밖에 있는 타 집단에 대한 배타성에서 나타난다. 독일 선민의식은 이미 프라이징의 오토와 그의 비서 라헤빈(Rahewin)에 의해 씌어진 『프리드리히 황제 연대』(*Gesta Frederici*)에 기록되어 있다.[22] 이들에 따르면, 로마로

---

20) Müller-Mertens, "Imperium und Regnum", pp. 570-571.
21) *Chronica*, 6:17.
22) Otto of Freising & Rahewin, *Gesta Frederici seu rectius Cronica*, Franz-Josef Schmale ed. & trans., (into German) Adolf Schmidt, Darmstadt: Wissenschaftliche Buchgesellschaft, 1965. 영어 번역은 Otto of Freising,

출정한 황제에게 로마인들은 대표를 보내 그를 로마황제로 승인할 권리는 전통적으로 자신들에게 있다고 이야기한다. 이에 대해 프리드리히는 다음과 같이 대꾸한다.

그대들은 로마의 옛 영화에 대해 알고 싶은가? 원로원의 높은 위엄에 대해서? 범접조차 허락지 않는 진법에 대해서? 전선으로 달려나가는 기병대의 기상과 규율에 대해서? 그들의 비할 데 없는 용감무쌍함에 대해서? 그렇다면 우리의 왕국을 보라! 이 모든 것이 우리에게 있다. 이 모든 것들이 제권과 더불어 우리에게로 넘어왔다. 제권만 달랑 넘겨진 것이 아니다. 제권은 덕의 강보에 싸여 우리에게 왔다.[23]

이 말이 실제 프리드리히의 입에서 나왔는지, 또는 오토와 라헤빈의 머릿속에서 나왔는지는 부차적인 문제이다. 분명한 사실은 제

The Deeds of Frederick Barbarossa, trans., with an introduction Charles C. Mierow, Toronto: Toronto Univ. Press, 1994.

23) Otto of Freising & Rahewin, *Gesta Frederici*, 2:32: " Vis cognoscere antiquam tue Rome gloriam? Senatorie dignitatis gravitatem? Tabernaculorum dispositionem? Equestris ordinis virtutem et disciplinam, ad conflictum procedentis intemeratam ac indomitam audaciam? Nostram interue rem publicam. Penes nos cuncta hec sunt. Ad nos simul omnia hec cum imperio demanarunt. Non cessit nobis nudum imperium. Virtute sua amictum venit, ornamenta sua secum traxit." 이에 대한 토론은 Goez, *Translatio Imperii*, pp. 124-125.

국을 이끄는 선택된 존재로서의 독일인이라는 의식이 12세기 중반에 이미 존재하고 있었다는 점이다.

이러한 정치적 선민의식과 타 집단에 대한 우월의식은 정치적인 갈등이 고조될 때 노골적으로 드러났다. 십자군 전쟁 무렵 당시의 연대기에서 그리스인이라고 칭하는 비잔틴인들에 대한 부정적 묘사가 두드러진 예이다.[24] 13세기 초반 보헤미아의 뮐하우젠(Mühlhausen) 수도원의 안스베르트(Ansbert)라는 수도사는 프리드리히 황제의 십자군 출정기인 『황제 프리드리히의 원정사』(*Historia de expeditione Friderici imperatoris*)를 펴냈다.[25] 여기에는

---

[24] Hans Walther, "Scherz und Ernst in der Völker- und Stämme-Charakteristik mittellateinischer Verse", *Archiv für Kulturgeschichte* 41, 1959, pp. 263-301; Günter Gerwinka, "Völkercharakteristiken in historiographischen Quellen der Salier- und Stauferzeit", in Herwig Ebner ed., *Festschrift für Friedrich Hausmann*, Graz: Akademische. Druck- u. Verlagsanstalt, 1977, pp. 59-79; Ludwig Schmugge, "Über 'nationale' Vorurteile im Mittelalter", *Deutsches Archiv für Erforschung des Mittelalters* 24, 1982, pp. 439-459; Verena Epp, "Die Entstehung eines 'Nationalbewußtseins' in den Kreuzfahrerstaaten", *Deutsches Archiv für Erforschung des Mittelalters* 45, 1989, pp. 596-604; Len E. Scales, "German Militiae: War and German Identity in the Later Middle Ages", *Past and Present* 180, 2003, pp. 41-82.

[25] Ansbert, *Historia de expeditione Friderici imperatoris*, Anton Chroust ed., *Quellen zur Geschichte des Kreuzzuges Kaiser Friedrichs I.* (MGH, ss rerum. Germanicarum, N.S, v), Berlin, 1928, pp. 1-115. 독일어 번역(발췌)은 Arnold Bühler ed., *Der Kreuzzug Friedrich Barbarossas 1187-1190: Bericht eines Augenzeugen*, Ostfildern: Thorbecke, 2002.

그리스인들에 대한 다양한 묘사가 등장하는데, 그 어조는 하나같이 부정적이다. 그리스인들은 탐욕스럽고, 교활하며, 배신을 밥 먹듯 하고, 거만하며, 심지어는 사라센인들과 공모한 배교자들이다. 그에 비한다면 프리드리히의 병사들은 용맹하고 정의로우며, 심지어 그리스인들이 독을 풀어놓은 포도주를 마시고서도 아무런 해를 입지 않을 만큼 신의 가호를 받는다.

물론 그리스인들만 이러한 비난어린 편견의 타깃이 된 것은 아니었다. 대략 1209년에서 10년 사이에 블라지엔의 오토(Ott of St. Blasien)가 쓴 연대기에는 아크레(Acre) 함락에 참여했던 오스트리아 공 레오폴트 5세와 잉글랜드의 사자왕 리처드(Richard the Lionheart) 간의 갈등이 묘사되어 있다.[26] 이에 따르면 아크레 함락에 탁월한 공을 세운 레오폴트 공이 자신의 깃발을 망루에 올리자, 이를 시기한 리처드 왕이 그 기를 끌어내리게 한 후 찢고 짓밟는다. 당시에 널리 퍼졌던 이 에피소드는 물론 역사적 사실은 아니다. 이 이야기에는 아마도 십자군에서 귀환하던 리처드 왕을 레오폴트가 납치해 황제 하인리히 6세에게 넘긴 행위를 이전에 받은 부당한 모욕에 대한 정당한 복수쯤으로 미화, 변호하려는 의도가 숨어있는 것으로 보인다.[27]

---

26) *Die Chronik Ottos von St. Blasien und die Marbacher Annalen*, Franz-Josef Schmale ed., Darmstadt: Wissenschaftliche Buchgesellschaft, 1998, pp. 104-106.
27) Heinrich Fichtenau, "Akkon, Zypern und das Lösegeld für Richard Löwenherz", in his, *Beiträge zur Mediävistik*, 3 vols., Stuttgart, 1975, 1: 241-249.

오토의 연대기에서 우리의 주의를 끄는 것은 이 에피소드에 이어지는 다음과 같은 구절이다.

성당기사단이 만류하지 않았더라면 아마 독일 병사들은 이탈리아 병사들과 힘을 합쳐 왕(리처드)에게 대적했을 것이다. 그들은 레오폴트 공과 함께 고향으로 가는 배를 타며 영국인들의 교활함을 책하고 영국인의 핍박을 비난했다.[28]

흥미롭게도 여기서 오토는 리처드의 행위를 한 개인의 잘못으로 보기 전에, 영국인의 집단본성의 한 표현으로 묘사하고 있다. 다시 말해 영국인에 대한 스테레오타입이 고착화되어 개인의 행동을 분석하는 틀로 이용되고 있는 것이다.

독일인의 경계 밖에 존재하는 타 집단에 대한 이와 같은 편견은 시간이 흐르면서 더욱 정교해져갔다. 이는 마찬가지로 점점 정교해진 선민의식과 맞물려 보다 독일인의 자기 집단에 대한 자화상을 풍부하고 정교하게 만들었다. 우리는 이러한 발전과정이 낳은 결과를 다음 절에서 로에스의 알렉산더의 제국이론을 고찰하는 가운데 살펴볼 것이다.

---

28) *Die Chronik Ottos von St. Blasien*, p. 106: '(…)Teutonica milicia cum Italica his admodum exasperata regi in faciem restitisset, nisi auctoritate militum Templi repressa fuisset. Anglicam itaque perfidiam detestantes Anglieneque subdi dedignantes ascensis navibus simul cum duce Leopoldo repatriaverunt(…)'

로에스의 알렉산더의 제국론과 독일 민족의식

로에스의 알렉산더에 대해 오늘날 우리가 알고 있는 것은 대략 그가 1225년 무렵 태어나 1300년경에는 이미 사망했을 것이며, 쾰른의 성 마리아 수도회에 속했고, 로마의 추기경 자코모 콜론나(Giacomo Colonna)와 관련이 있었다는 정도이다.[29] 쾰른에서의 그의 활동은 아마도 1281년경 저술한 것으로 추정되는『로마제국의 특권에 대한 비망록』(*Memoriale de prerogativa Romani imperii*)[30]에 언급되어 있으며, 콜론나와의 관련은 이 저작이 그에게 바쳐진 것에서 드러난다. 이 작품을 파고든 연구자들은 주요 주장과 문체상의 유사성을 근거로 두 저작을 그의 저술목록에 추가했는데, 그 하나는 1285년 저술로 여겨지는 6보격의 우화『황새』(*Pavo*)[31]와 1288년의『세계지』(*Noticia seculi*)[32]이다.

황권의 옹호는 알렉산더의 저작 전체를 관통하는 일관된 관심사였다. 그가 활동하던 시기의 제국은 위기를 맞고 있었다. 호헨슈타우

---

29) 알렉산더의 생애와 저작에 대한 소개로서는 Herbert Grundmann & Herman Heimpel eds., *Die Schriften des Alexander von Roes*, Weimar: Hermann Böhlaus Nachfolger, 1949, Einleitung, pp. 5-16.

30) *Memoriale de prerogativa Romani imperii*(이하 *Memoriale*), in Grundmann & Heimpel eds., *Die Schriften des Alexander von Roes*, pp. 18-67.

31) *Pavo*, in Grundmann & Heimpel eds., *Die Schriften des Alexander von Roes*, pp. 104-123.

32) *Noticia seculi*, in Grundmann & Heimpel eds., *Die Schriften des Alexander von Roes*, pp. 68-103

펜 제국은 이미 해체되었고, 기독교 세계를 대표하는 보편 권력으로서의 제권에 대한 이전의 관념은 교황과 이에 연합한 프랑스 왕권에 의해 침식되고 도전받고 있었다. 이러한 제국의 위기는 프랑스인 시몬 드 브리옹(Simon de Brion)이 교황 마르티니아누스 4세(재위 1281-85)로 등극하면서 현실화되려는 조짐을 보이고 있었다.

알렉산더 자신은 비망록의 앞머리에서 저술동기를 다음과 같이 밝히고 있다. 교황 니콜라우스 3세가 선종한 후 공위기간 동안 그는 비테르보(Viterbo) 시에서 로마 교회가 발행한 미사서의 미사전례를 읽게 되었다. 그런데 일반적으로라면 교황과 왕과 기독교도들을 위한 기도문이 수록되어 있어야 할 곳에 단지 교황만 언급되어 있을 뿐 왕은 전혀 언급이 없음을 발견하게 된다. 알렉산더는 이것이 실수가 아니라 고의적이라는 것을 알아챈다. 결국 교황만을 정당한 군주로 인정한다는 태도로, 알렉산더로서는 크게 근심하지 않을 수 없었다. 왜냐하면 황권을 무시하려는 교회의 태도는 기독교 세계 전체와 더불어 교회 자체의 몰락을 초래할 것이기 때문이다.

> 로마의 독수리가 한 날개만으로는 날 수 없듯, 베드로의 배 역시 한 개의 노만 가지고는 세파와 곡절을 헤쳐 나갈 수 없다. 날개가 하나뿐인 비둘기는 하늘의 새들뿐 아니라 땅의 짐승들에게도 먹이가 될 뿐이다.[33]

---

33) 이하에서 *Memoriale*와 *Noticia seculi*로부터의 인용은 Grundmann과

알렉산더에 의하면 황권은 세계를 통치해 나아가는 모든 정치체들의 정점에 서 있다. 모든 지상의 권력은 궁극적으로는 신으로부터 유래하지만, 직접적으로는 황제에 의해 주어진 것이다. 그러한 의미에서 황제의 권력은 세상 모든 다른 권력의 위에 있으며, 후자는 전자의 부분이다.[34]

알렉산더가 황권의 절대 필요성을 역설하는 주요한 근거는 중세의 종말론에 있다. 이 전통에서 가장 주목할 만한 문서는 앞서 언급한 프라이징의 오토의 연대기이다. 제8권의 첫머리에서 오토는 「데살로니가 후서」를 근거로 예수의 나라는 폭군과 이교도 왕, 이단, 배교사에 의한 고난을 차례로 겪게 되며,[35] 특히 마지막에 겪게 될 적그리스도에 의한 억압은 가장 혹심하고 고통스러울 것이라고 적었다. 「요한계시록」에서 거짓 선지자라고 일컫는 적그리스도는 거짓과 이적으로 사람들을 홀리며, 세속권력자의 도움을 등에 업고 참된 기독교도들을 탄압할 것이다.[36] 적그리스도의 지배는 세상의 타락이 극에 달할 때, 다시 말해 세상의 정의가 완전히 사라지고 로마의 황제는 가장 천한 잡배와 진배없는 처지에 놓이게 될 때 도래

Heimpel의 편집본 절 구분을 따른다. *Memoriale*, 2: "Et quemadmodum Romanorum acquila una non potest volare ala, sic etiam neque Petri navicula inter huius seculi procellas et turbines uno remo ducitur in directum. Et columba, que tantum unam haberet alam, non solum avibus celi, sed etiam bestiis terre cederet in rapinam."

34) *Memoriale*, 7.
35) *Chronica*, 8:1.
36) *Chronica*, 8:3.

하리라고 오토는 썼다.[37]

알렉산더는 동일한 종말론적 역사전망 위에서 제국의 중요성에 대한 자신의 주장을 펼쳤다. 그는 앞서의 역사전망을 뒤집어 해석해서 "로마제국이 완전히 파괴되지 않는다면, 예수와 그의 지체의 적인 적그리스도가 올 수 없다"[38]고 말한다. 그리고 이로부터 적그리스도의 끔찍한 치세가 도래하는 것을 막고자 한다면 로마제국이 군건히 버텨줘야 한다는 주장을 펼친다.

적그리스도의 도래를 막는 인류의 구원자로서 황제의 역할에 대한 인식은 알렉산더 이전에 이미 상당히 퍼져 있었던 것이 확실하다.[39] 그리고 이러한 구속사적인 전망은 독일 선민사상으로 이어졌다. 로마제국의 주축으로서 독일인과 독일인의 군주는 인류를 참

---

37) *Chronica*, 8:2.
38) *Memoriale*, 8: "(N)on veniet antichristus, Christi et membrorum eius adversarius, nisi prius Romanum imperium penitus sit ablatum." 또한 *Noticia seculi*, pp. 9-20.
39) Dietrich Kurze, "Nationale Regungen in der spätmittelalterlichen Prophetie", *Historische Zeitschrift* 202, 1966, pp. 1-23; Hans Martin Schaller, "Endzeit-Erwartung und Anti-Christ Vorstellungen in der Politik des 13. Jahrhunderts", in Mitarbeiter des Max-Planck-Instituts für Geschichte eds., *Festschrift für Hermann Heimpel zum 70. Geburtstag*, 3 vols., Göttingen: Vandenhoeck & Ruprecht, 1972, 2: pp. 924-947; Horst Dieter Rauh, "Eschatologie und Geschichte im 12. Jahrhundert. Antichrist-Typologie als Medium der Gegenwartskritik", in Werner Verbeke et al. eds., *The Use and Abuse of Eschatology in the Middle Ages*, Leuven: Leuven Univ. Press, 1988, pp. 333-358.

혹한 적그리스도의 치세가 도래하지 않도록 막을 사명을 가지고 신으로부터 선택되었다는 자부심이 생겨났다.

이를 입증하는 것이 1160년 무렵 남부독일에서 저술된 것으로 추정되는 라틴어 희곡 『적그리스도 극』(*Ludus de Antichristo*)이다.[40] 극의 첫 부분에서는 쇠약해진 로마제국을 재건하려는 황제(imperator Romani)의 이야기가 펼쳐진다. 황제는 여기서 프랑스 왕(rex Francorum)과 그리스 왕(rex Grecorum), 예루살렘의 왕(rex Hierosolimorum)으로부터 충성의 맹세를 받아내고 예루살렘을 침공하는 바빌론 왕(rex Babilonie)을 무찌른 후, 그곳에서 대관식을 거행하고 자신의 왕국으로 돌아간다. 극의 후반부는 적그리스도의 등장과 멸망에 대한 이야기가 중심이다. 바빌론 왕을 무찌른 황제가 교회를 남겨두고 돌아가자, 적그리스도가 등장하여 예루살렘의 왕을 내쫓고 왕좌에 올라 다른 기독교 세계의 왕들을 굴복시킨 후 세계의 지배자를 자처하다가 천벌을 받고 멸망하는 내용이다.

이 작품은 제국 측의 역사관과 자기이해를 반영하고 있다.[41] 극

---

40) *Ludus de Antichristo*, Rolf Engelsing (into German) with epilogue trans., Stuttgart: Reclam, 1968. 영어 번역은 *The Play of Anti-Christ*, John Wright trans., Toronto: Toronto Univ. Press, 1967. 작품의 저작연대를 1150년대로 비정한 경우는 Hans-Dietrich Kahl, "'Ludus de Antichristo.' (De Finibus Saeculorum) als Zeugnis frühstauferzeitlicher Gegenwartskritik. Ein Beitrag zur Geschichte der Humanität im abendländischen Mittelalter", *Mediaevistik* 4, 1991, pp. 102-105.

41) Rolf Engelsing의 편집본의 해제 이외에 Gisela Vollmann-Profe, "Tegernseer Ludus de Antichristo", in *Die deutsche Literatur des Mittelalters. Verfasser-*

안에서 기독교 세계를 단합시켜 이교를 무찌르고 황위를 스스로 내려놓는 황제는 독일인의 왕(rex Theotonicorum)으로 상정되어 있다. 이는 최초 황제에게 굴복하는 왕들의 이름에 독일 왕이 언급되어 있지 않은 것에서 드러난다. 또한 이는 왕위에서 쫓겨난 예루살렘 왕이 독일 왕에게 하는 다음과 같은 호소에도 암시되어 있다.

당신이 로마교회의 수호자였을 때에는 교회의 지위가 드높아지고 영광은 커졌소. 그대가 떠난 후 어떤 악이 횡행하는지를 보구려. 마치 역병처럼 이교가 번지고 있소.[42]

독일인과 그 정치적 지도자에게 주어진 인류사적 사명에 대한 의식은 또한 그들의 뛰어난 종교적·도덕적·전사적 자질에 자부심이기도 하다. 독일 왕은 적그리스도의 유혹에 넘어가지 않고 그의 부하들과 무기를 들어 맞서는 유일한 기독교 세계의 지도자로 그려진다. 무기로는 독일 왕을 굴복시킬 수 없음을 깨닫게 된 적그리스도는 궁여지책으로 거짓 이적을 행하여 자신을 선지자로 믿게 함으로써 그의 충성을 얻어낸다. 그에 비해 다른 군주들은 적그리스도

---

lexikon, 13 vols., Berlin etc.: Walter de Gruyter, 1995, 9: cols. 673-679; Hannes Möhring, *Der Weltkaiser der Endzeit: Entsehung, Wandel und Wirkung einer tausendjährigen Weissagung*, Stuttgart: Jan Thorbecke, 2000, pp. 176-184. 또한 Hans-Dietrich Kahl, "Ludus de Antichristo."

42) *Ludus de Antichristo*, 191-194행: "Romani culminis dum esses advocatus, sub honore viguit ecclesie status. Nunc tue patens est malum discessionis. Viget pestifere lex superstitionis."

의 교언에 손쉽게 넘어가 그의 충복이 되어버리고 만다. 여기에서의 대비는 뚜렷하다. 독일 왕이 적그리스도에게 넘어가는 것은 신앙 때문이지만 다른 왕들은 원초적인 인간적 결함인 자만심에 눈이 멀어 타락하게 된다.

기독교 세계의 수호자이자 지도자로서 독일인과 독일 왕이 신에게 특별히 선택받았다는 생각은 알렉산더에게도 나타난다. 그는 세계의 지배권과 기독교 세계의 지도권을 넘겨받은 독일인들(Germani)은 자신들이 커다란 은총을 신으로부터 받았음을 염두에 두고, 신이 정의의 수호자로서 이 세상에 내려준 그들의 왕을 좇아야 한다고 촉구한다. 그는 특히 독일 왕을 선출하는 군주와 지도자들에게 로마제국이 몰락하면 어떤 고난이 이 세상에 닥칠지를 항상 생각하라고 촉구한다.[43]

우리가 중세 독일 민족의식의 형성과 관련해 알렉산더를 주목하게 되는 것은 그가 독일 제권의 정당성을 기독교 세계 내의 각 종족 역사와 관련지어 상당히 포괄적으로 설명하려고 시도했기 때문이다. 이를 통해 알렉산더는 독일인 황제에 의한 제권행사에 회의를 품는 프랑스 왕권 측의 주장을 반박하려고 했다.

오늘날 성직자나 속인이나, 지위가 높건 낮건 간에 과거사를 잘 몰라서 갈리아인, 독일인, 프랑크인, 프랑스인이 근원은 무엇인지, 어떻게 서로 다른지를 모른 채, 불쾌한 어조로 왜 교황은 샤를

---

43) *Memoriale*, 10.

마뉴의 손을 통해 로마제국을 독일인, 저 무례하고 거칠며 복장이나 행동 하나도 제대로 해내는 것이 없는 저들에게 넘겨주었는지 불평하는 사람들이 있다. 그들은 어떻게 이들이 전 기독교 세계를 이끌어갈 수 있는지 묻는다. 제권은 로마인들의 손에 계속 머물거나, 굳이 다른 사람들의 손에 주어져야 한다면, 프랑스인이야말로 그 적임자라는 것이 이들의 주장이다. 샤를마뉴 자신이 프랑크족의 왕이었고 프랑스인들은 모든 사람들 가운데 가장 으뜸의 자질을 갖추고 있다는 것이 그 근거이다.[44]

알렉산더는 이러한 도전을 역사적 사실을 들어 반박하려고 시도한다. 그는 독일인을 중세에 널리 퍼져 있던 아이네이아스의 전설과 연결시킨다. 아이네이아스가 트로이를 탈출하여 이탈리아에 정착할 무렵 (프리아모스 왕의 조카인) 젊은 프리아모스는 갈리

---

44) *Memoriale*, 14: "Sunt quidam huius temporis clerici et laici, subditi et prelati, qui annales principum et gesta veterum ignorantes et Gallicorum, Germanorum, Francorum et Francigenarum originem et differentiam nescientes spiritu indignationis inflati huiusmodi vel in corde vel in ore faciant questionem, quare summus pontifex Romanum imperium per manus magnifici Karoli de Grecis transtulit in Germanos, populum tam rudum et ineptum, qui cum se ipsos neque in ornatu vestium neque in morum compositione regere sciant, quomodo regnum totius ecclesie gubernabunt? Vel ideo utique imperium remanisse debuit apud Romanos, vel si transferendum fuit, tunc transferri debuit potius in Gallicos, presertim cum ipse Carolus fuerit rex Francorum et Gallici sunt homines, qui omnibus consideratis merito sint cunctis hominibus preferendi."

아 지방으로 계속 진출하여 소(小) 트로이(Troia minor)와 베로나(Verona)라는 두 도시를 건설했다. 그와 그의 자손들은 독일여자와 결혼하여 억세고 튼튼한 아이들을 낳았다. 독일인들을 가리키는 또 다른 이름인 '티우토니키'라는 말은 원래 이 여자들이 티우토나(Teutona)라는 거인에서 유래했기 때문에 붙여진 이름이다. 알렉산더에 의하면 독일인을 일컫는 '제르마니'(Germani)라는 단어는 사실은 씨족이나 종족을 뜻하는 '제르멘'(germen)에서 유래한 것으로서, 독일인들이 로마인과 원래는 같은 종족, 다시 말해 아이네이아스와 젊은 프리아모스의 후손임을 가리키는 뜻으로 이탈리아에 남아 있던 아이네이아스의 후손들에 의해 붙여진 이름이다.[45]

이러한 주장을 통해 알렉산더는 독일인들의 제권 행사에 정당성을 부여하고자 한다. 그에 의하면 교황권과 제권은 본래 한 뿌리를 가지고 있다. 따라서 손위인 로마인들이 교황권을 가진다면, 제권은 같은 뿌리인 독일인들이 행사해야 한다는 것이 그의 주장이다.

다른 한편으로, 제권이 샤를마뉴를 통해 프랑크족에게 넘어왔으며, 따라서 오늘날은 그 적자인 프랑스 왕에 의해 행사되어야 한다는 주장을 알렉산더는 샤를마뉴와 프랑크족의 계보에 대한 나름의 해석을 통해 반박한다. 그에 따르면 사람들이 말하는 프랑크인은 프랑스인들과는 다른 독일인의 일파이다. 율리우스 카이사르는 게르마니아 지방을 정복한 후, 트리어 · 쾰른 · 마인츠에 도시를 건설하고 로마인들을 이주시킴으로써 로마인과 독일인 간의 형제관계

---

45) *Memoriale*, 11.

를 회복시켰다. 이후 이 지역에 알란족(Alani)의 횡포가 극심해지자 로마 원로원은 이를 진압하는 자들은 자유를 얻고 십년간 조공을 바치지 않아도 되도록 했다. 이에 부응하여 독일인들은 로마인들과 손을 잡고 알란족을 몰아내고 이 지역을 다시 로마제국에 돌려주었다. 프랑크족의 프랑크라는 이름은 '자유'를 의미하는 '프랑크'(franc)라는 형용사에서 온 것이다.[46] 프랑크족은 후일 샤를마뉴의 지휘 아래 작센을 정벌하고 개종시킨 후 그 일부가 그곳에 정착함으로써 그 강역을 동쪽으로 확대했다.[47] 알렉산더의 주장은 결국 프랑크족은 독일인이며, 그 군주인 샤를마뉴도 독일인이고, 그로부터 제권은 그 선출권이 독일 군주에게 영구히 양도되었다는 것이다.[48]

알렉산더에 의하면 오늘날의 프랑스인, 즉 센 강과 루아르 강 사이에 사는 갈리아인(Gallici)은 프랑크족의 힘이 성장하여 그 일부가 서쪽으로 진출해 갈리아 여인들과 가족을 이룬 데에서 발단했다. 그 자손들은 갈리아의 풍습과 언어를 따랐으며, 독일인, 곧 프랑크인들과는 다른 습성을 갖게 되었다. 후자가 전쟁 따위의 진지한 일에 관심이 많았으며, 그 점에서 로마인들과 매우 유사했던 반면에, 프랑스인들은 새롭게 생겨난 '젊은' 종족답게 예쁜 옷이나 몸치장을 좋아하고, 특별한 머리모양 하기를 즐겼다.[49] 샤를마뉴는 이

---

[46] *Memoriale*, 17.
[47] *Memoriale*, 27.
[48] *Memoriale*, 24.
[49] *Memoriale*, 18.

들 프랑스인이 별도의 왕국을 이루어 살 수 있게 했으며, 그들의 왕은 다른 지배자에게 종속되지 않고 대를 물려가며 통치할 수 있게 했다.[50]

우리는 여기서 독일인과 프랑스인 간의 공동의 프랑크적 기원에 대한 의식이 흐려지고 둘 사이의 차이가 훨씬 더 강조되어 있음을 보게 된다. 알렉산더는 독일인을 로마인과 혈통을 나눈 트로이인의 원류로 묘사함으로써 그 기원을 고대로 끌어올리고, 로마제권과 연결시킨다. 더불어 그는 독일인의 범주 안에 프랑크인과 작센인을 포함시킴으로써 그 계보를 단순명료하게 만들고, 종족과 왕조 사이를 오가며 복잡하게 얽힌 제권의 역사를 일관되게 독일인의 역사로 정리한다. 한편 이러한 역사관에서는 프랑스인은 트로이인의 방계쯤으로밖에는 취급되지 않으며, 프랑크족의 역사와도 분리됨으로써 사실상 기독교 세계 정치사의 주변부로 밀려나버린다.

알렉산더가 독일인들을 성품상 로마인과 보다 가까운 남성적인 존재로 묘사하고 그에 반해 프랑스인들의 경우 여성적인 측면을 부각시키는 것에는 물론 독일 왕에 의한 제권행사를 못마땅하게 여기는 프랑스 측에 대한 불쾌감을 내포하고 있다. 이러한 일종의 반프랑스 감정은 알렉산더 이전의 문헌에서도 엿보인다. 이미 살펴본 적그리스도 극에서 프랑스인의 타고난 용맹성을 칭찬하며 복종할 것을 요구하는 황제의 사자에게 프랑스 왕은 자신이 황제에게 충성을 바칠 것이 아니라 황제가 자신에게 바쳐야 한다고 주장한다. 황

---

50) *Memoriale*, 24.

권을 가지고 있던 것은 옛 갈리아인들(seniores Galli)이며 지금의 황제는 부당하게 이들로부터 넘겨받은 자신의 권리를 참칭하고 있다는 것이다. 이에 분개한 황제는 다른 민족의 경우와는 달리 군대를 일으켜 프랑스 왕을 굴복시키고 충성의 맹세를 강제로 받아낸다. 프랑스인에 대한 유난히 부정적인 인식은 적그리스도의 이야기가 펼쳐지는 극의 후반부에도 나타난다. 여기서 프랑스 왕은 다른 민족의 왕들과는 달리 적그리스도의 교언만이 아니라 금품에 의해 매수당하는 것으로 그려진다.

그럼에도 알렉산더는 독일인의 우월성과 타 종족의 열등함이라는 흑백논리로 독일인에 의한 제국의 경영을 옹호하지는 않았다. 기독교 세계의 정치질서에 대한 그의 그림은 오히려 각 민족의 성품상 장·단점과 특수성을 고려하여 일종의 협력구조를 만들어 나아가는 것으로 요약될 수 있다. 그는 기독교 세계를 구성하는 세 나라, 즉 이탈리아·독일·프랑스에는 "서로 다른 성격을 가진 세 종족"이 살고 있는데 "이들 성격의 어떤 것은 좋고, 어떤 것은 나쁘며, 어떤 것은 그 가운데여서 좋게 변할 수도 나쁘게 변할 수도 있다"[51]고 말한다. 그에 의하면 이탈리아인의 경우 가운데 성격은 물욕(amor habendi)이고, 독일인의 경우 지배욕(amor dominandi)이고, 프랑스인의 경우 지식욕(amor sciendi)이다. 이탈리아인의 좋은 자질은 냉철함(sobrietas), 과묵함(taciturnitas), 인

---

51) *Noticia seculi*, 13: "Hac autem provincias tres incolunt nationes diversis distincte moribus. Morum autem quidam sunt boni, quidam mali, quidam medii, id est ad utrumlibet vertibiles."

내(longanimitas), 슬기로움(prudentia) 등이며, 독일인의 경우 좋은 점은 대범함(magnanimitas), 호방함(liberalitas), 악에 대한 미움(malis resistere)과 약자에 대한 동정심(miseris misereri) 등이고 프랑스인의 경우 정의로움(iustitia), 절제심(temperantia), 단결심(concordantia), 세련됨(urbanitas) 등이다.

한편 이탈리아인이 갖고 있는 나쁜 성향은 탐욕(avaritia)과 인색함(tenacitas), 질투(invidia)와 시기심(simultas) 등이 많다는 것이며, 독일인은 잔혹성(crudelitas), 도벽(rapacitas), 거친 성격과 세련되지 못한 매너(inurbanitas), 단합하지 못하는 성향(discordia) 등의 단점을 가지고 있고, 프랑스인은 자만(superbia), 사치(luxuria), 불평(clamor), 수다(garrulitas), 변덕(inconstantia), 자만(se ipsos amare), 거만(omnes despicere) 등의 문제를 안고 있다.[52]

알렉산더의 정치적 비전은 이들 세 다른 성향의 집단이 각자에게 걸맞은 역할이 있고, 그것을 잘 수행할 때 기독교 세계가 굳건히 설 수 있다는 것이다. 이탈리아는 그 성향상 교권의 중심이 되어야 하고, 독일은 제권을 떠맡고, 프랑스는 학문의 중심지로 머물러야 한다고 그는 주장한다.

성부 · 성자 · 성신의 삼위일체의 신은 교권과 제권, 뛰어난 학문이 교회를 이루도록 했다. 예수에 대한 믿음이 이 교권, 제권, 탁월한 학문의 세 권력에 의해 유지되고 있으며, 교권은 이탈리아에

---

52) *Noticia seculi*, 13.

서 믿음을 관할하고, 제권은 독일에서 믿음이 유지되도록 통치하며, 학문은 프랑스에서 믿음을 유지하는 법을 가르치니, 바로 이세 기반 위에 기독교 공동체가 서 있다고 할 수 있다.[53]

이와 같은 세 지역 간 역할분담론은 새로운 비전을 제시한 것이라기보다는 현상의 유지를 목표로 한 것이다. 이탈리아가 교황을 정점으로 한 교회권력의 중심이라는 것은 이미 기정사실로써 어차피 아무도 이것의 현상변경을 요구할 의도가 없었다. 프랑스에게는 학문의 중심지로서의 기능을 요구하면서, 그 특질로 정의와 지혜를 언급한 것도 대학을 중심으로 신학을 위시한 유럽 학예의 중심지로 이미 자리를 잡고 있던 파리의 위상을 고려한 것일 뿐 새로운 역할을 주문한 것이 아니다. 그의 주장의 핵심은 결국 제권은 독일인의 손에 남아야 한다는 것이며, 이에 대해 도전하는 것은 신이 정해준 질서에 위배되는 행위라는 것이다.

그럼에도 알렉산더의 주장은 하나의 정치적 질서를 설명하고 정당화하는데 독일인·프랑스인·이탈리아인 등 근대유럽 주요 민족의 원형을 이루는 집단정체성이 중요한 원칙으로 자리 잡아가고

---

53) *Memoriale*, 12: "Nam pater et filius et spiritus sanctus unus deus ita disposuit, ut sacerdotium regnum et studium una esset ecclesia. Cum ergo fides Christi hiis tribus regatur principatibus, sacerdotio regno et studio, et sacerdotium fidem teneat in Italia, et regnum eandem teneri imperet in Teutonia, et studium ipsam tenendam doceat in Gallia, manifestum est, quod in hiis tribus provinciis principalibus residet respublica fidei christiane."

있음을 보여준다. 단지 독일인이 뛰어나기 때문에 제권을 행사해야 한다는 차원의 주장을 넘어서, 본래 기독교 세계의 정치·문화적 질서 자체가 각 민족 집단의 구분 위에 서 있고 또 그래야 한다는 생각이 알렉산더에게서 뚜렷이 보인다.

지금까지 카롤링거 제국의 분화 및 해체와 더불어 동프랑크 왕국 지배층 내의 정치적 동질 의식이 독일 정체성의 관념을 만들어내고 성장해가는 모습을 몇 가지 중요한 사례를 중심으로 살펴보았다. 물론 우리는 이제 막 등장하기 시작한 이러한 정체성의 의식은 이미 앞서 지적한 대로 현대의 민족의식과는 차이가 있었다. 당시 출현한 민족의식에는 정치적 자결과 성원 간의 평등 권리의식이 결여되어 있었으며, 민족적 정체성을 중심에 두고 기존 정치질서를 급진적으로 재편하려는 비전도 없었다.[54] 이미 보았듯, 중세에 독일인이라는 정체성의 의식은 주로 지배층 주변의 식자들 사이에 국한

---

54) 이 점은 특히 후기 중세 독일 민족의식을 다루는 다수의 글에서 반복하여 지적되고 있다. Armin Wolf, "Die Gliederung Europas in Nationen im Spiegel von Recht und Gesetzgebung des Mittelalters", in Ehlers ed., *Ansätze und Diskontinuität*, pp. 83-98; Jürgen Miethke, "Politisches Denken und monarchische Theorie: Das Kaisertum als supranationale Institution im späteren Mittelalter", in Ehlers ed., 같은 책, pp. 121-144; Heinz Thomas, "Nationale Elemente in der ritterlichen Welt des Mittelalters", in Ehlers ed., 같은 책, pp. 345-376; František Graus, "Kontinuität und Diskontinuität des Bewusstseins nationaler Eigenständigkeit im Mittelalter", in P. Sture Ureland ed., *Entstehung von Sprachen und Völkern: Glotto- und ethnogenetische Aspekte europäischer Sprachen*, Tübingen: Niemeyer, 1985, pp. 71-81.

되어 번져 있는 한 언설의 성격이 짙었다.

그럼에도 불구하고 중세에 태동한 민족의식을 연구하는 일은 민족의 등장을 이해하는 데 중요한 의미가 있다. 19세기 이래 유럽과 세계를 휩쓴 민족주의조차도 그 뿌리는 결국 운명공동체로서의 민족에 대한 상상이기 때문이다.

3장

마키아벨리의 공화적 애국심

곽준혁

마키아벨리가 '자연법'이나 '인간사회의 법'을 통해
인간의 욕망을 규제해야 한다고 보았는지, 이러한 열정을
무한정 해방시켜 시민적 '안위'와 '자유'를 획득하려고
했는지, 그래서 공화정이 '제국'(imperio)으로 팽창할
수밖에 없다고 보았는지는 여전히 논쟁적이다.
마키아벨리의 애국심은 지금의 우리가 갖는 규범적 목적으로
단순화시킬 수 없는 복잡성을 갖고 있다.

시민적 연대를 위한 새로운 정치적 상상력

'어떤 찬사도 그의 이름에 걸맞지 않다'(Tanto nomini nullum par elogium)는 그의 무덤에 새겨진 말처럼, 마키아벨리의 애국심은 이탈리아의 통일을 염원하던 청년들의 마음뿐만 아니라 시대와 장소를 넘어 수많은 정치철학자들과 정치가들의 마음을 사로잡아왔다. 일찍이 스피노자(Spinoza)는 마키아벨리를 '자유로운 다중(libera multitudo)이 저질러서는 안 되는 실수를 경고한 자유의 신봉자'로 보았고(*Tractus politicus*, 5.7), 루소(Rousseau)는 마키아벨리가 '군주들이 아니라 인민을 가르치고자 했던 좋은 시민'이었음에도 피상적인 독서에 희생되었다고 개탄했으며(*Du contrat social*, 3.6), 헤겔(Hegel)은 마키아벨리를 '조국의 비극에 대한 연민으로부터 출발했던 진정한 애국자'라고 말하기를 주저하지 않았다(*Jenaer Systementwürfe*, 3: 236ff). 아울러 마키아벨리의 애국심은 19세기 독일과 이탈리아의 통일운동(Risorgimento)을 이끌던 지도자들에게 영감을 주었고, 그가 주창했던 '효과적 지식'(verità effetuale)은 윤리의 잣대로부터 자유롭고 새로운 형태의 도덕을 통해 스스로를 정당화하고자 했던 정치가들이 빈번하게 사용하는 용어가 되었다(Cf. Curcio 1953). 비록 20세기 전체주의의 사상적 모태로 비난받기도 하지만, 최근 공화적 애국심(republican patriotism)과 관련된 논의에서 보듯, 마키아벨리의 애국심은 '개인적 자유'와 '공공선'이라는 이분법적 사고를 넘어서려는 사람들의 지속적인 관심의 대상이 되고 있다.

이렇듯 마키아벨리의 애국심이 우리의 지속적인 관심을 끄는 것은 그의 정치사상이 근대국가 건설의 필요를 목도했던 사람들로 인해 윤색되었기 때문만은 아니다.『군주』의 마지막 장에 기술된 '이탈리아를 야만인들로부터 해방'시키라는 마키아벨리의 호소가 1800년대 독일의 분열을 한탄하던 사람들에게 공감을 얻고 (*Il Principe*, 26.T), 마키아벨리가 그의 친구 베토리(Vettori)에게 보낸 편지에서 '나의 조국을 내 영혼보다 사랑한다'고 한 말이 잃어버린 조국의 독립과 회복을 위해 헌신했던 많은 사람들에게 위안을 주었고 (*Lettere*, Aprile 16, 1527),『로마사 강론』에서 "치욕스럽게든 영광스럽게든 조국은 반드시 방어되어야 한다"는 조언이 파시즘과 독재가 아니라 반파시즘과 반독재 전선에서 투쟁했던 사람들에게까지 동기를 부여했던 이유는, 바로 마키아벨리의 정치사상 그 자체에 담겨 있다(*Discorsi*, 3.41.T). 그러기에 마키아벨리가 던진 '로마에서는 법의 〔제정〕으로 종결되었던 것들이, 왜 피렌체에서는 수많은 시민들의 추방과 죽음으로 귀결되는가?'라는 질문이 지금 우리에게도 '시민적 연대'에 대한 새로운 정치적 상상력을 요구하고 (*Istorie Fiorentine*, 3.1), 죽음의 공포를 극복할 수 있는 애국적 헌신의 근원이 정치적 참여를 통해 형성되는 '시민적 동기'를 훨씬 벗어나는 욕망과 규제의 산물일 수 있다는 마키아벨리의 서술조차도 '동료시민에 대한 애정'의 다른 표현이라는 해석이 여전히 존재하는 것이다(*Dell'arte della guerra*, pro).

따라서 마키아벨리의 애국심에 대한 우리의 관심은 그가 열망했던 '조국에 대한 사랑'(amore della patria)이 갖는 공화주의 전통과의 연관성에 국한될 수 없다. 다시 말해서, 마키아벨리의 애국심이 '민주주의'와 '인권'과 같은 지구화시대 보편적 규범에 부합될 수 있는가, 아니면 반민주적·반인권적 민족주의의 실패를 답습하지 않으면서도 다문화적·초국가적 공존시대에 시민적 연대를 확보해줄 사상적 근거가 될 수 있는가에 그칠 수 없다는 것이다.[1] 특히 마키아벨리의 인간 본성에 대한 성찰, 당시 기독교를 포함한 모든 종교에 대한 태도, 그리고 그가 모색했던 이념적·정치적 고민에 대한 관심이 필요하다.[2] 만약 마키아벨리에게서 죽음의 공포를 초

---

1) 민족주의를 대체할 시민적 연대의 기초를 애국심에서 찾고자 하는 최근 시도들은 대부분 이와 유사한 문제점을 갖고 있다. 애국심의 대상으로서 국가를 어떻게 '인권'과 같은 보편적 가치에 기초하도록 구성하느냐는 것과 어떻게 그러한 가치가 특정 정치공동체의 구성원들 사이에서 실질적인 연대를 불러일으키느냐는 것은 다른 문제다(Canovan 2000, 420-421). 그리고 민족주의의 출현 이전의 애국심과 관련된 논의라고 할지라도, 충성할 대상으로서 국가가 보편적 가치에 호소할 수 없는 주장을 하거나 그 국가의 시민들이 최소한의 존엄을 향유하지 못한 경우에도 애국심을 가지는 경우에 대해 침묵으로 일관할 수만은 없다. 이와 관련된 비판적 논의들은 제노스(Xenos 1998), 베이더(Bader 1999), 클라인겔드(Kleingeld 2000), 마켈(Markell 2000), 그리고 켈러(Keller 2005)의 연구를 참조.

2) 이러한 주제들은 마키아벨리의 애국심과 직간접적으로 관련된다. 사실 이탈리아 도시국가의 이익을 우선적으로 관철시키려던 귀족들과 기독교 윤리에 기초했던 사보나롤라주의자에 대한 마키아벨리의 반감은 그의 애국심 연구와 불가분의 관계를 갖고 있다(Gilbert 1954, 46-48; Lefort 2000 〔1991〕). 그리고 마키아벨리의 반기독교 특성에 대한 연구도 마찬가지다. 반기독교적임에도 불구하고 시민종교의 수단적 역할을 주목했다든지 (Castelli 1949; Chabod 1960; Prezzolini 2004〔1971〕; Berlin 2001〔1979〕;

월하는 애국적 자기헌신이 '영웅적 성취에 대한 열망(gloria)'에서 비롯된다고 단순화한다면, 그의 애국심이 지향하는 공화정이 그가 경멸했던 '우리시대의 현인들'(savi de nostri tempi)이 추구했던 귀족 중심의 공화정에 다름아닌지를 답해야 한다. 만약 마키아벨리의 인간 본성에 대한 비관적 태도와 애국심에서 비롯된 이타적 동료애를 '신이 매개된 애정(caritas)'으로 화해시키려고 한다면, 그의 애국심은 그의 시대를 선점했던 사보나롤라주의자들의 '새로운 예루살렘 건설운동'에 다름아닌지를 답해야 한다. 그리고 만약 그의 애국심이 '동일한 처지와 경험을 공유하는 동료에 대한 연민(pietas)'에 기초한다고 본다면, 마키아벨리는 어떻게 자국 중심의 애국심이 지구적 차원의 인간애로 승화될 수 있다고 믿었는지를 설명해야 한다.

이런 맥락에서, 이 글은 마키아벨리의 애국을 '민족주의 없는 애국심'의 전형으로 소개하는 정치이론을 비판적으로 검토하고, 마키아벨리의 주요 저작에 기술된 '조국'(patria)과 '사랑'(amore)의 상관관계를 통해 마키아벨리의 애국심을 분석하고자 한다. 보다 구체적으로 두 가지 과제를 수행한다. 첫째, 비롤리(Maurizio Viroli)

Beiner 1993; Fontana 1999; Najemy 1999), 모든 종교적·형이상학적 연대를 부정하고 대신 '공포'의 제도화에 골몰했다든지(Orwin 1978; Zmora 2004; Patapan 2008), 기독교를 반대한 것이 아니라 한편으로는 교황과 다른 한편으로는 사보나롤라주의자들을 거부한 것이라든지(Sasso 1958; Colish 1999), '신에 대한 두려움'이나 '신적 존재에 대한 경외심'을 가지고 있었다든지(Parel 1992; Nederman 1999; Viroli 2010) 하는 모두가 마키아벨리의 애국심 연구로 귀결될 수 있다.

의 이론이 '비지배 자유'의 조정원칙(regulative principle)으로서 역할을 간과함으로써, 공화주의 애국심에서 동료애가 인류애로 확대될 수 있는 가능성을 그만큼 축소시켰다는 점이 지적된다. 여기에서는 특히 비롤리의 이론이 제시하고 있는 '온정'(caritas)이 그 자체로 도덕적 의무감을 부여할 수 없는 반면 키케로의 자연법에 기초한 시민적 유대는 그 자체로 도덕적 의무감의 근거가 될 수 있다는 비판이 전개된다. 둘째, 마키아벨리의 공화적 애국심을 상상을 통해 조성된 애국심의 전형으로 소개한다. 여기에서는 일차적으로 마키아벨리가 상상으로 조성된 '비지배 자유가 관철되는 피렌체'와 '야만인들의 시배로부디 해방된 이탈리아'가 '진정한 조국'(vera patria)을 위한 운동적 열정을 가능하게 한다고 확신했다는 해석이 제시된다. 아울러 마키아벨리의 공화적 애국심이 시민적 자유와 공동체의 안위에 중추적 역할을 담당하는 시민의 호전성을 국외적 차원에서 규제할 원칙을 갖고 있지 못했다는 측면에서, 비지배 자유가 공화적 애국심에서 '동료애의 인류애로의 전이'를 위한 조정원칙이 되어야 한다는 주장이 피력된다.

비롤리의 공화적 애국심

자유주의 출현 이전의 공화주의 전통에서 볼 때, 민족주의와 애국심은 학문적으로나 정치적 표현으로나 반드시 구별되어야 한다(곽준혁 2003). 비롤리(Maurizio Viroli)는 이런 입장에서 애국심과 민족주의의 차이를 설명하는 데 획기적인 공헌을 한 학자다. 그가 제시하는 애국심은 개별 국가의 역사성과 특수성을 보다 강조한다는 점, 그리고 삶을 향유하는 터전과 역사적·문화적으로 독특한 경험을 공유하는 구성원에 대한 애착에 기초한다는 점에서 일면 매킨타이어(Alasdair McIntyre)가 주장하는 공동체주의에 기초한 애국심과 유사해 보일 수 있다. 그러나 비롤리는 공동체주의가 중시하는 문화적 동질성, 도덕적 공동체, 그리고 전체 위주의 시민의식을 사실상 거부한다.[3] 공동체주의에서 제시하는 애국심은 정치참여의 시민적 권리가 보장되는, 윤리적으로 그리고 문화적으로 동질적인 전체 위주의 공동체를 상정하고 있지만, 비롤리의 애국심은 누구에게나 동일하게 적용되는 법률의 통제하에서 개개인이 자신들의 행복을 실현할 수 있는 자유로운 공화국(res publica)의 시민으로서의 자유와 권리를 전제하는 것이다. 아울러 '인간성'과 같은 보편성에 호소한다는 점에서 하버마스(Jürgen Harbermas)의 '헌정적 애국심'과 유사해 보일 수도 있다. 그러나 비롤리의 애국심은

---

3) 공동체에 대한 헌신을 강조한다는 점에서 공화주의와 공동체주의는 유사하다. 그러나 공동체주의의 시민의식에 대한 논의가 아리스토텔레스의 공동체의식에서 출발한다면, 비롤리의 애국심은 개인의 자율성과 욕구의 실현에 관대했고, 자유와 법률의 지배를 정치원칙으로 가졌던 로마공화국으로부터 시작한다. 비롤리는 그리스 도시국가로부터 공화주의의 기원을 찾는 것은 문헌학적 실수라고 단언한다(Viroli 1995, 171; 2002, 65). 이러한 견해는 자유주의 이전 공화주의 전통의 기원을 개인의 자율성과 법의 지배를 특색으로 했던 로마공화국에서 찾은 이래 많은 신공화주의 이론가들에 의해 공유되고 있다. 신공화주의(neo-Republicanism)와 관련해서는 곽준혁(2008)을 참조.

특수한 문화나 역사적 경험을 통해 형성된 연대(vinculum)를 인정한다는 점에서 하버마스의 애국심과는 상이한 태도를 보인다. 보다 엄밀하게 말하면, 비롤리의 공화적 애국심(Republican Patriotism)은 특수한 정치체제와 체제 안에서 향유되는 삶에 대한 애정이며, 독특한 역사적 경험과 기억에 대한 애착이 강조되는 것이다. 이때 애국심은 단순히 자연적으로 형성되는 동료에 대한 애정이 아니다. 시민적 권리의 실천을 통해 배양되고, 자유를 지키고 또 그러한 자유를 경험한 집단이 갖는 기억을 통해 유지된다(Viroli 1995, 13 & 175; 2002, 101-103). 보편과 특수라는 스펙트럼에서 본다면, 공화주의적 애국심은 공동체주의의 특수성과 사해동포주의의 보편성 사이에 위치한다.

비롤리에게 공화적 애국심과 민족주의는 동일한 결과를 가져올 수는 있지만 결코 동일하지 않다. 비롤리는 이 둘의 차이를 다음과 같이 설명한다. 첫째, 민족주의와 공화주의적 애국심은 대상으로서 '조국'이 무엇인가에 대한 인식에서부터 차이가 있다는 것이다. 공화주의에서 진정한 조국(una vera patria)은 독립된 자치공화국만을 의미하기에, 정치체제의 성격과 내용이 중요해진다. 즉 공화주의적 애국심은 시민적 자유와 정치적 권리의 보장을 강조하는 반면, 민족주의는 정치체제의 성격보다 공동체 내부의 정신적·문화적 동질성에 우선순위를 둔다는 것이다(1995, 2; 2002, 15 & 80-84). 둘째, '조국에 대한 사랑'이 의미하는 바도 다르다는 것이다. 민족이나 공화국은 인위적인 구성물이라는 점에서는 동일하다. 그러나 "공화주의적 애국자들은 조국에 대한 사랑을 정치적 수단에 의해 스며들고 지속적으로 강화되는 일종의 만들어진 열정(an artificial passion)으로 간주하는 반면, 민족주의자들은 [조국애를] 마치 문화적 혼합과 동화로부터 보호해야 할 자연적인 [감정](a natural creation)으로 여긴다"는 것이다(2002, 15 & 86). 그 결과 공화주의적 애국심은 "자애롭고 관대한 사랑"을 바탕으로 공동체 구성원 사이의 다양성을 포용한다면, 민족주의자들은 민족을 마치 신에 의해 창조된 자연적인 것이라고 믿거나 "무조건적이거나 배타적인 애착"을 가질 수도 있다는 것이다(2002, 15 & 89-91). 종합하자면, 비롤리의 공화적 애국심은 민족주의나 자코뱅적 공화주의가 특징으로 하는 이데올로기적 정념(pathos)이 아니라, 토크빌(Toqueville)이 묘사한 뉴잉글랜드의 마을 모임에서 볼 수 있는 시민적 기풍(ethos)이라고 할 수 있을 것이다.

공화적 애국심과 '진정한 조국'

비롤리의 공화적 애국심이 개별 국가의 특수성을 넘어 보편성에 호소할 수 있기 위해서는 먼저 '진정한 조국'과 관련된 논의가 갖는 이중성이 해소되어야 한다. 보다 구체적으로 말하자면, 비롤리가 '인위적 구성물'로 정의하는 애국심의 필수조건으로서 '비지배 자유'의 향유가 불가능한 국가가 어떻게 공화적 애국심의 대상이 될 수 있느냐는 문제가 해결되어야 한다는 것이다. 원칙적으로, 비롤리는 개인이나 집단의 자의적 의지에 종속적이지 않은 조건, 즉 '비지배 자유' 또는 '공화주의적 자유'를 보장할 수 있을 때에만 공화적 애국심의 대상으로서 '진정한 조국'이 된다는 견해를 견지한다

(2002, 13-15). 그러나 비롤리는 비지배 자유를 향유할 수 없는 국가, 그리고 보편적 잣대에서 결코 존경할 수 없는 국가도 애국심의 대상이 될 수 있다는 점 또한 부인하지 않는다. '지배와 종속으로부터의 해방'을 목적으로 하는 비지배 자유에 공화적 애국심이 기초하고 있다고 전제하면서, 비롤리는 "만약 우리 조국이 자유롭지 못하다면, 우리는 다른 곳에서 자유를 찾는 대신 우리의 조국을 자유롭게 만들어야"한다고 주장하기를 주저하지 않는다(1995, 9). 이러한 시민적 의무감에 덧붙여, 비롤리는 동료시민들이 비지배 자유의 실현을 위해 헌신하도록 유도하기 위해서는 전(前)정치적 요소—공통의 언어, 문화, 그리고 역사에 뿌리박은 온정(compassion)과 연대(solidarity)에 호소해야 한다고까지 주장한다(1995, 10). 한편으로는 '비지배 자유의 경험'을 공화적 애국심의 필수조건으로 내걸고, 다른 한편으로는 전정치적 요소에 기초한 비지배 자유의 실현을 공화적 애국심의 발현으로 간주하는 것이다.

이러한 이중성이 초래하는 문제점에도 불구하고, 비롤리는 공화적 애국심은 보편적 가치에만 기초할 수 없다는 입장을 포기하지 않는다. 민족주의나 공동체주의만큼이나 특수성을 강조하지만, 공화적 애국심은 배타적이고 동질적인 특수성이 아니라 평화적 공존과 시민적 연대를 동시에 획득할 수 있는 특수성에 기초하고 있다고 믿기 때문이다. 그러나 바로 이러한 이중성 때문에 비롤리의 공화적 애국심은 자유주의자들의 우려를 깨끗하게 해소해줄 수 없다. 카텝(Geroge Kateb)과 같은 자유주의자는 애국심이란 결국 어떤 추상적인 것을 위해 죽고 죽일 수 있는, 이른바 자기애가 자기숭배와 집단도취(group narcissism)로 전환된 것일 뿐, 개인의 자율성이나 인권보장과 같은 보편의 도덕적 명제에 대한 헌신을 요구할 수 있는 일관된 원칙을 결여하고 있다고 보고 있다(Kateb 2000, 908-910). 비롤리의 공화적 애국심도 이러한 비판에서 자유롭지 못하다. '특정 국가에 대한 자발적 의무감'이 누구에게나 요구될 수 있고 발현될 수 있다고 믿는다면, '비지배 자유의 향유'를 전제로 한 동료시민과 정치체제에 대한 애정만이 바람직한 애국심의 형태라고 규정짓는 것 자체가 무리일 수 있기 때문이다(Kleingeld 2000, 325-326). 동시에 민족주의는 나쁘고 애국심은 좋다는 이야기만 반복할 뿐, 보편적 가치를 추구하기 위해서라도 민족 또는 국가단위가 필요하다는 주장과 별반 다를 바 없어 보이기 때문이다(Bader 1999, 385).

오히려 순화된 민족주의를 주장하는 입장이 비롤리의 공화적 애국심보다 더 일관되게 보일 수 있다. 최근 제기되고 있는 순화된 민족주의 이론들은 '근접성'(proximity)이나 '인간적 온정의 제한성'(circumscription of humanity)을 전제하고, 분배적 정의와 민주적 책임을 실현시킬 수 있는 시민적 연대와 신뢰를 '민족성'(nationality) 또는 '민족주의'가 제공해줄 수 있다는 입장을 취하고 있다(Manet 2006, 73-83; Miller 1995, 72-73). 이런 입장에서는 '정의로운 국가'만이 시민적 헌신을 요구할 수 있다는 주장과 '정의로운 국가'를 수립해야 할 도덕적 의무감이 있다는 주장 사이의 괴리를 발견할 수 없다.[4] 이러한 맥락에서 볼 때, 비롤리의 공화적 애국심이 필요한 것은 개별 국가 차원을 넘어 인류 보편의 차원으로까지 확대·적용될 수 있는 정치적·도덕적 원칙이다. 여기에 마찌니(Giuseppe Mazzini)의 인간성과 국가에 대한 언급을 주목할 필요가 있다.

조국에 대해 가르치지 않은 채 인간성이라는 이름으로 인민들을 일깨우려는 사람들이 있다. 다른 한편 인간성(umanità)의 법에 대한 아무런 언급이 없이 민족성을 이야기해온 사람들이 있다. 첫 번째 경우, 그 운동은 지지를 받을 시점과 수단 모두를 결여했다. 반면 두 번째 경우, 그 운동은 궁극적인 목적을 결여했다 (Mazzini 2009〔1836〕, 53).

주지하다시피, 마찌니는 극단적인 사해동포주의와 폐쇄적인 민족주의를 모두 거부했다. 이러한 판단에는 우선 규범적 잣대보다 현실적 고민이 적용되었다. 마찌니가 '국가가 없이는 권리도 정의도 없다'고 말했던 것도 그가 가진 인간의 편협성에 대한 비관적 태도 때문이었다. 인간은 보편적 관심보다 편협한 이익에 강한 애착을 갖게 되고, '인간성'의 회복과 실현이 궁극적인 목적이라고 하더

---

4) 물론 '순화된 민족주의' 또는 '자유주의적 민족주의'의 입장도 배타적이고 폐쇄적인 민족주의에 대해서는 비판적 태도를 견지한다. 그렇지만 보편성과 특수성이 충돌할 경우 특정 민족 또는 특정 국가에 대한 충성을 우선시된다는 주장은 곧 '근접성'과 '온정의 제한성'으로 정당화될 수 있을 뿐만 아니라, 민주적 심의를 통한 책임의 공유라는 전제에서 민족국가가 지금의 우리 일상에서 발견될 수 있는 시민적 결속의 대상이 될 수밖에 없다는 주장마저 설득력을 갖게 된다.

라도 국가를 매개하지 못한 운동은 실패할 수밖에 없다고 믿었던 것이다. 그러기에 마찌니는 인간의 편협성과 특수성을 극복하는 조정원칙으로 신으로부터 부여받은 '인간성'이라는 법을 제시한다. 오직 신의 질서 속에 편입되어 모두가 평등하게 소유하는 '인간성'만이 특정 국가에 대한 배타적 애정을 인류 공영의 길로 유도할 수 있다고 본 것이다(Recchia & Urbinati 2009, 12).

만약 비롤리의 공화적 애국심이 마찌니의 '인간성의 법'과 같은 것을 제시할 수 있다면, '비지배 자유를 향유할 수 있는 국가'로부터 배양되는 애국심과 '비지배 자유를 실현하기 위한 시민들의 노력'은 상충되지 않을 수 있다. 경험되지 못한 '비지배가 관철되는 공화국'이 그가 말하는 공화적 애국심의 조정적 이상(regulative ideal)이 되어야 한다는 것이다. 사실 이러한 조정적 이상이 특수한 사회적 맥락과 유리되는 것을 크게 고민할 필요는 없다. 공화주의적 전통이 없는 국가에서도, 그리고 공화주의적 전통을 상실한 국가에서도, '비지배의 원칙이 관철되는 공화국'이 '진정한 조국'으로 설득될 수 있기 때문이다. 물론 '비지배가 관철되는 공화국'의 내용이 선험적으로 규정되는 것은 비민주적이라고 비난할 수 있다. 그리고 공화국이 형성되기 전까지 애정의 대상으로서 조국이 독특한 경험과 집단적 기억으로부터 배양된 비공화주의적 가치로 무장하고 있을 수도 있다. 이때 조정적 이상으로서 '진정한 조국'이 있다면, 공화적 애국심은 '비지배를 향유할 수 있는 공화국'으로 전환을 요구하는 대항 이념으로 자리매김할 수 있을 것이다. 따라서 비롤리의 공화적 애국심은 공화주의적 전통이 전무하거나, 공화주의적 전통을 상실했거나, 아니면 공화주의적 전통을 만들려고 노력하는 사람들 모두가 납득할 수 있는 이성적 판단 근거를 제시해야 한다. 그렇지 못하면, 순화된 민족주의의 자국 중심의 선택 이상을 기대할 수 없게 될 것이다.[5]

공화적 애국심과 시민적 '온정'

다음으로 비롤리가 풀어야 할 문제는 그가 공화적 애국심의 근원으로 제시하는 '온정'(caritas)과 관련이 있다. 비롤리에게 온정은 국가적 경계를 넘어 공화적 애국심이 인류에 대한 애정으로 전이되도록 만들어주는 동인(動因)인 동시에, 고전적 공화주의의 전통으로부터 자신의 공화적 애국심을 연결시켜주는 단초가 된다. 전자가 자기 공동체의 동료에 대한 애정이 국경을 넘어 전이될 수 있느냐의 문제와 결부된다면, 후자는 비롤리가 지성사를 지나치게 단순화 또는 왜곡하고 있다는 비판과 관련된다.

특정 조국의 시민이기 전에 우리는 인간이고, 이것은 곧 민족적 경계들이 결코 도덕적 무관심의 핑곗거리가 될 수 없다는 것을 의미한다. 고통받는 사람들의 목소리들은 어디에서 들려오든지 반드시 들리게 된다. 문화적 차이가 얼마나 큰가에 상관없이 자유에

---

[5] 비롤리의 공화적 애국심에서 '비지배 자유'는 사실상의 '조정원칙' 또는 '이성적 판단의 근거'로 언급된다. 문제는 비롤리가 특수성에 지나치게 천착한 나머지, '고정 불변한 1차적 원칙'을 통한 선험적 규제와 심의과정을 통한 '조정원칙'으로 비지배 자유를 구별하지 못했다는 것이다.

대한 사랑은 [그들이 겪는 고통의] 전이(translation)를 가능하게 한다(Viroli 2002, 85).

위의 글은 마치 마찌니의 '인간성'에 대한 호소를 연상시킨다. 그러나 꼼꼼히 살펴보면, 마찌니의 생각과 비롤리의 생각은 조금 다르다. 마찌니에게 '인간성을 지향할 의무'(doveri verso l'umanità)는 그 자체로 도덕적 감정이자 판단의 근거가 된다. 전술한 대로, '인간성'은 궁극적인 목적이고, 이를 위해 노력하는 자체가 도덕적인 것이다. 또한 신의 창조물로서 인간은 다른 사람에 대해 '동료애'를 가져야 하고, 애국심이든 민족주의든 인류에 대한 사랑으로 발전시켜야만 한다(Mazzini 2005[1975], 884-892). 그러나 비롤리에게 '인간성'은 그 자체로는 작동원리가 되지 못한다. 비록 '연민'(misercordia, Mitleid)이 작동원리로 제시되었지만, '자유에 대한 사랑이 유발한 상상' 또는 '자유의 상실이 가져온 고통에 대한 기억'이 매개되지 않고서 연민은 국경을 넘어 감정적 전이를 일으키지는 못한다. 따라서 마찌니가 진정한 조국을 "형제적 화합으로 하나가 되어 공동의 목적을 위해 일하는 자유롭고 평등한 인간들의 공동체"(La patria è una comunione di liberi e d'eguali affratellati in concordia di lavori verso un unico fine)라고 정의할 때(2005[1975], 898), 비롤리는 '자유와 평등'이라는 조건은 받아들이면서도 궁극의 목적으로서 '인간성'은 받아들일 수 없다. 대신 '온정(carità)보다 조국(patria),' 그리고 "조국이 없이는 이름도 없고, 흔적도 없고, 목소리도 없고, 권리도 없으며, 인민들 사이에 형제적 성결(battesimo di fratelli)도 없다"는 마찌니의 호소가 비롤리의 공감을 얻고 있다(2005〔1975〕, 895). 다시 말하자면, 비롤리의 공화적 애국심에서 '동료애'가 '인류애'로 당연히 전이되는 것을 기대하기란 무리가 있다는 것이다.

오히려 고전적 공화주의의 전통에서 '인류애'로의 전이를 찾는 편이 수월하다. 특히 키케로(Cicero)의 고전적 공화주의가 대상일 때 그렇다. 비롤리가 지적한 대로(Viroli 2002, 86; 1995, 22-23), 키케로는 자유로운 시민들이 가지는 유대가 인종·부족·민족, 그리고 언어적 동질성보다 훨씬 강하고 더 친밀하다고 보았다(*De Officiis*, 1.14.53). 그리고 삶을 공유하는 조국(patria), 즉 공화정이 부모·자식·친척·친구 간의 온정들(caritates)을 모두 포괄할 수 있으며, 그 어떤 유대보다도 더 소중하다고 보았다(1.17.57). 마르쿠스의 입을 빌려, 키케로는 다음과 같이 말한다.

> 우리는 우리가 태어난 곳과 우리가 받아들여진 곳 모두 조국으로 여긴다. 그러나 공화정이라는 이름이 도시 전체를 의미하는 곳을 우선적으로 사랑(caritate)해야 한다. 그러한 조국을 위해서라면 죽을 수도 있어야 하고, 우리의 전부를 바쳐야 하고, 그 제단에 우리의 모든 것을 헌신해야 한다(*De Legibus*, 2.2.5).

키케로는 위의 글에서 태어난 곳이나 종족적 유대보다 시민적 자유가 보장되는 공화정체가 시민적 온정의 대상임을 분명히 하고 있다. 그러나 우리가 주목해야 할 부분은, 키케로가 자기가 태어난 자치도시나 시민적 자유가 보장된 공화정 모두 '온정'과 '충성'의 충분한 대상이 될 수 있다고 보았다는 점이다(곽준혁 2007). 그는 인간의 군집성은 인간의 약함이 아니라 자연이 부여한 어떤 씨앗(quasi semina)으로부터 비롯되기에, 자기가 태어난 자치도시나 정치적 삶을 공유하는 공화정이 시민적 애정의 대상이 될 수 있다고 보았기 때문이다(*De Re Publica*, 1.39). 단지 '공공의 안녕'(communem salutem)을 보장하고, 그러한 공공의 안녕이 달성될 수 있는 조건을 갖춘 '공화정'에 대한 애정이 '종족적 유대'에 대한 온정보다 우선시되어야 한다고 주장했던 것이다.

그렇다면 핵심은 '종족적 유대'냐 '정치적 경험'이냐가 아니다. 핵심은 바로 이러한 우선순위를 결정하는 판단의 기준이자 '공공의 안녕'을 달성할 수 있는 하나의 방편으로 '상호 의존에 기초한 비지배 원칙'이 제시되었다는 것이다. 키케로에게 비지배 원칙은 동료시민들에 대한 애정을 규제할 정치적·도덕적 판단의 근거이자, 정치적 자유와 평등의 역사적 경험을 초월해서 적용되는 조정원칙이다. 한편으로는 동료시민에 대한 온정을 보편 인류에게까지 확대해야 하는 도덕적 의무감의 근거이고, 다른 한편으로는 공동체의 생존이 걸린 전쟁이라 할지라도 잔인함과 야만성이 결코 용납될 수 없는 이유가 되기도 하는 것이다(*De Officiis*, 1.35). 조국을 위해서라면 죽음도 두려워하지 않아야 할 고귀한 의무감도, '자연법'(lege naturae) 또는 '인간사회의 법'(ius humanae societatis)으로서 비지배 원칙에 위반된다면 거부되어야 한다(1.22, 3.5, 3.25).[6] 게다가 비지배 원칙을 위반한 결과는 단순히 국가 간의 신뢰를 파괴하는 데 그치지 않고, 결국 공화정의 시민의식을 부패시켜 공화국의 붕괴를 가져올 수 있다고까지 경고한다(1.35).

종합하면, 비롤리가 언급하듯이, 키케로에게 '조국에 대한 사랑'은 소유와 배제로 표현되는 '탐욕'(cupiditas)이 아니라 공유와 포용으로 대변되는 '온정'을 의미한다(Viroli 1995, 20). 그러나 키케로가 염두에 둔 '온정'은 단순히 '동료시민들'과 '공화정체'에 국한되는 것이 아니다. 키케로에게 비지배 원칙은 모든 '인류'에게 확대되어야 하는 도덕적 의무감의 다른 표현이었다. 이런 맥락에서 볼 때 비롤리는 고전적 공화주의에서 이러한 도덕적 의무감이 독특한 정치적 경험을 초월해서 인간의 행위를 규제하는 조정원칙으로 논의되었다는 것을 보다 명확하게 밝혔어야 했다.

마키아벨리의 공화적 애국심

고전적 공화주의에서 조정원칙으로서 비지배가 갖는 도덕적 의무감에 대한 침묵과는 달리, 비롤리는 마키아벨리의 공화적 애국심을 최대한 고전적 형태로 윤색하려고 노력한다. 그에게 마키아벨리의 애국심은 정치적 자유를 수호하고 비지배 자유가 보장되는 법과

---

6) 자국의 이익을 위해 다른 나라를 이유 없이 자의적으로 짓밟을 수 없고(*De Officiis*, 1.20-21), 불의한 일을 당하고 있는 사람을 지켜주지 않거나 그러한 불의를 막는 데 무관심한 사람은 조국을 버린 사람과 같이 부도덕한 인간일 뿐이며(1.23), 일방적인 이익을 위해 신뢰를 저버리면서까지 동맹을 파기하는 행위는 정당화될 수 없다(3.49).

질서를 지키는 이른바 '시민적 덕성'의 다른 표현이다. 이렇듯 그가 마키아벨리를 자신의 공화적 애국심의 전형으로 소개하려는 이유는 크게 두 가지다. 첫째, 다른 신공화주의자들과 마찬가지로, 마키아벨리의 공화주의를 시민의 정치적 참여와 개인에 대한 전체 우위를 강조하는 공화주의 전통으로부터 구별되는 고전적 공화주의의 하나로 제시하고자 하는 목적 때문이다. 통합과 화합이 아니라, 잘 조절된 갈등과 시민적 견제를 통해 야망에 찬 귀족들과 분파적 권력투쟁을 견제하고자 했던 마키아벨리의 견해를 부각시킴으로써, 개인의 자율성까지 침해할 수 있는 매킨타이어식의 공동체주의 애국심과는 구별된 공화적 애국심을 제시하려는 것이다(1995, 35). 둘째, 마키아벨리를 고전적 공화주의와 자유주의적 공화주의의 가교로 설정하려는 목적 때문이다. 자유주의 전통 안에서 마키아벨리의 공화주의는 한편으로는 대의제로 다른 한편으로는 견제와 균형으로 축소되었다. 이 과정에서, 마키아벨리가 구상한 혼합정체는 직접적인 정치참여에 대한 유보로, 그가 견지했던 귀족적 공화주의에 대한 반발은 사적 권리와 소유를 지키기 위한 시민들의 견제로 퇴색되었다(Rahe 2006, xxii-xxv). 비롤리는 마키아벨리의 '갈등'에 대한 견해를 적극적으로 해석함으로써 보다 민주적이고 역동적인 변화가 가능한 제도 구상을 모색하고, 마키아벨리의 비지배 자유를 개인적 권리의 방어라는 소극적인 의미에서 시민적 자유의 실현이라는 적극적인 의미로 돌려놓으려는 것이다(Viroli 1998, 148-174).

문제는 마키아벨리의 애국심이 갖는 고전적 공화주의 전통과의 차이가 지나치게 과소평가되었다는 것이다. 비롤리는 마키아벨리의 애국심이 고전적 공화주의의 전통에 서 있었다는 것을 증명하기 위해 두 가지 근거를 제시하고 있다. 첫째는 '민족'(nazione)이라는 용어가 거의 사용되지 않았을 뿐만 아니라, 마키아벨리의 저작에서 '민족'이라는 용어가 갖는 의미도 극히 미비하다는 것이다(1995, 36). 둘째는 마키아벨리가 언급하는 '조국에 대한 사랑'은 결코 '탐욕'(cupiditas)으로 전락하지 않는 '온정'(caritas)이었으며, 이러한 '온정'은 고전적 공화주의 전통에서 말하는 정치적 삶(vivere politico)을 통해 배양되는 동료애를 의미한다는 것이다. 첫번째 근거는 두 번째 근거에 비해 다소 더 설득력을 갖고 있다. 실제로 '민족'이라는 단어는 거의 사용되지 않는다. 그러나 용어의 사용 자체로만 마키아벨리의 애국심이 민족주의의 '원형'(proto-type)적 요소를 전혀 가지지 않았다고 단정하기는 어렵다. 특히 마키아벨리가 말하는 조국이 '이탈리아'인지 아니면 '피렌체'인지를 놓고 보면 더욱 그러하다. 만약 '이탈리아'가 마키아벨리의 조국이라면, 정치적 삶과 유리된 '종족적' 또는 '역사적' 유대를 강조했다는 것으로 이해될 수 있기에 민족주의와의 구분은 그만큼 축소되기 때문이다. 두 번째 근거는 설득력이 매우 떨어진다. 비롤리는 마키아벨리의 애국심을 "야망과 탐욕이 시민적 삶을 파괴할 때, 조국에 대한 사랑만이 오직 정치 지도자들이 호소할 수 있는 열정"이라고 두둔한다(1995, 40). 그러나 마키아벨리가 '자연법'이나 '인간사회의 법'을 통해 인간의 욕망을 규제해야 한다고 보았는지, 이러한 열정을 무한정 해방시켜 시민적 '안위'(sicurtà)와 '자유'(libertà)를 획득하려고 했는지, 그래서 '공화정'이 '제국'(imperio)으로 팽창할 수밖에 없다고 보았는지는 여전히 논쟁적이다. 종합하면, 마키아벨리의 애국심은 지금의 우리가 갖는 규범적 목적으로 단순화시킬 수 없는 복잡성을 갖고 있다는 것이다.

마키아벨리의 조국: 피렌체냐 이탈리아냐

전술한 바, 비롤리는 마키아벨리가 가급적이면 민족 또는 종족을 의미하는 '나찌오네'(nazione)를 사용하지 않았고, 꼭 써야 할 곳에서도 지역 또는 지방을 의미하는 '프로빈치아'(provincia)를 사용했다고 주장한다. 그러나 마키아벨리에게 프로빈치아가 곧 나찌오네를 의미하는 것도 아니고, 마키아벨리가 나찌오네를 아주 사용하지 않는 것도 아니다. 『군주』에서는 전혀 사용하지 않았지만, 『로마사 강론』에서는 4차례, 『피렌체사』에서는 17차례, 『전쟁의 기술』에서도 4차례 사용된다. 용례에도 일관성이 있다. 나찌오네는 프랑스인이나 터키인과 같이 종족적 특성과 분류를 지칭할 때 사용된다. 고대의 경우에는 주로 로마인들과 주변 종족들을 지칭할 때 사용되고, 근대의 경우에는 프랑스인이나 독일인들을 지칭할 때 주로 사용된다. 예외가 있다면, 『피렌체사』에서 한 차례 기벨린(Guibellini) 정파를 지칭한 것(*Istorie Fiorentine*, 2.21), 그리고 피렌체와 시에나같이 도시국가 출신 사람들을 지칭한 것(6.26, 6.36, 7.9) 정도다. 또한 나찌오네와 비슷한 의미로 '젠떼'(gente)가 사용되는데, 이 경우에도 나찌오네와 마찬가지로 '종족'이나 '이주민'(genti forestiere)을 일관되게 지칭한다. 다시 말하자면, 마키아벨리에게는 '종족' 또는 '민족의 원형'을 '국가'(stato)나 '지역'(provincia)과는 구별해서 지칭하려는 의도가 충분히 있었다는 것이다.

반면 프로빈치아는 지리적 위치와 그곳에 살고 있는 사람들의 삶의 양식을 언급할 때 사용된다. 『군주』 3장은 그 용례를 가장 분명하게 보여준다. 첫째, 프로빈치아는 일군의 사람들이 거주하는 지리적 위치를 지칭한다. "새로운 지역에 들어가기 위해서는 그 지역 주민들의 호의가 항상 필요하다"는 말에서 알 수 있듯이, 영토적 경계뿐만 아니라 작게는 롬바르디아나 밀라노, 크게는 그리스나 이탈리아같이 큰 지역을 지칭힌디(*Il Principe*, 3.3). 둘째, 프로빈치아는 대체로 언어, 관습, 그리고 질서와 관련되어 언급된다. 마키아벨리가 새로이 획득한 지역의 유지와 통치에 대해 말할 때, 프로빈치아는 프랑스와 언어는 달랐지만 삶의 방식이 유사해서 통치하기가 수월했던 부르고뉴나 노르망디 지역을 언급할 때 사용된다(3.8). 셋째, 프로빈치아는 국가와 마찬가지로 획득 또는 소유의 대상이 될 수 있다. 비록 나찌오네도 삶의 양식을 담아낼 수 있지만, 정복의 대상은 되더라도 획득의 대상은 될 수 없다. 그러나 프로빈치아는 획득과 정복 모두의 대상이 된다(3.13). 넷째, 한 지역에 여러 국가, 여러 종족, 여러 열강들이 있을 수도 있다. 한 지역에 하나의 국가가 있을 경우는 하나의 경우일 뿐이다. 그래서 밀라노 공국은 하나의 '국가'(stato)이고 이탈리아 지역을 장악하기 위한 '하나의 발판'(uno piè)이 될 수 있는 것이다(3.33). 전체적으로 볼 때, 프로빈치아는 나찌오네를 대체하거나 대신해서 사용된다고 단정짓기에는 무리가 있다.

따라서 오랜 시간 이후 이탈리아가 구세주(redentore)를 만날 〔절호의〕 기회가 지나가도록 두어서는 안 됩니다. 외부〔세력〕의 범람으로부터 고통을 받아온 모든 지역들(provincie)로부터 그가 어떤 사랑(amore)을 받게 될지에 대해 표현할 수조차 없습니다 (…) 어떤 이탈리아인이 그를 존경하지 않겠습니까. 이 야만인〔들〕의 지배(barbaro dominio)는 모두를 역겹게 합니다. 이제 당신의 영광스러운 가문이 정당한 과업들을 수행하는 데 따르는 정신(animo)과 희망(speranza)을 가지고 이 일을 맡아야 합니다. 이 휘장 아래에서 이 조국(questa patria)은 품위를 갖게 될 것이며, 그 후견 아래 페트라르카의 말이 실현될 수 있을 것입니다(*Il Principe*, 26.26-29).

예외적으로 프로빈치아가 나찌오네를 대신하거나 대체해서 사용되는 부분이 있다. 바로 이탈리아가 '조국'으로 명시될 때가 그렇다. 카롤링거 왕조의 지배에 이어 신성로마제국의 한 부분으로 '레그눔 이탈리쿰'(Regnum Italicum)이 실재한 이후, 르네상스 시기까지 '이탈리아'라는 정체성은 지속적으로 그 지역 지식인들에게 정치적·문화적 상상력을 불러일으켰다.[7] 페트라르카(Francesco

---

[7] 고대에도 베르길리우스(Publius Vergilius Maro)와 호라티우스(Quintus Horatius Flaccus)처럼 이탈리아를 로마의 부속지역이 아니라 독립된 하나의 정체성으로 기술한 작가들이 존재했다. 그러나 매우 드물었고, 대부

Petrarca)도, 마키아벨리도, 외세의 침입에 이탈리아의 도시국가들이 짓밟히는 순간을 묘사할 때, 자신들이 태어난 도시(아레초와 피렌체)나 그 도시를 포함한 광역(토스카나)이 아니라 '이탈리아'를 조국으로 부르기를 주저하지 않았다. 위에서 보듯, '이탈리아'는 한편으로는 지역의 거주민이면서도 다른 한편으로는 프랑스나 스페인과 같이 하나의 나찌오네로 간주된다(Cf. 3.29, 32, 33, 35). 다시 말하자면, 실제로 존재하지 않지만 하나의 '신화'와 '역사'로 상상되었던 '이탈리아'가 조국으로 묘사되고, 그 조국의 해방이 안겨줄 '영광'으로 메디치의 수장을 설득하고, 그 수장에 대한 애정으로 묘사된 '조국에 대한 사랑'을 갖도록 시민들과 지식인들에게 촉구하고 있는 것이다.

마키아벨리의 저작들을 꼼꼼히 살펴보면, '이탈리아'는 실제로 두 가지 요소와 연관되어 사용된다. 하나는 전쟁과 외부세력의 지배이고, 다른 하나는 로마교회의 '잘못된 교육'(educazione)으로 만들어진 삶의 양식이다. 『로마사 강론』을 살펴보면 더욱 분명해진다. 이 책에서 13차례 사용된 '이탈리아인'이라는 정체성은 모두 두 경우에 국한된다. '로마교회에 복종하는 문화'나 이로 인해 조

분은 자기가 태어난 곳에 대한 애정과 로마를 중심으로 하는 정치적 공동체에 대한 애정을 조화시키고자 하는 노력을 보이지 않았다. 오히려 정복자로서 로마와의 일체감을 갖고자 하는 의식을 강하게 보였고, 그 결과 지역적 특수성이나 자부심은 드러나지 않았다. 동일한 이유에서, 형용사인 'Italus'는 로마를 포함한 전체를 의미하기보다 로마에게 정복된 주변을 지칭했다.

장된 정치적·군사적 위약함 (*Discorsi*, 1.12.2.(17), 1.12.2.(20)), 1.55.3(16), 그리고 '전쟁'이나 '무능한 군주들로 인해 야만인들로부터 유린당하고 있다'는 주장이 주를 이룬다(2.12.4(18), 2.17.1(2), 2.17.1(10), 2.18.3(12), 2.18.3(14), 2.18.3(17), 2.19.1(3), 3.10.1(8), 3.36.2(10)). 이러한 용례는 95차례나 사용되는 '이탈리아'에서도 동일하게 발견된다. 이탈리아 반도라는 지리적 위치, 로마교회가 중심이 된 건강하지 못한 문화가 '이탈리아인'이라는 정체성의 핵심적인 요소를 이루고 있는 것이다. 만약 마키아벨리가 이탈리아도 피렌체도 '조국'으로 간주했다면, 그리고 '파트리아'(patria)를 기준으로 해서는 이탈리아와 피렌체에 대한 애정에 어떤 차이도 발견할 수 없다면(Landon 2005, 7-20; Hay 1971), 이탈리아 또는 이탈리아인이라는 정체성은 우리에게 마키아벨리의 애국심과 관련해서 중요한 시사점을 던져준다. '시민적 자유의 향유로 배양된 조국에 대한 사랑'만이 마키아벨리의 애국심이 아니라는 점이다. 피렌체를 중심으로 하든 하지 않든, '야만의 지배로부터의 해방'은 역사적 기억과 신화 속에서만 존재하던 '이탈리아'를 애국심의 대상으로 제시할 환경을 조성했다는 것이다. 이런 특성은 야만족으로부터의 해방을 호소했던 『군주』의 마지막 장에서만 발견되는 것은 아니다. 『로마사 강론』에서도, 이탈리아 반도를 외세로부터 지켜야 한다고 말하거나 로마 공화국의 팽창을 말할 때, 이탈리아는 지리적 경계를 넘어 전정치적(pre-political) 연대의 토대로 제시된다. 마키아벨리의 애국심은 신화적 경험 속에 존재하는 '이탈리아'도 거부하지 않고 있는 것이다.

전술했듯이 비롤리의 공화적 애국심에서 조국애는 자연발생적이 아니라 시민적 자유의 향유로 얻어지는 정치·사회적 결과물로 이해된다. 물론 비롤리도 '비지배 자유의 기억 또는 희망'이 갖는 운동적 역할을 인지하고 있다. 그러나 원칙적으로, 공화적 애국심이란 자연적으로 발현되는 감정이 아니라 '비지배가 관철되는 공화정부'와 '시민적 참여를 통해 배양'되는 열정이기에 자유라는 토양이 없는 곳에서는 결코 나타날 수 없다는 입장을 견지한다. 비롤리의 입장은 애국심이 공동체주의의 배타성과 민족주의의 전정치적(pre-political) 연대에의 집착이 갖는 문제점을 극복할 수 있다는 희망을 던져준다. 그러나 경험되지 않은 '비지배 자유'에 기초한 정치적 상상력이 기능할 수 있는 가능성을 닫아버림으로써, 궁극적으로는 정치적 신조(credo)와 공동체 의식(sense) 사이에서 '비지배 자유'가 제공할 수 있는 규제적 이상(regulative ideal)으로부터 그리고 도덕적 의무감으로부터 공화주의 전통을 동떨어지게 만들었다. 마키아벨리에게서 보듯, 공화적 애국심은 '조국에 대한 사랑'을 비지배의 역사적 경험에 국한시키지 않는다. 때로는 스파르타의 클레오메네스(Cleomenes)처럼 상실된 자유를 복원하고자 꿈꿀 수 있고, 때로는 공화정의 창건자들처럼 완전히 새로운 조국을 건설할 수도 있다. 두 가지 과업 모두 뛰어난 정치적 상상력이 요구된다(*Discorsi*, 1.9). 결과적으로 볼 때, 공화주의의 경험이 전혀 없는 곳이나 시민적 자유를 상실한 곳에서도 마키아벨리의 호소가 생명력을 갖는 이유를 간과하거나 의도적으로 회피했다는 비판에서 비롤리의 공화적 애국심은 자유롭지 못하다.

마키아벨리의 사랑: 팽창이냐 공존이냐

또 하나의 쟁점은 공격적으로 팽창하는 로마 공화정에 대한 기억을 되살리려는 마키아벨리의 서술들을 어떻게 이해하느냐는 것이다. 피상적으로 볼 때, 이 쟁점은 마키아벨리가 통일된 민족국가를 염원했는지, 로마 공화정과 같은 연방을 의도했는지, 아니면 단순히 일시적 군사동맹을 기획했는지를 두고 벌어졌던 논의들로 일단락된 것 같아 보인다. 그러나 이러한 논의는 마키아벨리를 민족주의 또는 민족국가에 대한 충성을 강조한 최초의 근대 정치철학자라고 볼 수 있느냐의 논쟁일 뿐이다. 이 쟁점의 핵심은 일차적으로 마키아벨리가 당시 인문주의 전통에 서서 시민적 자유에 기초한 자치 공화정을 상정했지 팽창적 제국(imperio)의 건설을 꿈꾼 것은 아니라는 주장과 이에 대한 반박과 관련된다.

비롤리는 이러한 주장에 동조적이다. 마키아벨리의 공화적 애국심은 15세기 인문주의자들보다 훨씬 민주주의에 경도되었지만, 팽창적 제국을 꿈꾸지 않았을 뿐만 아니라 피렌체 중심의 폐쇄성까지 극복했다고까지 주장하는 것이다(Parel 1992, 29-32). 즉 마키아벨리는 공격적 팽창을 필연적이라고 보지 않았으며, 그에게 시민적 자유에 기초한 애국심은 인류애로 전이될 수 있는 내재적 가능성을 갖고 있었다는 것이다. 그러나 그의 입장과는 달리, 이 쟁점과 관련된 논의들은 아직 진행형이다.

최근에 이 쟁점은 두 가지 방향으로 발전되고 있다. 하나는 마키아벨리가 기독교 또는 초월적 존재를 어떻게 이해했느냐는 질문과 관련되고, 다른 하나는 마키아벨리도 키케로나 다른 인문주의자들과 같이 '탐욕'(cupiditas)을 억제해야 한다고 보았느냐는 질문과 관련된다. 두 질문들은 그 자체로 독립된 논의들을 갖고 있지만, 마키아벨리의 공화적 애국심과 관련해서는 후자로 수렴되는 경향이 있다. 이유는 첫 번째 질문이 공화적 애국심과 시민적 온정, 다시 말해 마키아벨리의 공화적 애국심이 다른 나라에 사는 시민들에 대한 온정으로까지 확대된다고 믿을 수 있는 근거를 어디에서 찾을 수 있느냐는 질문으로 귀결되기 때문이다. 주지하다시피, 키케로조차도 자유에 대한 열망이 자동적으로 인류애에 대한 의무감을 불러일으킨다고 단정하지 않았고, 마키아벨리는 동료애가 다른 나라에 사는 시민들에게까지 자동적으로 확대된다고 믿을 만큼 그의 인간에 대한 견해가 낙관적이지 않다. 따라서 마키아벨리도 키케로처럼 자연법이 부여하는 도덕적 의무감에 호소했는지, 아니면 마찌니처럼 기독교 신앙 또는 종교라는 매개를 필요로 하지 않았는지에 관한 논의가 지속적으로 일어나고 있는 것이다.[8]

마키아벨리가 기독교 신앙을 통해 '이타적 속성'이나 '시민적 온정'을 유발하려고 했다거나 애국심의 동료애로의 전이에 대한 도덕적 의무감을 부여했다는 주장은 설득력이 크지 않다. 그의 기독교에 대한 반감은 사보나롤라주의자들에 대한 반발이나 로마 교회에 대한 경멸에 국한되지 않기 때문이다. 비록 "잘못된 해석"(false interpretazioni)이라는 표현으로 기독교가 아니라 당시 교회만을

---

[8] 마키아벨리의 애국심을 긍정적으로 해석하려는 입장에서 그가 신실한 기독교 신앙을 갖고 있었다는 주장이 지배적인 것도 동일한 맥락을 갖고 있다(Viroli 2010; 2002, 80-81; 1998, 165; de Grazia 1994, 87-89).

비판하는 것 같지만(*Discorsi*, 2.2.2〔37〕), 마키아벨리는 궁극적으로 기독교 신앙 자체가 가져온 삶의 양식에 강한 거부감을 드러냈다는 것을 부인하기 힘들다. '야만인들로부터 해방'을 호소하는 『군주』의 마지막 장에서도 마찬가지다. 첫째, '조국에 대한 사랑'을 종교와 연관시키지 않는다. 비록 성경 구절과 하늘의 전조를 언급하고 있지만, 신(Dio)의 선택은 운명(fortuna)의 충동으로 격하되고, 결국 이탈리아의 해방은 신의 의지가 아니라 인간의 의지에 달린 것으로 기술되고 있다.[9] 이때 키케로가 조국에 대한 헌신을 '불멸의 신들'(diis immortalibus)에 대한 의무보다 하위에 둔 이유를 찾아볼 수 없다(*De Officiis*, 1.45.160). 둘째, 인용된 페트라르카의 '나의 이탈리아'(Mia Patria)에서 발견할 수 있는 애국심과 신앙과의 관계를 마키아벨리에게서는 찾아볼 수 없다. 페트라르카는 '신'과 '신에 대한 사랑'이 애국심을 불러일으키는 유일한 동인으로 간주하고 있다. "이것이 내가 신뢰하는 조국(patria), 자애롭고 상냥스러운 어머니가 아니던가 (…) 신(Dio)을 통해 이러한 생각이 당신을 움직여 온정(pietà)을 가지고 고통받는 사람들의 눈물을 보게 하라"(*Canzoniere*, 128, 84-89). 그러나 마키아벨리에게서는 '영광'(gloria)과 '자유'(libertà)에 대한 열망이 '신'과 신이 매개된 '사랑'(caritas)을 대신하고 있는 것이다.

---

9) 예를 들면, 마키아벨리는 "신이 당신보다 그들에게 더 호의적이지도 않았고 (…) 신은 우리로부터 자유의지(libero arbitrio)와 우리 몫의 영광(gloria)을 앗아가지 않기 위해 스스로가 모든 것을 하기를 원하지 않는다"고 말한다(*Il Pricipe*, 26.9 & 13).

결국 마키아벨리가 말하는 '조국에 대한 사랑'이 '인류애'로 전이되는 것을 기대하기는 사실상 어렵다. 무엇보다 그가 말하는 '사랑'(amore)은 '온정'과 '탐욕'의 구분이 없기 때문이다. 이러한 해석은 마키아벨리의 애국심에서 시민적 연대를 지속시키는 것은 '사랑'이 아니라 '공포'(paura)라는 확신에 기초한다. 실제로 마키아벨리에게서는 소크라테스의 성찰적 애정(eros)이 갖는 도덕적 의무감도, 키케로의 신과 자연의 법에서 비롯된 경건(pietas)도, 기독교에서 말하는 이웃에 대한 사랑이 기초하는 보답 없는 신의 사랑(agape)도 큰 의미를 갖지 않는다(Orwin 1978; Patapan 2008).[10] 비록 키케로도 공포의 힘을 인지하고 있었지만, 공포는 자유로운 공화정의 통치보다 군주의 지배에 적합한 것으로 치부했다(*De Officiis*, 2.23). 그러나 스키피오(Scipio)의 일화에서 보듯 마키아벨리는 '공포의 직접성'을 '종교의 수단성'보다 우선적인 동기로 이해했고(*Discorsi*, 1.11.1〔5〕), 진정한 영광(vera gloria)을 추구하는

---

10) 온정에 대해 정의를 내리는 일은 결코 쉽지 않다. 로마 공화정 시기에 pietas(경건)는 지금의 '온정' 또는 '연민'으로 사용되지 않았을 뿐만 아니라, 타인의 불행에 대해 느끼는 misericordia(측은함)와 pietas가 동일한 의미를 갖지 않았기 때문이다. 사실 마키아벨리는 misericordia를 '동료애'의 근간으로 보지도 않았다. 아마도 '온정'이 시민적 유대의 근간으로 제시되기 시작한 시점은 '신의 피조물로서 똑같은 존엄성을 향유해야 할 인간들이 신에 대한 사랑을 매개로 이웃을 사랑'해야 한다는 아우구스티누스(Aurelius Augustinus Hipponensis)의 사랑(agape)에 대한 해석이 널리 받아들여진 이후라고 할 수 있다. 기독교의 '사랑'에 대해서는 그레고리(Gregory 2008)를 참조.

공화정의 지도자도 전쟁의 공포로부터의 해방 또는 시민의 안위(sicurtà)를 우선 고려해야 한다고 믿었다(1.10.5〔23〕). 그리고 자선(carità)이든 인간성(umanità)이든, 마키아벨리에게 있어서는 잔인함(crudeltà)을 억제하는 도덕적 의무감이라기보다 정치공동체의 안위를 위해 잘 사용되어졌을 때에만 대안이 될 수 있는 하나의 선택일 뿐이다(3.20 & 3.47). 즉 '신앙'이 아니라 '공공의 안녕을 위해 잘 사용되어진 신에 대한 두려움'이 더 중요하고(1.11.1〔7〕, 2.2.2〔31〕 & 〔36〕-〔37〕, 2.6.4〔58〕, 2.22.5〔36〕), '자유에 대한 사랑'이 아니라 '자유를 상실할 것에 대한 두려움'이 죽음까지 극복하는 애국심의 주요한 동인이 된다고 보았다는 것이다(2.2.1〔2〕 & 〔20〕). 온정이냐 탐욕이냐가 중요한 것이 아니라, 공공의 안위가 더 중요한 판단의 근거였다고 봄이 적절할 것이다.

잘 사용되어진 '탐욕'이 용인된다는 것은 동시에 동료애가 인류애로 전이될 수 있도록 유도할 내재적 원칙이 마키아벨리의 애국심에 부족하다는 말과 같다. 주지하다시피 마키아벨리가 구상한 공화정은 귀족의 야망을 견제하고 타국으로부터 정치공동체를 방어하기 위해 시민들의 호전성을 필요로 한다. 이를 위해 마키아벨리는 당시 귀족들의 견해와는 대조적인 시민들의 폭넓은 정치참여가 보장된 로마 모델과 '잘 조정된다면 공동체를 위해 오히려 긍정적인 역할을 담당할 수 있다'는 갈등에 대한 견해를 제시했고, 시민들의 호전성과 무분별한 욕망은 '자연법'이나 '신에 대한 경외심'과 같은 도덕적 의무감으로 억제하는 것이 아니라 법(leggi)의 엄격한 적용으로 절제될 수 있다고 보았다(1.7.2, 1.8.2, 1.49.3, 3.3.1). 사실 마키아벨리에게는 도덕적 의무감으로 시민의 무분별함을 억제하는 것이 좋은 일만은 아니었다. 왜냐하면 궁극적으로 시민들의 전투성이 훼손되는 결과를 가져올 것이고, 그만큼 귀족들의 야망을 견제하는 '공격성'과 외부로부터의 정치공동체를 방어하고자 하는 '호전성'에 손실을 가져올 것이기 때문이었다.[11] 마찬가지로, 변화하는 국제정세에 적응하면서 정치공동체의 독립을 유지하기 위해서는 '팽창'이 가져올 부작용도 인내할 수밖에 없다고 보았다. 그렇지 않으면 스파르타처럼 일시에 붕괴할 수도 있고(1.6.4), 시민들의 호전성이 공화정의 갈등을 감당할 수 없는 지경으로 이끌 수도 있으며(1.37.1), 그러기에 공공의 안녕에 대한 열망은 결국 제국의 건설을 불가피하게 만들 것이라고 본 것이다(2.3.4). 아울러 팽창을 통해 보편적 안위가 보장된다고 하더라도, 지속적인 평화는 기대할 수가 없다고 생각했다. 제국을 건설한다고 하더라도, 평화가 제공되면 곧 시민적 호전성과 귀족의 야망은 공화정 내부로 귀환하기 때문이다(3.1). 어쩌면 피렌체가 중심이 된 이탈리아 도시국가의 연합이냐, 아니면 통일된 이탈리아냐 하는 문제는 마키아벨리에게 큰 의미를 가지지 못했을 수도 있다.[12] 공공의 안녕을 위해서라면,

---

11) 이런 측면에서 볼 때, 참주정과 공화정은 크게 다를 바가 없는 통치의 내용을 갖게 된다. 시민들의 정치참여를 통해 발생하는 갈등들이 법질서를 만들지만, 그 법질서의 적용은 잔인함까지 공공의 안녕을 위해 잘 사용되어진다면 용인되기 때문이다. 즉 참주의 권력을 유지하기 위한 '잔인함'과 공화정의 법질서가 시민적 자유를 유지하기 위해 사용하는 '잔인함'에는 차이가 없게 되는 것이다(*Il Principe*, 17; *Discorsi*, 1.18).

12) 마키아벨리의 주요 저작들을 살펴보면, 피렌체를 언급할 때에는 '비지

그리고 이탈리아의 불행을 종식시키기 위해서라면, 무분별한 제국이라도 일단 건설하고 볼 일이었기 때문이었다.

비롤리가 주장하듯, 마키아벨리는 그가 말하고자 하는 '정치적 삶'(vivere polotico)의 전형은 참주의 소유나 전제적 지배의 도구로 전락한 국가(stato)가 아니라 '비지배'가 관철된 공화정이라는 점을 분명히 하고 있다. 그러나 그가 말하는 공화정은 국내적으로는 비지배가 관철된 공화정일지라도, 국외적으로는 자신의 비지배 향유와 안위를 위해 지배(imperium)를 추구하는 공화정이었다(Hörnqvist 2004, 38-75). 이는 키케로를 통해 발견할 수 있는 '자연법'을 통해 절제되는 공화적 애국심과는 구별되고, 비롤리가 강조하는 시민적 자유에 대한 사랑이 가져올 인류애로의 전이 가능성과도 상당히 구별되는 '제국'에 대한 확고한 신념을 보여주고 있다. 마키아벨리의 공화정은 자유의 개인적 차원과 국내적 차원에서 다분히 비롤리의 해석과 부합되지만, 국제적 차원에서는 비지배가 아니라 지배를 관철하는 공화정의 모습을 담았던 것이다.

배가 관철된 공화정'과 이러한 공화정에서 향유되는 시민적 삶의 방식이 언급되고, 이탈리아가 언급될 때에는 외세의 지배를 극복하기 위해 팽창과 확대가 용인되는 '지배적 공화정'이 내용으로 자리를 잡는다. 마키아벨리의 '자유'를 곧 '비지배'로 이해하는 신로마 공화주의자들이 전자에 초점을 맞춘다면, 마키아벨리의 '자유'를 '위대함'(grandezza)이나 지배(imperium)와도 연관시켜 이해하는 스트라우스 학파와 현실주의자들은 후자에 초점을 맞춘다. 그러나 어느 한 측면만 강조하면 결코 균형잡힌 해석이 될 수 없다.

비지배 자유에 기초한 공화적 애국심

공화적 애국심은 궁극적으로 다음 두 가지 요구를 충족시켜야 한다. 한편으로는 애국심이 단순히 선험적으로 주어진 정치적 모델 또는 정치적 이상에 이념적으로 전도되는 것을 막을 수 있어야 하고, 다른 한편으로는 공화주의적 애국심 그 자체가 인간애에 대한 의무로 전이될 수 있는 조정원칙을 제시할 수 있어야 한다. 그렇지 않으면, '비지배가 관철되는 공화정'에 대한 다양한 상상력을 시민들의 의사로부터 수렴할 수 없고, 동시에 공화적 애국심이 민족주의와 동일한 폐해를 초래하지 못하도록 규제할 수 없을 것이다. 이런 맥락에서 볼 때, 비롤리의 공화적 애국심은 첫 번째 과제는 성공했을지는 모르지만 두 번째 과제는 암시에만 그쳤다. 그리고 마키아벨리에게서조차 상상의 경계를 통해 유발된 애착을 바탕으로 비지배 자유가 실현되는 공화정의 건설을 의도했다는 점을 놓치고 말았다. 즉 지나치게 첫 번째 원칙에 집착한 나머지, 민족주의와 애국심의 차이를 구태여 밝힐 수 없는 부분까지 과도하게 구분함으로써 지성사를 왜곡할 위험을 스스로 초래한 것이다. 그러나 진정 고민해야 할 부분은 국외적 차원에서 우리의 기대와는 달리 애국심의 인간애로의 자연적 전이가 쉽지 않다는 것이다. 특히 '비지배 자유' 또는 '비지배 자유를 통해 건설될 정치체제'가 갖는 규제적 이상 또는 조정원칙으로서의 가능성을 닫아놓았을 때는 더욱 그렇다는 것이다.

국내적으로는 비지배가 관철되는 공화정이지만, 국외적으로는 공격적이며 최소한 로마 공화국의 헤게모니를 연상시키는 공화정이 갖는 한계를 극복하기 위해서는 조정원칙으로서 비지배 자유의 역할에 대한 고민이 필요하다. 그러기 위해서는 애국심도 정치적 상상에 기초할 수 있다는 것을 인정하고, 공화적 애국심이 공격적 지배로 전락하지 못할 조정적 이상을 함께 논의할 필요가 있다. 최근 공화주의자들이 '만민법'의 새로운 기초로 '비지배'를 제시하거나, 문화적 경계를 넘어 평화적 공존의 내용과 방향을 조정해줄 수 있는 '조정원칙'으로서 비지배를 재고하는 것도 동일한 이유에서이다(Lovett 2010; Pettit 2010 & 2008; 곽준혁 2003). 이념에의 헌신이 가져올 폐해를 모르는 바는 아니다. 라틴어의 헌신(devotus)이 저주를 담은 주술에 걸려들어 자율적 판단을 상실한 상태를 의미했다는 것을 다시금 성찰할 필요성은 탈이념의 시대에 더욱 절실하다. 헌신이 곧 광신이었던 시기의 기억들을 통해 우리의 이성적 판단과 민주적 심의를 방해할 수 있는 것들에 대한 충분한 예비와 준비를 할 필요가 있다. 그러나 특수성을 초월한 '조정원칙'에 대한 지나칠 정도의 우려는 정치적으로 자기파괴적일 수밖에 없다. 열정을 억제할 수 없다는 비관론보다 더 무서운 것이 그러한 열정이 잘못 경도되도록 허용하는 것이기 때문이다. 우리는 그 어느 때보다 비지배 자유에 기초한 공화적 애국심이 필요한 시대에 살고 있다.

4장

스피노자와 조국에 대한 사랑

공진성

성인은, 자유인은, 이성에 의해 인도되는 사람은 자기 부모만을 사랑하지 않고, 자기 자식만을 사랑하지 않고, 자기 형제만을 사랑하지 않으며, 자기 종족만을 사랑하지 않는다. 그들만이 자신의 존재 보존에 유익한 것이 아니기 때문이고, 그들만을 사랑해서 얻을 수 있는 유익이란 것이 또한 한시적이기 때문이다. 그래서 자유인은 공공의 안녕을 추구하며, 공동의 법을 사랑한다. 국가를 사랑하는 것이 궁극적으로 자신에게 이로움을 알기 때문이다.

어떤 사랑인가

이 글은 두 가지 목적을 가지고 있다. 하나는 스피노자(Benedictus de Spinoza, 1632-77)의 정치이론에서 '애국심'이 가지는 의미를 밝히는 것이고, 다른 하나는 그것을 통해 현재의 애국심 논의에서 상대적으로 소홀하게 취급되고 있는 '사랑'의 의미를 탐구하는 것이다. 그러므로 이 글은 유대인 스피노자가 네덜란드 공화국을 자신의 조국으로서 사랑했는가, 사랑했다면 왜 사랑했는가를 역사학적으로 밝히는 데에 관심을 두기보다, 스피노자의 철학과 정치이론 속에서 애국심이 의미하는 것이 무엇이며, 그때에 조국에 대한 '사랑'은 또한 무엇을 의미하는지를 이론적으로 탐구하는 데에 더 관심을 두고자 한다.

공화주의에 대한 관심이 증가하면서 최근 몇 십 년 사이에 스피노자의 정치사상을 공화주의적인 것으로 해석하려는 경향 또한 증가했다. 이 해석들은 스피노자가 사용하는 공화주의적 어휘에 주목하기도 하고(Blom 1988), 17세기 네덜란드의 정치적 상황, 즉 군주정을 지지하는 세력(오렌지 가문과 칼빈주의적 반항명파 성직자들의 동맹)과 공화정을 지지하는 세력(도시상인들과 아르미니우스적 항명파 신학자들의 동맹) 간의 대립에 주목하기도 한다(Israel 2000). 또는 스피노자의 자유 개념이 가지는 이중성, 즉 자유의 소극적 측면과 적극적 측면을 동시에 옹호하는 일견 모순된 입장을 공화주의라는 틀 안에서 일관되게 해석하려고 하기도 한다(조승래 2010).

이런 해석들만으로도 충분히 우리는 스피노자의 정치사상을 공화주의적인 것으로 평가할 수 있다. 그러나 공화주의 정치사상의 핵심 요소 가운데 하나인 '애국심'이 스피노자의 정치이론 안에서 어떻게 이해되고 있으며 또한 이해될 수 있는지가 해명된다면, 스피노자를 공화주의 정치사상가로 해석하는 경향의 타당성은 더욱 강해질 것이고, 스피노자적 공화주의 정치사상의 특성 또한 밝혀질 수 있을 것이다.

공화주의에 대한 관심과 결코 무관하지 않게 최근 몇 년 사이에 한국사회에서는 '애국심' 또는 '애국주의'에 대한 이론적·실천적 관심이 증가했고, 그 정치적 함의를 둘러싼 논쟁 또한 있었다. 독재체제의 수호를 위해 그동안 반공민족주의적으로 해석되고 유포되었던 애국심 개념을 정상화하는 과정에서 우선적으로 애국심의 정당한 대상에 관한 논의가 이루어졌다(원준호 2003; 곽준혁 2003; 장은주 2009; 조계원 2009). 그러나 곧 이어 이런 민주적 또는 공화주의적 애국심을 시민들 사이에서 불러일으키려는 노력이 가질 수 있는 정치적 함의들을 둘러싼 논쟁도 이루어졌다.

애국심의 대상이 배타적인 민족이 아니라 자유민주주의적인 공화국의 헌법일지라도, 그 기본 단위가 국가일 때에 필연적으로 억압이 발생할 수 있으며, 더 나아가 지구적 자본주의의 초국가적 논리와 충돌할 수밖에 없다는 것 등이 그 핵심 내용이다(권혁범 2009; 서동진 2010). 이와 같은 기존의 공화주의적 애국심 논의와 그에 대한 비판적 논평들은 기본적으로 사랑의 대상에 초점을 맞추고 있으며, 이때에 사랑이라는 정서적 상태는, 거기에 강하고 약한 정도의 차이는 있지만, 대체로 단일한 상태로 간주되고 있다.[1] 그러나 스피노자는 사랑이라는 정서 자체를 수동적인 상태와 능동적인 상태, 비합리적인 상태와 합리적인 상태로 구분하고, 전자에서 후자로 그 정서를 바꾸는 것을 추구하고 있다. 이런 스피노자의 시각은 애국심에 관한 논의를 대상에서 사랑에 관한 것으로 바꿀 수 있게 한다. 스피노자를 통한 논의 지형의 확장은 애국심에 관한 우리의 이해를 더 깊게 해줄 것이다.

이 글은 먼저 스피노자의 철학에서 사랑이 어떻게 이해되는지, 그리고 열정적인 사랑이 어떻게 지성적인 사랑으로 바뀔 수 있는지를 살펴볼 것이다. 다음으로, 앞에서의 논의와 연관지어, 스피노자의 철학에서 국가에 대한 사랑이 어떻게 이해되고 설명되는지를 살펴볼 것이다. 마지막으로, 이런 스피노자적 애국심이 정서에 필연적으로 예속되어 있는 인간들에게 어떻게 고취될 수 있는지, 그리고 그 애국심이 가지는 민족주의적 한계와 그 정치(이론)적 의미는 무엇인지를 살펴볼 것이다.

---

[1] 예외적으로 원준호(2003)는 사랑을 애국심의 구성 요소의 하나로 비교적 자세히, 그러나 주로 사랑이 애국심과 관련된 다른 감정들과 어떻게 다른지에 초점을 맞추어 다루고 있다. 김선욱(2004)은 사랑을, 애국심 논의와는 무관하게 정치공동체의 형성원리로서 인정하며 그 다양한 개념적 의미를 분석하고 있다.

스피노자와 사랑

스피노자의 사랑 개념은 그의 형이상학적 윤리학의 체계 속에 자리 잡고 있다. 스피노자에게 사랑은 일종의 정서적 상태이며, 윤리적으로 이중의 의미를 가지고 있다. 이 점을 설명하기 위해 이 글은 이른바 '선악과', 즉 선과 악을 알게 하는 나무의 과실에 대한 스피노자의 해석을 이용하고자 한다. 블레이은베르흐(Willem van Blyenbergh)에게 보낸 편지(Ep 19)와 『신학정치론』 4장에서 찾아볼 수 있는 이 해석은 직접적으로 사랑에 관한 것은 아니다.[2] 전통적인 기독교의 해석을 따르면, 그것은 오히려 죄의 기원과 선과 악의 구분에 관한 것이다. 그러나 우리는 이 이야기에 대한 스피노자의 해석에서 스피노자의 형이상학적 윤리학과 그 안에서 사랑이 의미하는 바를 읽어낼 수 있다.

히브리 성서의 「창세기」에 나오는 최초 인간의 범죄와 타락 이야기를 스피노자는 자신의 형이상학적 윤리학의 틀 안에서 재해석한다. 이야기는 모두가 잘 아는 바와 같다. 신이 에덴 동산을 만들고 그곳에 온갖 동식물과 사람을 만들었다. 그리고 사람에게 동산

---

[2] 이하에서 스피노자의 저서는 겝하르트(Carl Gebhardt)가 1925년에 펴낸 전집(Opera)을 따라 필자 자신의 번역으로 인용하고, 그 출처를 스피노자 학계의 관행에 따라 다음과 같이 밝힌다. 『서간집』(*Epistolae*)은 Ep로 표기하고 편지 번호를 병기하며, 『신학정치론』(*Tractatus Theologico-Politicus*)은 TTP로 표기하고 장 번호와 겝하르트판 쪽수를 병기한다. 『국가론』(*Tractatus Politicus*)은 TP로 표기하고 장과 절의 숫자만 병기한다.

에 있는 모든 나무의 열매는 먹어도 되지만 선과 악을 알게 하는 나무의 열매는 "먹지도 말고 만지지도 말라고" 했으며, 그 명령을 어기면 "죽는다"고 했다(3:3).[3] 그런데 사람이 보기에 그 열매가 "먹음직도 하고 보암직도 하였"을 뿐만 아니라 "사람을 슬기롭게 할 만큼 탐스럽기도" 해서, 결국 사람은 그 열매를 따먹었다(3:6). '아담'(Adam)이라는 히브리어는 어느 특정인을 가리키는 고유명사가 아니라 '잇쉬'(ish)와 마찬가지로 남녀불문의 사람을 뜻한다. 그러므로 '하와', 잇쉬에서 파생된 여성명사인 '잇샤'(ishah)와 함께 쓰이지 않을 때에 '아담'은 사람 일반을 의미한다. 스피노자도 이 언어적 의미를 분명히 알고 있었다. 따라서 「창세기」의 아담 이야기도, 그에 대한 스피노자의 해석도 모두 사람 일반, 더 나아가 사람과 그밖의 사물들, 그리고 신의 관계에 관한 것으로 읽어야 마땅할 것이다.[4]

기독교인들이 인류의 '원죄'를 발견하는 이 이야기에서 17세기

---

[3] 이하에서 유대·기독교 성서의 인용은 대한성서공회가 2001년에 펴낸 성경전서 표준새번역 개정판을 따르며, 그 출처는 낱권의 이름과 장, 절의 수를 병기하여 표기한다.

[4] 가텐스와 로이드도 이런 생각을 공유하고 있다. 그들은 아담의 이야기, 그리고 그에 대한 스피노자의 해석을 특히 상상적 방식으로 세계를 이해하는 인간의 조건에 관한 일종의 알레고리로 해석한다(Gatens & Lloyd 1999, 95 이하). 그라시는 여기에서 한걸음 더 나아가 이런 '상상하는 존재'가 자기를 그런 존재로 올바르게 인식하는 데에 반드시 필요한, 자기와 가장 유사하고 유익한 타자가 바로 하와임을 설득력 있게 주장한다(Grassi 2009, 특히 152).

영국의 철학자 토마스 홉스(Thomas Hobbes)는 죄의 성립조건을 발견했다. "나무의 과실은 거기에 금지의 명령이 없다면 그 자신의 본성 속에 그것을 먹는 것을 도덕적인 '악', 곧 '죄'로 만들 수 있는 그 무엇도 가지고 있지 않다"는 것이다(*De Cive*, 16, 2).[5] 홉스는 선과 악이라는 인식의 분화 자체가 권위적 존재의 명령에 의존하며, 그러므로 "그 어떤 지배가 등장하기 전에는 정당한 것과 부당한 것이 존재하지 않는다"고 주장한다(12, 1). 홉스는 에덴 동산을 신이 지배하는 공간으로 이해하고, 그곳에서 범죄가 성립할 수 있는 이유를 주권자인 신의 명령에서 찾는다. 이런 홉스의 해석은 '진리가 아니라 권위가 법을 만든다'는, 카를 슈미트가 요약해 표현한(Schmitt 2010, 50), 『리바이어던』 26장에 개진된 홉스 자신의 입장과도 일치하는 것이다. 이때 범죄는 주권자의 금지명령을 어길 때에도 성립하지만, 주권자가 금지하지 않은 것을 신민이 스스로 금지할 때에도 성립한다. 그것이 월권행위이기 때문이다. 벌거벗은 것을 부끄럽게 여겨 나무 밑에 숨은 사람에게 신은 이렇게 묻는다. "네가 벗은 몸이라고 누가 일러주더냐?"(「창세기」 3: 11) 홉스에 의하면 자신이 벌거벗은 것을 부끄럽게 여긴 것 자체가 도덕적 판단에 대한 신의 주권적 권한을 사람이 넘본 것이다(*De Cive*, 12, 1).

---

[5] 이하에서 홉스의 『시민론』(*De Cive*)은 워렌더(Warrender)가 1983년에 펴낸 라틴어판을 따라 필자가 직접 번역·인용하고, 그 출처는 *De Cive*로 표기한 후에 장, 절의 수를 병기하여 밝힌다. 『리바이어던』(*Leviathan*)의 인용은 진석용(2008)의 번역을 따르고, 그 출처는 *Lev.*로 표기한 후에 마찬가지로 장, 절의 수를 병기하여 밝힌다.

스피노자는 이 이야기를 다르게 해석한다. "오로지 억지로만", "인간적인 표현 방식으로만", "오직 우리의 이성적 시각에서만", 그리고 "오직 우리가 신이 이해하는 바에 대하여 상상하는 것과 관련해서만" 사람이 신의 금지명령을 어기고 선과 악을 알게 하는 나무의 열매를 따먹음으로써 죄를 범했다고 말할 수 있다는 것이다(Ep 19; TTP 4, 62). 위와 같이 신을 의인화하여 설명하는 것은 신이 사태를 이해하는 방식과 사실상 무관하기 때문이다. 「창세기」의 이야기는, 스피노자에 의하면, 그 어떤 금지의 명령이 아니라 사물들의 관계에 대한 신의 계시이다. 그 계시의 내용은 어떤 과실이 그 사람에게 독이 된다는 자연적 인과관계에 관한 것이다. "신은 사람에게 단지 그가 나무의 과실을 먹을 경우에 맞이하게 될 악에 대해 계시했지, 그 악이〔사물들의 관계와 무관하게 금지의 명령을 어긴 대가로서〕반드시 나타날 것을 계시하지 않았다"고 스피노자는 말한다(TTP 4, 63). 사람이 계시를 명령으로, 신을 입법자로 여긴 것은 신에 대한 사람의 이해가 부족한 탓이지, 결코 신이 자연의 인과적 법칙을 거스르며 무엇인가를 명령하는 입법자이기 때문은 아니라고 주장한다(TTP 4, 63).[6]

스피노자에게 선과 악은 실체적인 것이 아니라 관계적인 것이다. 그래서 아담의 이야기에서 굳이 악에 대해 말하자면 악은 "오로지

---

[6] 여기에서 스피노자가 신을 계시의 주체로서 의인화하여 묘사하고 있지만, 이것은 어디까지나 성서의 이야기를 재해석하는 과정에서 불가피하게 취하는 방편일 뿐이다. 스피노자의 신은 자연 그 자체이다. 이에 관해서는 강영안(1998, 74-97)과 Mason(1997)을 참조하라.

사람이 그 행동으로 인해 더 완전한 상태를 잃어야 했다는 사실"에 있을 뿐이라고 스피노자는 말한다(Ep 19). 스피노자에게 선과 악은 그 어떤 실체가 아니라 더 완전한 상태와 덜 완전한 상태에 불과한 것이다. 이것을 스피노자는 『에티카』에서 다음과 같은 정리로써 표현한다.

"인간 신체의 부분들이 가지는 운동과 정지의 비율이 유지되도록 하는 것은 선이다. 이와 반대로 인간 신체의 부분들에 서로 다른 운동과 정지의 비율을 가지도록 하는 것은 악이다"(E 4P39).[7]

신체의 자기 보존에 이로운 것이 선이고, 해로운 것이 악이라는 말이다. 그래서 들뢰즈는 스피노자에게 선과 악이 신체적으로 '적합한' 결합과 '부적합한' 결합을 의미하며, 이때에 악이란 중독이나 소화불량, 거부반응이나 알레르기와 같은 것이어서, 사전에 결정될 수 없고 오로지 사후적으로만 존재하게 된다고 해석한다(Deleuze 1999, 51-54). 선과 악이 (인체를 포함한 모든) 신체들의 관계에서만 존재하며, 그에 대한 판단도 사후적으로만 이루어질 수 있다는 것은 선과 악이 그 관계들을 떠나 선험적이거나 초월적으로 존재할 수 없다는 것을 의미한다. 즉 사람이 선악과를 따먹는 것을 신은 결코 선이나 악으로 이해하지 않는다는 것이다. 왜냐하면 "자연 혹은

---

7) 이하에서 『에티카』(*Ethica more geometrico demonstrata*)의 인용은 대체로 강영계의 번역(2007년 개정판)을 따른다. 그 출처는 다음과 같은 약호와 숫자를 병기하여 표기한다. E(thica) 3(부) P(ropositio, 명제), Def(initio, 정의), S(cholium, 주석), C(orrolarium, 보충), A(ppendix, 부록), D(emonstratio, 증명)

신의 관점에서 보면, 서로 결합되는 관계들이 언제나 존재하며, 영원한 법칙들에 따라 서로 결합되는 관계들 이외에 다른 어떠한 것도 없기 때문"이다(Deleuze 1999, 58). 물론 신은 그것이 사람에게 나쁜 것임을, 다시 말해, 사람을 덜 완전한 상태로 만드는 것임을 사람에게 이성을 통해 계시한다. 다만 사람의 이성적 능력이 성숙하지 못해서 그 계시를 명령으로 오해할 뿐이다.

「창세기」에 등장하는 사람은 선악과와 사람의 신체가 본성상 부적합하다는 신의 계시를 제대로 이해하지 못한다. 그 열매와의 나쁜 관계를 사전에 인식하지 못한 사람은 그 열매를 '먹음직스럽게' 느낄 뿐만 아니라, 심지어 자신을 '슬기롭게' 만들어줄 것이라고까지 여긴다. 사랑을 느끼는 것이다. 스피노자에게 "사랑은 외적 원인의 관념을 동반하는 기쁨"이다(E 3Def6). 그 열매를 먹으면 내가 더 완전해질 것 같은 느낌이다. 그 긍정적인 느낌, 그 기쁨의 정서를 스피노자는 사랑이라고 부른다. 이 사랑은 과거에 비슷하게 생긴 열매를 먹고 더 완전해지는 경험을 했다면 더 클 것이다. 그런 의미에서 에덴 동산의 주인공은 과거에 비슷한 열매를 먹고 기쁨을 느낀 적이 있음에 틀림이 없다. 그래서 이 열매를 매우 먹음직스럽게 여기며 심지어 자신을 더욱 슬기롭게 만들 것이라고 느끼기까지 한다. 그리고 그것을 먹고 싶어한다. 욕망한다. 그리하여 사람은 결국 열매를 따먹었고, 자신이 사랑하는 사람에게도 주었다. 스피노자는 열매에 대해 느끼는 사랑과 다른 사람에 대해 느끼는 사랑을 구분하지 않는다. 자신을 이전보다 더 완전하게 만들어줄 것이라고 여기는 데에서 비롯하는 기쁨이라는 점에서 두 사랑은 동일하다. 오히려 사랑의 구분은 다른 곳에서 이루어진다.

 사람이 그 열매에 대해 느끼는 사랑은 매우 불안정하다. 그 이유는 그 열매와 자신이 맺는 관계를 사람이 정확히 알지 못하기 때문이다. 자신에게 탈을 일으킬지 모르는 열매를 사람은 먹음직스럽게 여긴다. 행여 당장 배탈이 나지는 않더라도 열매에 있는 그 어떤 해로운 성분이 체내에 쌓여 언젠가 부정적인 작용이 일어날지도 모른다. 그렇기 때문에 이런 사랑은 안정적이지 않고 영원하지도 않다. 그 반대의 경우도 생각해볼 수 있다. 어떤 열매가 맛 없어 보일 뿐만 아니라 한 입 베어 물었을 때에 쓴맛이 나서 자신에게 해로울 것이라고 예단하고 슬픔을 느껴서 그 열매를 미워할 수도 있다. 그러나 그 판단은 장기적이고 거시적인 관점에서 옳지 않을 수 있다.

 사랑과 미움의 정서는 인식의 불완전함 때문에 불안정하다. 그러나 그 때문만은 아니다. 우리가 외부의 대상을 사랑하거나 미워할 때에, 그리고 더 많이 사랑하거나 미워하면 할수록, 우리의 정서가 그것의 원인으로 간주되는 외부의 대상에 예속되기 때문에 또한 이 정서는 불안정하다. 이런 수동적인 상태의 정서를 스피노자는 마치 치료해야 할 질병처럼 여긴다. 자기의 존재보존에 유익하지 않기 때문이다. 비합리적 인식에서 자신에게 이롭거나 해로운 관계에 대한 부정확한 판단이 나올 뿐만 아니라, 무수히 많은 이로운 대상들 중에서 하나의 대상에 집착하는 일이 생긴다. 이것이 바로 『신학정치론』 서문에서 스피노자가 언급하고 있는 '자발적 예속' 또는 '도착적 사랑'의 정체이다.

 우리들은 자연의 일부이므로 자연의 또 다른 부분에서 영향을 받을 수밖에 없다(E 4P2). 이는 우리가 다른 사물들과의 관계에서 분리되어 존재할 수 없다는 것이다. 그리고 외부의 사물들은 언제나 우리 자신보다 수적으로 많으므로 그 힘 또한 압도적으로 크다(E 4P3). 이런 근원 조건이 우리의 정서를 외적 원인에 의존적으로 만들고 수동적으로 만든다. 그리고 외부의 사물들을 우리 자신의 보존에 필수적인 것으로 느낄 때에 우리는 그 사물들을 사랑한다. 그러나 우리와 그 사물들의 관계는 통제할 수가 없다. 여기에서 "마음의 병과 불행"이 생겨난다(E 5P20S).[8] 이 수동적·열정적 사랑을 치료하는 방법은 인식이다. 인식을 통해 우리는 정서를 수동적인 상태에서 능동적인 상태로 바꿀 수 있다. "수동적인 정서는 우리가 그것에 대해 명석 판명한 관념을 형성하는 순간 더 이상 수동적이지 않게" 되기 때문이다(E 5P3). 여기에서 능동과 수동은 이분법적인 개념이 아니라, 어디까지나 비례적이고 관계적인 개념이다.[9] 어떤 대상에 대한 사랑과 관련해 말하자면, 우리가 그 기쁨의 정서를 더 잘 이해하면 할수록, 즉 그 정서의 원인들을 더 많이 알면 알수록, 그 대상에 대한 사랑의 정서는 우리들의 힘 안에 있게 되며 또한 정신은 그만큼 그 정서의 작용을 적게 받는다(E 5P3C). 스피노자의 해법은 특정 대상에 대한 사랑의 뜨거움을 그 정서를 유발한 원

---

8) 누스바움(Nussbaum 2001, 500-510)은 스피노자의 '에티카'를 이런 마음의 병을 치료하기 위한 일종의 철학적 테라피로 이해한다.
9) 능동과 수동의 비례성·관계성과, 그것을 '철학자'와 '대중'이라는 두 개의 대립적인 인간유형의 속성으로 잘못 이해하는 것에 대한 비판은 공진성(2008)을 참조하라.

인들의 인과적 연쇄를 더 많이 인식함으로써 식히는 것이다. 그 사랑의 정서가 다양한 원인에 관계됨을 이해할 때에 그 각각의 원인에 대해 느끼는 자극은 줄어들 수밖에 없으므로 우리 자신에 대한 정서의 영향력 자체도 상쇄되어 약해진다는 것이다(E 5P9). 이 방식은 이성으로 정서를 통제하는 것이 아니라, 다른 정서들을 통해 하나의 정서가 큰 힘을 발휘하지 못하도록 하는 것이다. 스피노자의 생각에 기쁨과 슬픔의 정서, 사랑과 미움의 감정은 그 자체로 악이나 해로움이 아니다. 다만 그것이 "정신이 사유할 수 없게끔 방해하는 경우에만 악 또는 해로움"이다(E 5P9D).

무한자인 신의 관점에서 볼 때 선과 악은 실체적으로나 관계적으로나 존재하지 않는다. 모든 것이 자연의 필연 법칙에 의해 존재하며 또한 서로 연결되어 있기 때문이다. 오직 유한한 존재의 관점에서만 유익하거나 해로운 관계, 좋거나 나쁜 관계에 대해 이야기할 수 있다.

에덴 동산에 있는 선악과 사람의 관계를 다시 생각해보자. 신은 그 두 신체의 관계가 서로 적합하지 않다는 것을 이해하고 사람에게 계시한다. 이 이야기를 스피노자의 관점에서 일관되게 적용하여 해석하면, 사람이 이성을 통해 신의 경지에 이를 수 있음을, 즉 더 많은 원인들을 인식할 수 있음을 암시한다. 선악과 자신의 나쁜 관계를 사람이 적합하게 인식한다면, 사람은 아무런 감정적 동요 없이 그저 그 열매를 먹지 않을 수 있다. 또 그 열매를 먹으라고 권하는 이웃을 미워하지 않으면서 먹기를 거절할 수 있다. 그러나 그 관계를 제대로 인식하지 못할 때 사람은 그 열매를 사랑하기도 하고, 그 사랑에 대한 보답을 얻지 못할 때 그 열매를 미워하기도 한다. 또 열매를 먹으라고 권한 이웃을 사랑했다가 미워하게도 된다.[10] 자기 자신과 자신의 정서를 명석 판명하게, 이 세계의 무한한 인과적 필연성의 연쇄 속에서 인식하면 그 어떤 정서에도 예속되지 않을 수 있다. 이 정서적 안정의 상태가 바로 스피노자의 윤리학이 추구하는 바이다. 이런 고양된 형태의 자기보존 노력을 스피노자는 '신에 대한 지성적 사랑'(amor dei intellectualis)이라고 부른다(E 5P32C). 인과적 필연성으로 이루어진 이 세계 전체가 '자연 곧 신'이기 때문에 세계를 인과적 필연성의 관점에서 이해하려는 노력을 '신에 대한' 사랑이라고 부르는 것이고, 그 사랑이 신을 의인화하여 상상적으로 사랑하는 것과 다르므로, 그 사랑을 신에 대한 '지성적' 사랑이라고 부르는 것이다. 그래서 스피노자는 "자기 자신과 자신의 정서를 명석 판명하게 인식하는 사람은 신을 사랑하며, 자기 자신과 자신의 정서를 더 많이 인식하면 할수록 더욱더 신을 사랑한다"고 말한다(E 5P15). 또한 "우리가 개별 사물을 많이 인식하면 할수록 신을 더 많이 인식"하며 "신에 대한 이해를 그만큼 더 많이 가진다"고도 말한다(E 5P24). 수동적이고 정열적인 사랑은 인식을 통해 능동적이고 지적인 사랑으로 바뀌게 된다. 이 사랑은 어떤

---

10) 국가들의 관계에 영원한 우방도 영원한 적도 없다는 유럽 근대초기 정치사상가들의 국가이성론적 사고는 정서에 예속되지 않은 국제관계에 대한 인식을 추구한 것이고, 그럼으로써 현실주의적 국제정치관을 예비한 것이다. 스피노자를 포함한 근대 정치사상들의 국가이성론적 국제관계관에 대해서는 뮌클러(Münkler 1987, 261이하)를 참조하라.

외적 대상의 현존을 상상함으로써 가지게 되는 불안한 정서가 아니라, 영원성의 인식, 즉 신적 인식에 참여함으로써 가지게 되는 마음의 평화이다.

자유인의 애국심

앞에서 우리는 스피노자의 형이상학적 윤리학 속에서 사랑이 그 대상에 따라 다르지 않고, 대상과 무관하게 수동적·열정적이거나 능동적·지성적일 수 있음을 살펴보았다. 인식 능력이 증가할수록 우리는 자신을, 그리고 자신과 다른 신체들의 관계에서 비롯하는 기쁨의 정서를 더 명석 판명하게 이해할 수 있으며, 그럴수록 우리는 정서의 직접적 원인이 되는 외부의 신체에 덜 의존적일 수 있다. 그러면 대상에 대한 사랑은 (그리고 마찬가지로 미움은) 약해지고, 우리의 사랑은 신을 향하게 된다. 이런 사람, 즉 이성에 의해 인도되는 사람을 스피노자는 '자유인'이라고 부른다. 이 자유인의 정치적 삶과 애국심에 대해 살펴보자.

스피노자에 의하면 사람은 가능한 대로 자기의 존재를 유지하고 보존하려고 노력한다.[11] 그런 의미에서 사람은 이기적인 존재이다. 그 이기심에서 사랑이라는 정서도 생겨난다. 자신을 더 완전하게 만들어주는 모든 것을 욕구한다. 이것은 사람의 지극히 자연스

---

11) 물론 이것이 스피노자만의 독창적인 가정이나 생각은 아니다. 스피노자의 '코나투스'(conatus) 개념에 대해서, 그리고 홉스의 개념과의 차이에 대해서는 홍영미(2006)를 참조하라.

러운 본성이다. 다만 문제는 자기에게 참으로 이로운 것을 욕구하느냐 그렇지 않은 것을 헛되이 욕구하느냐일 것이다. 이성은 자연(본성)의 법칙에 어긋나는 것을 결코 명령하지 않는다. 선악과를 따먹지 말라는 신의 계시도 어디까지나 자연(본성) 법칙의 계시이지, 그 법칙을 거스르라는 명령이 아니다. 이성은 우리에게 자신의 존재를 제대로 보존하라고, 참으로 이로운 것을 사랑하라고 명령한다(E 4P18S).[12]

무엇이 우리의 존재 보존에 이로울까? 스피노자는 "우리 외부에는 유익한 것, 즉 우리가 추구할 만한 것이 많이 주어져 있"는데, "그중에서 우리의 본성과 전적으로 일치하는 것보다 더 가치 있는 것을 생각해낼 수 없다"고 말한다(E 4P18S). 왜냐하면 "전적으로 본성이 똑같은 두 개체가 서로 결합하면 단독의 개체보다 두 배의 능력을 가진 개체가 되기 때문"이다(E 4P18S). 본성이 동질적인 것들은 결합하면 힘이 늘어나지만, 본성이 이질적인 것들은 결합하면 오히려 힘이 감소한다는 것이다. 이것 역시 비례성의 표현이다. 그리고 사람이 아닌 다른 사물들과의 관계에서도 마찬가지이다. "어떤 사물은 우리의 본성과 많이 일치하면 할수록 우리에게 더욱더 유익하거나 그만큼 더 선하며, 또한 역으로 어떤 사물은 우리에게 유익하면 할수록 우리의 본성과 더욱더 일치"한다(E 4P31C). 이로부터 스피노자는 다음과 같은 결론을 도출한다.

---

12) 이 지점에서 스피노자의 코나투스는 단순한 생존을 위한 노력에서 그 생존을 합리적인 방식으로 추구하려는 지성적 노력(conatus intelligendi)으로 변하게 된다. 이에 대해서는 요벨(Yovel 1999)을 참조하라.

"그러므로 인간에게는 인간보다 더 유익한 것이 하나도 없다"(E 4P18S). 그리고 홉스의 표현을 빌려 이렇게도 말한다. "인간은 인간에게 신이다"(E 4P35S). 그만큼 유익한 존재라는 뜻이다.[13]

이성은 존재 보존이라는 궁극적인 이익을 추구하므로 우리에게 우리 자신의 본성과 가장 유사한 본성을 지닌 존재와 결합하라고 가르친다. 사람은 다른 사람과 결합함으로써 그 결합 바깥에 있는 존재들에 대해 이전보다 더 많은 힘과 권리를 가지게 된다. 이러한 결합을 '사회'(societas)라고 부른다. 그것은 아직 국가가 아니다. 국가는 이 공동의 권리가 법을 만들어 개개인이 사적으로 선과 악을 판단하고 복수하지 못하도록 할 때에 등장한다. 이렇게 법에 의해 자기 자신을 지킬 수 있는 힘을 가지게 된 사회를 '국가'(civitas)라 하고, 이 국가의 힘에 의해 보호되는 사람을 '국민'(cives)이라 한다(E 4P37S2). 사람은 자기 자신을 더 잘 보존하기 위해 다른 사람과 결합하며, 그 결합을 더 잘 보존하기 위해 (계약을 통해) 법을 만들어 국가를 세운다. 그러므로 국가에 도움이 되고 동료시민들을 다른 동료시민들과 화합하여 살게 하는 것은 궁극적으로 자신에게 이로우므로 선이다. 이와 반대로 국가에 불화를 가져오는 것은 자신

---

13) 홉스는 『시민론』의 헌사(Epistola Dedicatoria)에서 '인간이 인간에게 신'(homo homini deus)이라는 말과 '인간이 인간에게 늑대'(homo homini lupus)라는 말이 모두 참이며, 전자는 한 국가 안의 시민들의 관계에 대한 말이고, 후자는 국가들의 관계에 대한 말이라고 주장한다. 전자는 세네카의 "사람이 사람에게 성스러운 것"(homo, sacra res homini)이라는 말에서 유래했고(Seneca, *Epistolae morales ad Lucillium*, XCV, 33), 후자는 플라우투스의 말을 홉스가 인용한 것이다(Plautus, *Asinaria*, 495년).

에게 해로우므로 악이다(E 4P40).

국가는 단지 명목상으로만 선과 악의 독점적 판단자가 아니라, 실질적으로도 국민 개개인에게 선한 것과 악한 것을 결정하는 기준이 된다. 국가의 존재 보존에 해로운 것은 실질적으로도 국민 개개인의 존재 보존에 해로우며, 국가의 존재 보존에 이로운 것은 실질적으로도 국민 개개인의 존재 보존에 이롭다. 이렇게 개인 수준에서의 선과 악의 판단이 국가 수준에서의 선과 악의 판단과 일치하게 된다. 그러므로 이성에 의해 인도되는 사람은 자기 자신을 사랑하는 만큼 또한 공공의 안녕을 사랑한다. 왜냐하면 그것이 선이기 때문이다. 선에 대한 사랑이 애국심으로 표현되는 것이다. 이성에 의해 인도되는 사람은 공통의 결정을 따라 생활하는 국가에서 훨씬 더 자유로우므로, 더 자유롭게 살기 위해서라도 국가의 법을 지키기를 욕구한다(E 4P73D). 이것이 자유인이 가지는 애국심의 합리적 동기이다.

스피노자가 생각하는 자유인은 애국자이다. 자유인이 국가를 사랑하는 이유는 국가상태에서 서로 협력함으로써 생활에 필요한 물자들을 훨씬 더 쉽게 조달할 수 있고, 힘을 합하여 도처에서 오는 위험을 막아낼 수 있기 때문이다(E 4P35S). 그리고 그런 조건 속에서 자신이 더 완전해질 수 있고, 더 유능해질 수 있고, 또 그만큼 더 자유로워질 수 있기 때문이다. 그러므로 자유인은 자신의 이익을 위해서라도 자신과 결합하는 다른 동료시민들이 이성에 의해 인도되기를, 즉 더 완전해지기를, 더 유능해지기를, 더 자유로워지기를 원한다. 본성이 일치하는 존재들이 결합할 때에 힘이 가장 커지기 때문이다. 그래서 스피노자는 이렇게 말한다. "인간에게는 이성의 지도를 따라 생활하는 인간보다 더 유익한 어떤 개체도 자연 안에 존재하지 않는다."(E 4P35C1)[14] 자유인은 스스로 국가를 사랑할 뿐만 아니라, "그가 사랑하는 것을 다른 사람도 사랑하는 것을 보게 되면 그것을 한층 더 깊게 사랑"하며, 또한 "다른 사람이 그것을 사랑하게끔 하려고 노력"한다(E 4P37D2). 스피노자가 생각하는 애국심은 공유될 수 있을 뿐만 아니라 공유될수록 더욱 커진다.

국가에 대한 이런 사랑은 근시안적인 사랑, 열정적인 사랑에 반대된다. 사람의 정서는 가까이 있는 것을 실제보다 더 크게 느끼고, 멀리 있는 것을 실제보다 더 작게 느낀다. 또는 크게 보이는 것을 실제보다 더 가까이 있는 것처럼 느끼고, 작게 보이는 것을 실제보다 더 멀리 있는 것처럼 느낀다. 이런 정서의 속성에서 차별적이고 열정적인 사랑이 생겨난다. 가까이 있는 사람을 더 중요한 존재로 여기고, 멀리 있는 사람을 덜 중요한 존재로 여기는 것이다. 그러나 스피노자의 생각에 이런 사랑은 자신의 존재 보존에 궁극적으로 유익하지 않다. 지속될 수 없기 때문에도 그렇고, 자신을 정서적으로 타자에게 예속시키기 때문에도 그렇다. 그것은 일종의 소아병이다. 성인은, 자유인은, 이성에 의해 인도되는 사람은 자기 부모만을 사랑하지 않고, 자기 자식만을 사랑하지 않고, 자기 형제만을 사랑하

---

[14] 여기에서 스피노자의 자유인이 외국에 있는 다른 자유인, 즉 단지 국적만 다를 뿐인 다른 이성적인 인간과 결합하기 위해 노력해야 한다는 '세계시민주의적' 결론이 논리적으로 도출되는지에 관한 문제가 발생한다. 이 문제는 다음 절에서 살펴볼 것이다.

지 않으며, 자기 종족만을 사랑하지 않는다. 그들만이 자신의 존재 보존에 유익한 것이 아니기 때문이고, 그들만을 사랑해서 얻을 수 있는 유익이란 것이 또한 한시적이기 때문이다. 그래서 자유인은 공공의 안녕을 추구하며, 공동의 법을 사랑한다. 국가를 사랑하는 것이 궁극적으로 자신에게 이로움을 알기 때문이다.

국가를 사랑하는 것은 국가 안에서 사람들이 연쇄적으로 맺고 있는 유익한 관계를 인식하는 것이다. 그 인식은 우리와 물리적으로 가까이에 있는 사람의 유익함이 우리 자신의 정서에 지나치게 크게 표상되는 것을 막아준다. 세계를 인식하는 정신의 능력이 크면 클수록, 그리고 외부의 자극을 느끼는 신체의 능력이 크면 클수록, 개별 사물이 우리에게 끼치는 영향은 줄어든다. 모든 것을 무차별적으로 느낄 수 있고, 모든 것을 동일한 거리에서 인식할 수 있는 존재, 그래서 어느 것에게서도 영향을 받지 않고, 오로지 모든 것의 원인이 될 수 있는 존재는 유일하게 신뿐이다. 신은 모든 것 안에 존재하기 때문이다.[15] 그러나 유한한 존재인 사람은 다른 사물의 영향을 받을 수밖에 없고, 그 영향을 다소간에 부정확하게 표상할 수밖에 없다. 그래서 차별적인 사랑이 생겨나고, 또 그것이 차별적인 미움으로 바뀐다. 이로써 사람들 사이에서 다툼이 일어나고 불화가

---

[15] 이런 스피노자의 신관을 '만유내재신론'(Panentheism)이라고 부른다. 신에 대한 스피노자의 생각은 초기에는 '무신론'(atheism)으로 오해되어 비난과 박해의 대상이 되었고, 나중에는 '범신론'(pantheism)이라는 이름으로 이해되기도 했다. 범신론과 구분되는 만유내재신론의 특징에 대해서는 박삼열(2002, 47-49)을 참조하라.

생긴다. 앞에서 언급했다시피, 스피노자에게 인간을 화합하여 살게 하는 것은 선이고, 반대로 불화를 불러일으키는 것은 악이다. 따라서 선을 추구하는 사람은 사익보다 공익을 추구하고, 그렇기 때문에 또한 국가를 사랑한다. 그리고 국가를 사랑함으로써 동료시민들을 할 수 있는 대로 차별 없이 사랑하려고 노력한다.

문제는 이성의 힘이 모든 사람에게 동일하게 강하지 않을 뿐만 아니라, 자유인에게조차 언제나 강한 것은 아니라는 것이다. 정신과 육체를 두 개의 실체로 분리시키고 정신에 육체를 통제할 힘을 부여하는 데카르트(René Descartes)와 달리 스피노자는 정신과 육체를 단일한 실체의 두 가지 속성으로 파악하며 어느 하나가 다른 하나를 일방적으로 통제할 수 있다고 생각하지 않는다.[16] 정신은 다만 신체에 대한 올바른 관념을 가질 수 있을 뿐이다. 올바른 관념을 가질 때에 우리의 신체에 미치는 다른 신체의 영향은, 그리고 그 결과로서 생기는 기쁨과 슬픔의 정서는 약해질 수 있다. 문제는 모든 사람이 언제나 자신의 정서에 대해 올바른 관념을 가지고 있지는 않다는 것이다.[17] 심지어 올바른 관념을 가지고 있을 때조차 때

---

16) 정신과 신체의 관계에 대한, 실체일원론과 속성이원론을 포괄하는, 스피노자의 이런 심신론을 흔히 평행론이라고도 부르는데, 이것을 정신과 신체라는 두 실체의 평행으로 오해해서는 곤란하다. 이에 대해 자세히는 박삼열(2002, 152 이하)을 참조하라.

17) 모든 사람이 이성적이지는 않다는 스피노자의 주장으로부터 이성적 능력을 가진 소수와 정서에 예속된 다수 대중의 존재에 관한 인간유형론을 도출하고, 이를 엘리트주의적 정치이론으로까지 확장하는 경향과 그에 대한 비판은 공진성(2008)을 참조하라.

로는 정서의 영향력이 지속된다는 것이다.

스피노자는 다음과 같은 예를 든다. 태양을 바라볼 때에 우리는 태양이 지구에서 얼마만큼 떨어져 있다고 느낀다. 그 느낌은 분명히 잘못된 것이다. 그러나 태양의 참된 거리를 알게 된 후에도 우리는 여전히 태양을 실제보다 가까이 있다고 느낄 것이다. 왜 그럴까? 스피노자의 대답은 이렇다. 우리가 태양의 정확한 거리를 모르기 때문에 여전히 그런 것이 아니라, 우리의 신체가 여전히 태양의 자극을 그렇게 받기 때문이라는 것이다(E 2P35S; E 4P1S). 애국심과 관련해서도 동일하게 이야기할 수 있다. 나라를 사랑하는 것, 즉 국법을 준수하고 동료시민들을 차별 없이 사랑하는 것이 궁극적으로 우리 자신에게 이로운 것임을 알면서도 우리는 자신에게 당장 유익한 존재를 더 사랑하고 공익보다 사익을 우선시한다. 스피노자는 이렇게 말한다. "표상들은 신체의 자연적 상태를 표시하든 신체의 활동 능력의 증대나 감소를 표시하든 간에 실제의 것에 대립되지도 않으며 실제의 것은 현재에 의하여 소실되지도 않는다 (…) 표상은 (…) 참다운 것의 현재에 의하여 소멸되는 것이 아니라 (…) 우리가 표상하는 사물의 현재의 존재를 배제하는 더 강한 다른 표상이 나타남으로써 소멸된다"(E 4P1S).

즉 정서를 억누를 수 있는 것은 더 큰 정서이고, 편협한 사랑의 감정을 제어할 수 있는 것은 이성이 아니라 더 큰 사랑의 감정이라는 것이다. 애국심이 이성에 의해서만 확보될 수 없는 이유이다.

시민종교의 필요성

애국심은 인간의 자연스러운 근시안적 사랑의 정서를 억누를 수 있을 만큼 큰 정서적 자극을 이용해 시민들에게서 고취되고 북돋아져야 한다. 이 애국심은 일종의 종교와 같다. 이성에 의해 인도되는 사람이 품는 애국심이 신에 대한 지성적 사랑과 유사한 것이라면, 정서적으로 유도된 이 애국심은 신에 대한 종교적 사랑과 유사한 것이다. 스피노자는 종교가 구원을 얻는 하나의 방편이 될 수 있다고 생각한다.[18] 모든 사람이 이성적으로 신을 사랑할 수는 없기 때문이다. 마찬가지의 이유로 스피노자는, 모든 사람이 이성적으로 국가를 사랑할 수는 없으므로, 국가에 일종의 '시민종교'(civil religion)가 필요하다고 생각한다.[19] 정서에 작용하는 방식으로 국가에 대한 시민들의 사랑과 충성을 확보하지 못하면, 이성적인 방식만으로는 결코 국가가 오래 보존될 수 없으며, 그것은 궁극적으로 시민들 개개인에게도 이롭지 않다.

그러므로 '조국에 대한 사랑'(amor erga patriam)은 단순한 사랑이 아니라 일종의 종교적 '신앙심'(pietas)과 같은 것이 되어야 한다(TTP 17, 215). 이 종교적 신앙심과도 같은 애국심은, 히브리인

---

18) 이에 관해서는 스피노자가 집주인에게 했다고 전해지는 말을 소재로 삼아 흥미롭게 논증을 전개한 쿡(Cook 1999)을 참조하라.
19) 스피노자의 영역자 가운데 한 사람인 원햄(A.G. Wernham)은 스피노자의 이런 시민종교에 관한 생각이 루소에게 영향을 주었으리라 추측한다(Spinoza 1958, 119, n.2).

들의 국가에서 그랬던 것처럼, 시민의 제2의 본성이 되도록 일상적인 의례를 통해 교육되고 길러져야 한다(17, 214). 이제 시민은 이웃 사랑이라는 종교적 계율을 지키는 뜨거운 열정으로 동료시민을 사랑하게 된다. 그것이 신에게 바쳐야 할 '최고의 사랑'(summa pietas)이기 때문이다(17, 216).

신을 사랑하는 마음으로 동료시민을 사랑하게 하고, 신에게 순종하는 마음으로 국가에 충성케 하는 시민종교는, 스피노자의 생각에, 개인들이 믿는 사적인 종교와 구분될 뿐만 아니라 또한 어느 하나가 다른 하나를 배제하지 않으면서 얼마든지 (또는 배제하지 않아야 비로소) 공존할 수 있다. 스피노자는 종교를 세 가지로 구분하는데, 그 하나는 우리기 오늘날 일반적으로 생각하는 기독교와 같은 종교, 즉 '사적인 종교'(religio privata)이고, 다른 하나는 바로 위에서 언급한 국가종교 또는 일반적으로 시민종교라고 부르는 '공적인 종교'(religio publica)이다. 그리고 마지막 하나는 철학 또는 신에 대한 지성적 사랑을 의미하는 '참된 종교'(religio vera)이다. 『신학정치론』의 목적은 이 세 가지 의미의 종교를 구분하고 그 관계를 역사적·철학적으로 해명하는 것이다.

1670년에 익명으로 출간된 이 책의 표지에 스피노자는 책의 핵심 주장을 다음과 같이 요약해놓았다. "철학의 자유가 그저 신앙심과 공화국의 평화를 해치지 않고 허용될 수 있을 뿐만 아니라, 공화국의 평화와 신앙심 자체가 함께 사라지지 않고는 제거될 수 없다." 스피노자는 철학의 자유가 단순히 종교적 신앙심과 공화국의 평화와 양립가능할 뿐만 아니라, 그것이 보장되지 않으면 공화국의 평화와 종교적 신앙심도 존재할 수 없다고 주장한다. 스피노자가 생각하는 시민종교는 참된 종교의 실천, 즉 철학의 자유를 보장하면서 동시에 개개인의 사적인 종교의 자유도—그것이 공적인 평화를 해치지 않는 한—보장한다. 그것이 가능할 수 있는 이유는, 첫째, 앞 장에서 살펴본 것처럼, 국가를 사랑하는 것이 궁극적으로 개인에게도 유익하므로 시민종교의 가르침이 자기보존을 명령하는 이성과 모순되지 않기 때문이며, 둘째, 시민종교의 가르침이 사적인 종교들이 가르치는 것의 최대공약수이기 때문이다.

시민들의 애국심을 정서적인 방식으로 확보하기 위해 국가에 필요한 시민종교는 최소한의 교리를 가지고 있어야 한다. 그러나 그 교리는 시민들이 사적으로 믿고 있는 종교들이 가르치는 바의 핵심을 또한 최대공약수로 포함하고 있어야 한다. 이런 의미에서 시민종교가 가르치는 교리를 '최대신조'라고 부를 수 있겠다.[20] 이 최대신조를 스피노자는 17세기 네덜란드의 종교적 상황에서 여러 기독교 교파들의 교리들을 요약하여 일곱 가지로 정리했다(14, 177-178).[21] 기독교 외의 사적인 종교들이 공존하는 상황에서 이 최대신조의 내용은 달라질 수 있다. 그러나, 스피노자의 생각에, 어떠한

---

20) 클레버는 스피노자가 『신학정치론』 14장에서 열거한 기독교의 근본 교리들을 '최소신조'(credo minimum)라고 부르는 것이—추측컨대 그 외의 것이 추가로 포함될 수도 있다는 오해를 불러일으킨다는 점에서—잘못되었다고 지적하고서 굳이 어떤 명칭을 붙여야 한다면 차라리 '최대신조'(credo maximum)라고 해야 할 것이라고 주장한다(Klever 2009, 5).
21) 이 일곱 가지 근본 교리가 시민의 정치적 복종을 유발하는 데에 각각 어떻게 기능적으로 연결되는지는 샘리(Samely 2003, 91)의 도표를 참조하라.

상황에서도 달라질 수 없는 것은, 진정한 신앙인이라면 이 최대신조 외의 사안들에 대해, 물론 자신이 소속한 종파와 교파에 따라 얼마든지 이견을 가질 수는 있겠지만, 결코 다투어서는 안 된다는 것이다. 그 사안들이 신앙의 본질과 아무런 관계가 없기 때문이다. 본질적이지 않은 사안들을 두고 논쟁을 벌이는 것은, 더 나아가 그 싸움을 공권력을 이용해 해결하려고 하는 것은 자유 공화국이라는 하나의 조화로운 공동체인 '교회'(Ecclesia)를 분열시키는 것이고, 내전을 야기하여 결국 주권 자체를 붕괴시키는 것이다(14, 177; 20, 244).[22] 그러므로 스피노자는 사적인 종교들이 어디까지나 국가권력의 통제 아래 놓여 있어야 한다고 생각한다. 뒤에서 다시 살펴보겠지만, 이는 주권의 절대성과 단일성을 지키기 위해서이며, 시민종교 역시 어디까지나 이 목적을 위해 필요한 것이다.[23]

---

22) 스피노자는 정치공동체를 마치 하나의 종교를 믿는 사람들로 이루어진 교회로 이해하고 있다. 그래서 『신학정치론』 14장과 20장에서 교회 안의 신학적 논쟁들에 관해 언급할 때에 단수형을 사용하고 있다. 이것은 공화국의 통일성을 의미하며, 자유로운 공화국이 하나의 교회처럼 정신적인 통일을 이루어야 한다는 그의 생각을 반영한다. 이런 해석의 실마리는 이탈리아의 스피노자학자 크리스토폴리니(Paolo Cristofolini)에게서 비롯한다(Klever 2009, 5). 흥미로운 연관성을 중세의 기독교 정치사상에 대한 월린의 주장에서 찾아볼 수 있다. 월린에 의하면 정치의 코이노니아적 요소는 폴리스의 붕괴 이후 제국 시대에도 교회 속에서 온전히 보존되어 나중에 다시 탈종교적인 형태로 부활할 수 있었다(Wolin 2007, 166 이하).
23) 이런 스피노자의 의도는 국가론에서 다시 확인된다. 귀족정의 최선의 형태를 다루는 부분에서 스피노자는 종교와 관련하여 『신학정치

시민종교는 이웃, 즉 가까운 사람(proximus)만을 사랑하지 말고, 또 같은 종교를 믿는 사람만을 사랑하지 말고, 오히려 동료시민(concives)을 모두 사랑하라고 우리에게 가르친다. 동료시민을 모두 사랑하는 것이 분명히 우리들 자신에게 궁극적으로 유익하지만, 그 사실을 알고 난 뒤에도 우리는 여전히 더 가까운 사람들을 마치 우리에게 더 유익한 존재인 것처럼 느낀다. 그러므로 국가는 시민들의 궁극적인 자기보존을 위해서라도 그들의 자연스러운 사랑의 대상을 가족이나 이웃에서 시민 전체로 확장시켜야 한다. 이를 위해 국가는 사람들의 정서에 유효하게 작용할 수 있는 방식으로, 즉 종교적인 방식으로 애국심을 고취시켜야 한다. 이때 애국심과 함께 고취되는 것이 히브리인들의 국가에서 그랬던 것처럼, 다른 민족들(nationes)에 대한 미움이다(17, 214). 다른 민족들에 대한 미움은 애국심을 고취시키는 과정에서 불가피하게 생기는 것일까? 그렇다면 스피노자적 애국심은 필연적으로 다른 민족에 대해 배타적일까, 아니면 그 배타성을 극복할 수 있을까? 또한 조국에 대한 이런 배타적 사랑은 원수도 사랑하라는 그리스도의 가르침과 일견 어긋나는 것처럼 보이기도 하는데, 그렇다면 조국에 대한 사랑과 이민족에 대한 미움을 가르치는 시민종교는 기독교와 같은 초국가적 종교

론』에서 생략한 내용을 다음과 같이 언급한다. "모든 귀족은 우리가 『신학정치론』에서 묘사한 아주 단순하고 매우 보편적인 하나의 동일한 종교에 소속되어야 한다. 왜냐하면, 〔주권자인〕 귀족들 자신이 여러 종파들로 나뉘어 어떤 귀족들이 이 종파를, 다른 귀족들이 저 종파를 더 선호하지 않도록 특별히 조심해야 하기 때문이다"(TP 8/46).

와 필연적으로 충돌하지는 않을까? 종교적 신념에 근거해 국가의 명령에 불복종하는 문제는 종교개혁 이후 유럽에서 스피노자가 이론적으로나 실천적으로 해결하려고 노력한 매우 중요한 문제였다(공진성 2007). 그런데 흥미롭게도, 이 문제를 현대적 맥락 속으로 옮겨 놓으면, 이것이 마치 스피노자의 배타적인 민족주의적 애국심과 기독교의 개방적이고 보편주의적인 탈민족주의적 세계시민주의(cosmopolitanism) 간의 대립처럼 보이기도 한다. 스피노자는 이 문제에 대해 우리에게 과연 어떤 해명을 제공할 수 있을까? 스피노자의 해명을 우리는 이웃을 사랑하라는 그리스도의 명령에 대한 그의 해석에서 추론해볼 수 있다.

「마태복음」 5장에는 예수가 산에서 제자들에게 베푼 가르침, 이른바 산상수훈(山上垂訓)이라고 하는 것이 기록되어 있다. 이것은 율법(모세오경)과 예언자들의 말(선지서)에 대한 일종의 보충 해설의 형식을 취하고 있는데, 거기에 다음과 같은 구절이 있다. "'네 이웃을 사랑하고, 네 원수를 미워하여라' 하고 말한 것을 너희는 들었다. 그러나 나는 너희에게 말한다. 너희 원수를 사랑하고, 너희를 박해하는 사람을 위하여 기도하여라"(43-44).

예수가 이른바 보편적인 이웃(원수) 사랑을 명령한 것으로 흔히 해석되는 구절이다. 그런데 스피노자는 이웃 사랑과 같은 종교적 계율의 실천조차 국가의 허락 아래 이루어져야 한다고 주장하면서 "최고 권력이 어떤 이에게 사형을 선고했거나 그를 적으로 규정했다면, 그가 내국인이건 외국인이건, 사인이건 공인이건 간에, 어떤 국민도 그에게 도움을 베풀어서는 안 된다"고 주장한다(TTP 19,

233). 국경을 넘는 이웃 사랑도 어디까지나 최고 권력이 허락하는 한도 내에서 실천되어야 하지, 그 한도를 넘어 자의적으로 실천되어서는 안 된다는 것이다. 이 주장을 뒷받침하기 위해 스피노자는 산상수훈의 대조되는 두 구절의 상이한 발화 맥락을 다음과 같이 설명한다.

> 히브리인들은 그들이 (이집트에서 탈출함으로써) 얻은 자유를 보존하기 위해, 그리고 그들이 (전쟁을 통해 타민족을 내쫓고) 점령한 (가나안) 땅을 절대적 주권으로써 유지하기 위해 (…) 종교를 오로지 자신들의 국가에 맞추고 자신들을 다른 민족들과 구분해야 했다. 그래서 '네 이웃을 사랑하고, 네 원수를 미워하라'고 하는 명령이 그들에게 주어졌던 것이다. 그러나 히브리인들이 주권을 잃고 바빌로니아에 포로로 끌려간 후에 예레미아는 그들에게 포로로 끌려간 국가의 안전을 (또한) 염두에 두라고 가르쳤다. 그리고 그리스도는 히브리인들이 지구 전역으로 흩어지게 될 것을 본 후에 **그들 모두에게 절대적으로 국가에 대한 충성의 의무를 다하라고** 가르쳤다. 종교가 언제나 공화국의 유익에 맞추어졌음을 이 모든 것이 매우 분명히 보여준다(19, 233).[24]

---

24) Deinde ut Hebraei libertatem adeptam possent conservare, & terras, quas occuparent, imperio absoluto retinerent, necesse fuit (…) religionem suo soli imperio accommodarent, seseque a reliquis nationibus separarent; & ideo iis dictum fuit, dilige proximum tuum, & odio habe inimicum tuum; postquam autem imperium amiserunt, & Babiloniam captivi ducti sunt,

먼저, 히브리인들에게 이웃을 사랑하고 원수를 미워하라는 계율이 주어진 이유는 그 배타적 이웃 사랑과 애국심이 그들의 자유와 영토 보존에 이로울 수 있는 국제관계의 구조적 조건과 자국의 정치적 조건에 있었다. 율법의 명령은, 앞에서 이미 살펴본 바와 같이, 결코 자기보존이라는 개체의 본성을 거스르는 비합리적 명령이 아니다. 율법의 명령은 히브리인들 개개인의 자기보존을 방기한 채 국가를 사랑하라거나 이웃을 사랑하고 원수를 미워하라는 것이 아니다. 그것은 어디까지나 개개인의 자기보존이라는 목표를 달성하기 위한 수단으로서 사람들의 정서에 효과적으로 작용하기 위해 명령의 형태로 주어진 것이다. 그러므로 정치적 조건이 바뀌었을 때, 즉 히브리인들이 주권을 상실하고 타민족의 포로가 되었을 때, 예언자는 이제 그들의 자기보존을 위해서라도 그들이 바빌로니아의 안전 '또한' 고려해야 한다고 가르쳤다. 궁극적인 자기보존을 위해 히브리인들이 사랑해야 할 이웃과 미워해야 할 적의 범위가 조정되었기 때문이다.

또 다른 정치적 조건에서 그리스도는 히브리인들에게 가르쳤다. 이 조건은 바로 그들이 지구 전역으로 뿔뿔이 흩어져 이민족들 사이에 섞여 살게 되는 것이다. 즉 디아스포라(Diaspora)가 되는 것이

Jeremias eosdem docuit, ut incolumitati (etiam) illius civitatis, in quam captivi ducti erant, consulerent, & postquam Christus eos per totum orbem dispersum iri vidit, docuit, **ut omnes absolute pietate(m) colerent**; quae omnia evidentissime ostendunt, religionem reipublicae utilitati accommodatam semper fuisse

다. 이 새로운 정치적 삶의 조건에서 궁극적인 자기보존을 위해 히브리인들이 사랑해야 할 이웃과 미워해야 할 원수는 과연 누구였을까? 그리스도는 과연 무엇을 가르친 것일까?

네덜란드의 스피노자학자 빔 클레버(Wim Klever)는 그리스도가 가르친 내용에 해당하는 목적절(번역문과 라틴어 원문의 밑줄 친 부분)의 해석과 관련해 매우 중요한 오류를 지적했다. 그는 브루더(Bruder)를 제외한 모든 『신학정치론』의 라틴어본 편집자들이 이 목적절 속의 훼손된 문자를 바로잡지 않았으며, 그럼으로써 중대한 해석상의 오류를 일으켰다고 주장했다(Klever 2009, 9).[25] 그의 주장의 핵심은 이 목적절 속의 '옴네스'(omnes, 모든 사람)를 목적어로 해석해서는 안 되며 탈격 '피에타테'(pietate)를 훼손된 텍스트를 바로잡아 목적어로 해석해야 한다는 것이다. 지금까지 대부분의 사람들이 '옴네스'를 목적어로 간주하고서 마치 그리스도가 모든 사람을 이웃으로 여기고 자기 몸처럼 사랑하라고 명령했다고 스피노자가 쓴 것처럼 잘못 해석해왔다는 것이다.[26] 그러나 그렇

---

25) 클레버의 주장에 대한 스피노자학자들의 공식적인 반응은 아쉽게도 아직 보이지 않고 있지만, 필자는 그의 주장이 전적으로 타당하다고 생각한다.

26) 실제로 거의 모든 영어·독어·프랑스어 번역본들이, 예컨대 겝하르트의 독일어 번역본(da lehrt er sie, gegen alle ohne Ausnahme Frömmigkeit zu üben), 원햄의 영역본(he taught them to practise piety to all men without exception), 야페(Martin D. Yaffe)의 영역본(he taught them to treat absolutely everyone with piety), 셜리(Samuel Shirley)의 영역본(he taught that they should practise piety to all without exception), 실버토른(Michael Silverthorne)의 영역본(he taught them to cultivate piety towards all men

게 해석하면 종교가 언제나 공화국의 유익에 맞춰졌다는 바로 뒤의 결론과 그 앞의 그리스도의 가르침의 내용이 호응하지 않게 된다. 클레버에 의하면 이 목적절 속의 '모든 사람'을 주어로, 그리고 '피에타스'를 목적어로 파악하고 해석해야 한다. 그리스도는 변화한 정치적 조건, 즉 히브리인들이 디아스포라가 되어 사는 조건에서 그들이 모두 절대적으로 자신들이 살고 있는 국가에 충성을 다해야 한다고, 그 국가 안에서 과거의 원수를 이제 이웃으로 여기고 사랑해야 한다고, 그럼으로써 궁극적으로 자기보존을 위해 힘써야 한다고 가르쳤던 것이다. 그리고 이를 스피노자는 시민종교적 의미에서 그리스도가 '피에타스', 곧 조국에 대한 사랑을 실천하라고 히브리인들에게 가르쳤다고 표현한 것이나. "너희 원수를 사랑하고, 너희를 박해하는 사람을 위해 기도하라"는 그리스도의 가르침은, 마치 선악과를 따먹으면 죽게 되리라는 신의 계시가 선악과 아담/하와의 특수한 관계 속에서 주어졌듯이, 이런 특수한 정치적 맥락에서 주어진 것이지, 결코 정치적 상황과 무관하게 일반적으로 적용될 수 있는 보편적 '원수/이웃 사랑'의 명령으로서 주어진 것이 아니었다. 이것이, 클레버가 생각하기에 옳게 이해한, 원수를 사랑하라는 그리스도의 가르침에 대한 스피노자의 해석이다. 이렇게 해석하는 것이 『신학정치론』과 『국가론』에서의 스피노자의 다음 주장

without distinction), 라그레와 모로(Lagrée & Moreau)의 프랑스어 번역본(il leur enseigna de pratiquer la piété envers tous sans aucune réserve)이 라틴어 텍스트의 오류를 바로잡지 못한 채 뒷문장과 논리적으로 연결되지 않는 오역을 하고 있다.

과도 어울려 보인다.

조국에 대한 사랑은 사람이 실천할 수 있는 최고의 사랑임이 분명하다. 왜냐하면 주권이 사라지면 어떤 좋은 것도 존재할 수 없고, 오히려 모든 것이 분열되며, 모든 사람이 공포에 사로잡혀서 오로지 분노와 불신만이 지배하게 되기 때문이다. 그러므로 이웃에게 해가 되지 않는 행위도 공화국 전체에 해가 된다면 이웃에게 해를 끼치는 것이 되고, 그 반대로 이웃에 대한 사랑이라고 부를 수 없는 행위도 공화국의 보존을 위해 행해졌다면 이웃에 대한 사랑의 실천이 된다(TTP 19, 232).

이웃에 대한 사랑을 실천하는 최선의 방법이 평화를 지키고 조화를 추구하는 것임을 우리가 다른 무엇보다 먼저 고려한다면, 우리는 국가의 법률이 허용하는 한도 내에서, 즉 조화와 평화 속에서 타인을 돕는 사람이 실제로 자신의 의무를 다하는 사람임을 의심하지 않게 될 것이다(TP 3/10).

지금까지 살펴본 것처럼 조국에 대한 사랑, 곧 이웃에 대한 사랑과 원수에 대한 미움이 국가와 국민의 경계를 따라 배타적으로 작동해야 한다고 스피노자가 생각한 것은 분명하다. 그러나 그 이유는 단순히 스피노자가 배타적인 민족주의자이거나 그가 생각하는 애국심이 특별히 폐쇄적이어서는 아니다. 오히려 그 이유는, 스피노자가 당시에 생각하기에, 자기보존이라고 하는 개개인의 근본적인 이익과 선순환적으로 연결되는 최대의 공동체가 국가와 민족이었기 때문이고, 서로 적대적인 국가들의 세계에서 이웃에게 해를 끼치지 않으면서 원수를 사랑할 수 없었기 때문이다. 그리고 이런 판단은 분명히 유럽에서 30년간의 종교전쟁을 거친 후에 등장하게 된 근대적 국민국가 체제와 무관하지 않을 것이다.

그렇다면 애국심의 이 국민국가적 한계 또는 민족주의적 한계는 오늘날 과연 극복될 수 있을까? 그것은 오늘날에도 여전히 어려워 보인다. 그 이유는 무엇보다도 인간의 이성적 능력이 개인적으로나 집단적으로 제한되어 있기 때문이고, 국가와 민족을 넘어서는 정서적 사랑의 대상을 우리가 아직 상상하지 못하고 있기 때문이다.[27] 모든 사람이 신을 이성적으로 사랑할 수 없기 때문에 그 대체물로서 여전히 종교가 필요한 것과 마찬가지로, 모든 사람이 신의 관점에서 세계를 볼 수 없고, 그래서 국민의 경계를 넘어 모든 인류를 자신의 존재보존에 유익한 존재로 여기고 합리적으로 사랑할 수 없기 때문에 지구적 시민종교가 필요하다. 그러나 국가와 민족보다 더 크게 정서에 표상되는 집단적 사랑의 대상이 아직 없으며, 그런 표상을 뒷받침하는 지구적 시민종교도 없으므로, 현재로서는 민족과 국가를 사랑함으로써 자기보존을 추구하는 것이 불가피해 보인다.

---

27) 근대의 네이션(nation)을 상상된 것으로 여기는 것은 분명히 앤더슨(Benedict Anderson)의 생각과 관련되지만, 그 이전에 이미 스피노자는 정치공동체의 형성에서 인식의 한 가지 방식인 상상(imaginatio)이 매우 중요한 역할을 한다는 것을 지적했다. 정치공동체와 상상력의 관계에 대한 가라타니(Karatani 2007)의 매우 흥미로운 해석도 또한 참조하라.

공통의 희망과 공포에 의해 움직이는 정서에 예속된 인간들을 통합하는 상상적 계약의 최대단위는 오늘날에도 여전히 국가와 민족/국민이다. 그리고 그런 국민국가들의 세계에서 어느 한 국가가 혼자서 일방적으로 주권을 포기한다고 해서 국민국가 체제가 무너지고 세계공화국이 등장하지는 않는다. 가라타니의 표현을 빌려 말하면 "국가는 항상 다른 국가에 대해서 존재"하기 때문이다(Karatani 2010, 144). 현재 우리는 경제적인 필요에 의해 개별 국가의 주권을 일정 부분 유보하여 광역국가를 형성하려는 노력을 목격하고 있다. 그러나 이런 광역국가 형성의 시도조차도 시민들의 충성심을 유발할 강력한 정서적 수단을 확보하지 못해서 큰 어려움을 겪고 있다. 이런 환경에서 국민의 경계를 넘어 인류를 사랑하는 것은 때로는 원수를 사랑하기 위해 이웃에게 해를 끼치는 것이 될 수도 있다.

문제는 구조이다. 개인과 국민국가가 지금까지 맺어온 유익한 상호관계가 해체되고 국가에 해로운 행위를 함으로써만 개인의 궁극적인 자기보존이 가능한 상황, 즉 지구적 내전이 일어나거나 지구적 정치공동체가 존재하는 상황이 아닌 한, 우리는 기껏해야 국경을 넘는 이웃 사랑이 국가와 국민에게 해가 되지 않는 비배타적 이익의 영역에서만 탈민족주의적 세계시민주의자일 수 있고, 그렇지 않은 배타적 이익의 영역에서는 여전히 민족주의적 애국자일 수밖에 없을 것이다.

애국심의 민족주의적 한계

지금까지 우리는 스피노자의 정치사상에서 애국심이 가지는 의미가 무엇인지를 살펴보았다. 먼저, 스피노자의 철학에서 사랑이 의미하는 바가 무엇인지를 아담의 이야기에 대한 스피노자의 해석을 통해 살펴보았다. 이를 통해 우리는 스피노자에게 사랑이 자기보존의 노력과 관련된다는 것을 알 수 있었고, 이로부터 자기보존을 위한 합리적 노력인 이성적 사랑과 비합리적 사랑인 열정적 사랑이 구별됨을 또한 알 수 있었다.

다음으로 우리는 인간이 다른 인간과 결합하는 합리적 동기에 관한 스피노자의 설명을 살펴보았다. 자기보존을 위해 합리적으로 노력하는 사람은 더욱 강해지기 위해 자신의 본성과 가장 유사한 본성을 지닌 존재인 다른 인간과 결합하려고 힘쓴다. 이것이 스피노자가 생각하는 국가의 발생 원인이다. 이성적인 인간은 그러므로 국가의 명령에 순종함으로써 궁극적으로 자신의 존재를 보존하기 위해 노력한다. 그럴 때 혼자서 노력할 때보다 더 쉽게 자기를 보존할 수 있으며, 그만큼 더 바깥의 힘에 대해 자유로울 수 있기 때문이다. 그런 의미에서 스피노자에게 이성적인 인간은 자유인이며, 또한 애국자이다. 이 이성적인 인간들의 자발적인 결합은 논리적으로 지구적인 차원으로까지 분명히 확장될 수 있다. 모든 인간이 이성적이어서 신을 지성적으로 사랑할 수 있다면, 그래서 우리가 신 안에 있고, 신이 우리 안에 있다는 것을 인식할 수 있다면,[28] 모든 인간이 서로 사랑할 수 있을 것이고, 협소한 애국심은 필요 없을 것이다.

그러나 스피노자의 생각에 모든 사람이 언제나 이성의 인도를 따라 사는 것은 아니다. 그렇기 때문에 불가피하게 인간의 공동체적 결합을 위해서는 이성 외의 다른 수단이 필요하다. 그것이 바로 국가와 민족이라고 하는 상상적 계약의 단위이고, 그것의 보존을 용이하게 해주는 것이 (시민)종교이다. 마지막으로 우리는 스피노자의 정치사상 속에서 애국심이 시민종교와 필연적으로 결합한다는 사실과 그것이 민족주의적 한계를 드러낸다는 사실을 이웃 사랑에 관한 그리스도의 가르침에 대한 스피노자의 해석을 통해 확인했다. 이 민족주의적 한계는 스피노자의 정치이론이 지닌 시대적 한계이자, 히브리인들과 스피노자가 처해 있던, 그리고 어쩌면 오늘날 우리들 역시 여전히 처해 있는 현실의 구조적 한계일 것이다.

---

28) "하나님이 우리에게 자기 영을 나누어 주셨습니다. 이것으로 우리가 하나님 안에 있고, 또 하나님이 우리 안에 계시다는 것을 우리는 압니다"(「요한1서」 4:13). 스피노자는 매우 의미심장하게도 이 구절을 『신학정치론』의 표지에 인용해놓고 있다.

5장

헤겔의 인륜적 애국심

장준호

애국심은 일상생활을 하는 데 기초가 되는 시민의 평범한 미덕이자 익숙해진 마음가짐이다. 헤겔은 유별나고 비상한 애국심을 비판한다. 남다른 희생이나 행동이 부과되는 애국심은 참다운 애국심이 아니라 개인적 사견에 다를 바 없는 것이다 (…) 헤겔의 애국심은 민족주의적, 낭만주의적 애국주의와 구분된다. 애국심은 단순한 주관적 사견과 구분되는 "진리에 바탕을 둔 확신"인 것이다.

불쾌한 애국심, 유쾌한 애국심

 2010년 6월 11일, 참여연대는 정부의 천안함 침몰 조사발표와 관련해 UN 안전보장이사회 의장국인 멕시코와 15개 이사국에 "천안함 사건의 원인이나 범인을 지목하는 것은 이르다"는 내용의 서한을 보냈다. 참여연대는 서한에서 한국 정부가 발표한 천안함 조사결과에 대한 여덟 가지 의혹을 제기했다. 이에 대해 6월 14일 국회 대정부 질문에서 정운찬 국무총리는 애국심이라는 단어를 사용하며 참여연대를 비난했다. "정부가 객관적·과학적으로 천안함 침몰 원인을 규명했고 국제기구와 55개 국가가 정부의 조사결과를 지지하는데, 조금이라도 '애국심'이 있었다면 천안함 피격 조사결과를 유엔에 갖고 가지 않았을 것이다. 이는 국익에 전혀 도움이 안 된다. 그 사람들이 어느 나라 국민인지 의문이 생긴다." 여기에서 애국심이란 어떤 의미로 사용되었을까? 언급으로 미뤄볼 때, 애국심은 국가를 신뢰하고 국익에 해가 되는 행동을 자제하는 것을 뜻한다. 참여연대의 서한발송은 국가를 신뢰하지 않은 행동이며, 국익에 해가 되기 때문에 애국심 차원에서 비난받아 마땅하다는 논리다. 여기서 애국심은 누군가를 비난하기 위한 도덕적 판단 기준으로 작동하고 있다.

 일반적인 의미에서 애국심은 자신이 속한 국가를 신뢰하는 것으로서, 하나의 정치적 신념이다. 그렇기 때문에 애국심은 하나의 덕성 내지는 윤리라고 볼 수 있다. 따라서 애국심을 보이지 않을 경우 윤리적 비난의 대상이 되기도 한다. 하지만 앞의 사례에서처럼 총리가 참여연대를 도덕적으로 비난하는 것은 옳을까? 참여연대가 애국심이 없어서 서한을 UN에 보냈을까? 국가가 하는 일을 무조건적 신뢰하는 태도가 애국심일까? 국가가 개인의 안전·생명·자유를 불안하게 만드는 경우에도 신뢰해야만 할까? 참여연대는 천안함 침몰과 관련해 증거가 불충분한 상황에서 안보리가 북한에 대한 강한 제재조치를 결의할 경우 한반도의 평화가 위협받을 수 있다는 판단에서, 즉 참여연대도 국익을 생각하는 마음에서, 나아가 한국이 개인의 자유와 행복을 실현시키는 국가가 되기를 희망하는 차원에서 서한을 보낸 것은 아닐까? 참여연대의 서한을 애국심의 발로로 가정할 경우, 총리의 애국심은 '비난하는 애국심'이 되고, 참여연대의 애국심은 '비난받는 애국심'이 된다. 둘 다 '불쾌한 애국심'이 되어버린다.

애국심이 시민의 덕성인 것은 분명하지만, 시민의 행동을 평가하는 도덕적 잣대로 사용되면서 우리를 '애국심 없는 사람'과 '애국심 있는 사람'으로 분리시키기도 한다. 애국심 없다는 말을 들으면 국가 구성원으로서 자격이 없는 것 같고, 공동체 구성원에게 따돌림당하는 느낌마저 든다. 애국심은 여전히 유효하지만, 낯설기도 하다. 글로벌화가 지구촌으로 확대되면서 삶의 지평도 그만큼 커졌는데, 왜 우리는 국가에 충성하고 국가를 사랑해야 하는가. 애국심은 왜 필요한가. 애국심의 덕성은 어떠한 메커니즘을 통해 습득되는가. 어떠한 애국심이 건강한가. 이 글에서는 이러한 질문에 답하면서 애국심의 발로가 '강요'가 아니라는 점을 헤겔(Hegel)의 정치철학에서 추론하고, 독일의 사례에서 살펴보고자 한다. 독일은 유럽통합에도 불구하고 시민의 덕성으로서 '유쾌한 애국심'을 촉진하고 있기 때문이다.

헤겔의 인륜적 애국심

헤겔 철학의 기본 특징

헤겔(1770~1831)의 인생과 학문적 여정을 살펴보면 대략 다음과 같다. 1788년부터 1793년까지 튀빙겐 신학대학에서 횔덜린(Hölderin), 셸링(Schelling)과 함께 수학한 후, 1793년부터 1796년까지 스위스 베른에서, 1797년부터 1800년까지는 프랑크푸르트에서 가정교사로 일했다. 1802년부터 1806년까지 예나 대학에서 철학을 가르쳤으며, 1807년부터 『정신현상학』을 출간했다. 1807년부터 1808년까지 『밤베르크 신문』(*Bamberger Zeitung*)의 편집장을 지내고, 1816년까지 8년간 뉘른베르크의 에기디엔 김나지움(Äegidien Gymnasium)에서 교장직을 수행했다. 1812년과 1816년 『논리학』을 출간하고 1816년 하이델베르크 대학의 교수로, 2년 후 베를린 대학 교수로 부임했다. 1817년 하이델베르크에서 『철학적 학문의 엔치클로페디』를 출간했으며, 1820년 베를린에서 자유·국가·법에 관한 『법철학강요』를 출간한 후 정치사상가로 더욱더 유명해졌다. 그 후 11년간 콜레라로 사망할 때까지 베를린 대학에서 교수직을 수행하며 학문 활동을 했다.

그는 고대와 근대, 인륜성과 근대적 자유를 결합한 사유를 전개했다. 특히 1876년의 프랑스혁명은 청년 헤겔에게 지대한 영향을 미친 중요한 역사적 사건이었다. 나폴레옹에 의한 자유정신의 유럽 파급을 경험하면서 자유에 대해 깊이 사유했으며, 나아가 1819년 '카를스바트 결의'(Karlsbader Kongress) 이후 시작된 복고왕정을 노년의 10년간 경험했다. 1857년, 헤겔의 비판자 루돌프 하임(Rudolf Haym)은 그를 '프로이센의 복고철학자'로 규정했는데, 이는 헤겔을 잘못 이해한 전형적인 예에 해당한다. 비스마르크적 권력국가와 히틀러 제3제국에 헤겔의 사유를 연관시키는 것도 그의 사유를 진정 이해하지 못한 데에서 기인한다. 헤겔은 국가의 독재성을 정당화한 철학자가 아니라, 개인의 자유를 실현시키는 근대국가(moderner Staat)를 근거지은 철학자였고 고전적 국가경제의 토대 위에 완벽한 수준으로 시민사회를 이론화한 최초의 철학자였다. 그는 시민사회를 프랑스혁명에 의해 선언된 자유와 평등을 실현시키는 근대의 권력으로 이해했다. 『법철학강요』에서는 다음과 같이 인권에 기초한 세계시민주의를 옹호했다.

인간은 그가 유대인·천주교인·기독교인·독일인·이탈리아인 등이기 때문이 아니라, 그가 인간이기 때문에 인간으로서 가치가 있다(Hegel 1821, Rph §209).

헤겔은 시민사회와 근대적 계몽을 환영했다. 동시에 혁명이나 사회 그 자체의 힘만으로는 자유의 실현을 보장할 수 없다는 사실 또한 인식했다. 따라서 혁명과 복고 사이를 매개하는 입장을 취하게 된다. 이는 과거의 역사와 단절된 혁명적 상황에서 출발한 것이다.

헤겔은 치열하게 이 문제를 사유했다. 그에게 이성은 낭만주의자의 경우처럼 과거 도피에 의해 유지되는 것이 아니었으며, 계몽주의자의 경우처럼 미래로 나아가는 과정에서 찾아지는 것도 아니었다. 어느 한 입장만 고수하지 않았다. 그의 철학은 서구세계를 포괄적으로 인식하며 통합하고 있었다.

오트만에 따르면, 청년 헤겔의 시기는 튀빙겐 신학대학에 입학한 1788년에서 시작되고 철학적 입장이 고정된 1800년에 끝난다. 이 기간 신학·정치·경제·윤리 등 다양한 분야를 공부했으며, 이를 하나로 묶는 통섭을 시도했다. 이 시기에 이미 헤겔 철학 고유의 특징이 나타나게 되는데, 그것은 현상을 전체적이고 유기적 관계 속에서 체계적으로 인식하려는 시도에 있었다. 1800년 이후 이러한 철학적 방식에 기초해 어느 한쪽으로 치우치지 않으며, 낭만주의와 계몽주의의 사이, 혁명과 복고 사이에서 이 둘을 매개하는 철학적 입장을 가지게 된다(Ottmann 2008, 224). 과거와 현재를, 진보와 보수를 매개하여 화해케 하려는 입장은 그의 인생에 걸쳐 확립된 철학의 기본 특징이라고 볼 수 있다.

자유에서 도출되는 애국심

독일에서 국가에 대한 신뢰와 자유를 향한 보편적 계몽성을 내재한 시민의 덕성으로서 애국주의의 개념을 가장 명확하게 포착한 사상가는 헤겔이라고 볼 수 있다. 1821년작 『법철학강요』의 전체 맥락에서 자유의 의미를 재구성하여 애국심이 도출되는 과정을 정리해보면 다음과 같다. 우선, 헤겔의 자유는 공동체 안에서 실현되는 자유이다. 개인은 자신이 원해서(자신의 의지로) 가정의 일원이 되고, 자신이 원해서 시장의 논리에 기초한 시민사회에서 일하며, 자신이 원해서 국가에 귀속된다. 자신이 원해서 가정·시민사회·국가라는 영역을 받아들이고 그 안에서 다른 사람들과 평등하게 자신의 욕구를 충족시킨다는 것이다. 혼자 자기 마음대로 사는 사람은 자유로운 것 같지만, 실제로는 자유롭지 않다. 외롭다. 자유 그 자체는 하나의 비어있는 형식이기 때문이다. 그 형식 안에 무언가 담겨야 자유는 비로소 우리를 행복하게 할 수 있다. 예컨대 자식과 배우자를 위해 가장으로서 자신의 의무를 '자발적'으로 다할 때, 즉 스스로의 의지에 의해 자발적으로 원하는 행위인 자유가 사랑이라는 내용을 획득하면서 자유가 실현된다(Hegel 1821, §34-180).

헤겔은 시민사회를 시민의 자유, 즉 그들의 다양한 욕구를 충족시키는 구체적인 자유가 실현되는 영역으로 파악했다. 이는 우리가 일상에서 사용하는 시민사회(civil society) 개념과는 다르다고 볼 수 있다. 요즘에는 국가와 시장을 견제하는 제3의 섹터를 시민사회로 이해하는데, 헤겔이 파악한 시민사회는 시장의 논리가 작동하면서 시민의 욕구가 충족되는, 즉 자유가 실현되는 영역이었다. 헤겔은 노동을 해서 자신의 욕구를 충족시키는 것이 시민사회에서 자유를 구체적으로 실현하는 행위라고 보았다. 나의 의지로 나의 몸과 정신을 사용해서 노동하고 그 대가로 임금을 받으며, 그 임금으로 내가 욕구하는 것을 구매하고 재산을 소유하거나 처분하는 일련의 과정이 자유 실현의 과정이다(§181-256).

예컨대, 누군가 노후대책으로 1억짜리 오피스텔을 샀는데, 몇 년

후 아이들의 교육비를 마련하기 위해 다시 팔았다고 가정해보자. 노후를 위해 오피스텔을 사는 행위 자체가 구체적으로 표현되는 그의 자유가 되며, 아이들 교육비를 위해 다시 파는 행위 자체가 구체적으로 표현되는 그의 자유가 된다. 시민사회에서는 누구나 이렇게 동일한 방식으로 자유를 누리며 살아간다. 시장에서는 이러한 자유가 너무나 구체적이고 절대적이다. 욕구 충족이라는 자유를 누리기 위해서는 돈이 필요하고, 돈은 노동을 통해 얻을 수 있으니, 결국 노동이 자유의 출발점이 된다. 노동이 없으면 자유가 실현되지 못하는 것이다.

국가는 가정과 시민사회의 영역이 잘 유지될 수 있게, 즉 개인이 가정과 시민사회에서 자유를 누리면서 살 수 있도록 법과 정책으로 질서·안전·교육·복지 등을 관리한다. 이러한 기능을 제대로 하지 못했을 때, 즉 개인들이 자유를 느끼지 못하며 살아갈 때 국가는 정당성을 상실하게 된다. 반면, 개인들이 자유롭게 살아가면서 행복을 누린다면, 그렇게 관리하고 있는 국가는 시민으로부터 사랑, 즉 자발적인 애국심을 얻게 된다. 이러한 방식으로 개인의 자유로부터 국가에 대한 진정한 애국심이 도출되는 것이다(§257-329).

헤겔의 인륜적 애국심: 국가에 대한 정치적 신뢰

헤겔은 자유 이념이 실현되는 객관적 조건으로 국가와 헌법을, 주관적 조건으로는 애국심을 제시한다. 여기에서 애국심은 "정치적 심정"으로 규정된다. 자기의 자유가 국가 안에서 실현될 수 있다는 정치적 심정 그 자체가 애국심인 것이다. 다음은 헤겔의 설명이다.

정치적 심정(Die politische Gesinnung), 요컨대 애국심이란 진리에 바탕을 둔 확신(한낱 주관적 확신에 지나지 않는 것은 진리에서 비롯되지 않는 사견에 불과하다)이면서 또한 습관(Gewohnheit)으로 화한 의욕(Wollen)인 까닭에, 이는 국가 안에 존립하는 제도가 이성을 현실에 체현하며 동시에 제도에 걸맞은 행동에 따라 그의 이성이 발동하는 데서 확증되는 그러한 것이다.―― 이 신념에서 오는 애국심은 국가에 대한 신뢰(Zutrauen)이며(그것은 어느 정도까지는 교양으로 뒷받침된 통찰로 이행할 수 있지만) 실생활 면에서의 특수한 이익이 타자(국가)의 이익과 목적 속에, 즉 개별자로서 국가의 관계 속에 보존되고 포함된다는 의식이다. 그러나 바로 이 의식으로 해서 국가는 곧바로 나에 대해 타자가 아니라 이 인식과 더불어 자유인 것이다(§268).

헤겔에게 애국심은 공동체(국가)를 일상적 상태나 생활관계상의 실체적인 기초와 목적으로 인지하는 데 습관화되어 있는 심정이다. 시민이 정치적 심정으로서 애국심을 갖게 되는 동기는 국가 안에서 자신의 자유가 실현될 것이라고 믿는 신뢰에서 찾아진다. 즉, 시민으로서 나의 실체적·특수적 이익이 국가 이익과 목적 안에 있다는 신뢰가, 국가라는 인륜 안에서 자신의 자유가 구체적으로 실현될 수 있다는 신뢰가 애국심의 동기가 된다. 이러한 믿음이 습관화되고 고착화되면 시민은 자연스럽게 그러한 국가 안에서 살기를 바라는(wollen) 상태가 되는데, 이렇게 습관화되어 일상적으로 국가 안에서 생활하면서 자유를 실현하기를 바라는 태도가 시민의 미덕으로서 애국심의 핵심이라고 볼 수 있다.

애국심은 이렇게 일상생활을 하는 데 기초가 되는 시민의 평범한 미덕이자 익숙해진 마음가짐이다. 따라서 헤겔은 유별나고 비상한 애국심을 비판하고 있다. 남다른 희생이나 행동이 부과되는 애국심은 참다운 애국심이 아니라 개인적 사견에 다를 바 없는 것이다(§268, 주해). 헤겔의 관점에서 보았을 때, 히틀러의 전체주의 아래에서 독일인에게 강요되었던 애국주의는 참된 애국주의가 아니라 일종의 사견에 불과한 왜곡된 애국주의였다고 평가할 수 있다. 이러한 측면에서 헤겔의 애국심은 민족주의적·낭만주의적 애국주의와 구분된다. 애국심은 단순한 주관적 사견과 구분되는 "진리에 바탕을 둔 확신"인 것이다(§268).

그의 정치적 사유는 본래 인간의 이해로부터 시작된다. 그는 인간을 자유롭고 이성적인 존재로 파악했으며, 이러한 인간에 기초하여 국가를 근거짓는다. 개인은 국가 안에서 자유롭게 자신의 특수한 이익을 실현하며 자유로운 인격으로 존재한다고 인정받기 때문에 그에게 국가는 낯설지 않고 적대적으로 인식되지 않으며 오히려 다른 개인과 하나가 되게 하는 토대로 인식된다. 국가에 대한 시민의 신뢰는 바로 이러한 국가와 그 제도에 근거한다. 다시 말해서, 국가 안에서 내가 자유롭다고 느끼기 때문에, 국가의 제도를 따르며 법과 제도를 따르는 것은 자연스럽게 애국심이 작동하고 있다는 것을 의미한다.

자유의 실현과 더불어, 시민이 애국심을 발휘하면서 국가 안에서 생활하는 것은 인간이 보편적으로 지니고 있는 "질서에 대한 기본 감정"(das Grundgefuehl der Ordnung)과 관련된다(§ 268). 시민은 질서에 대한 기본 감정을 망각하면서 살아가지만, 실상 국가의 제도에 의해 기본 질서가 유지되고 있고, 질서가 유지되도록 시민은 바라고 있었다는 것은 사실이다. 기본 질서가 유지되고 있기 때문에 그러한 본래적 감정과 이러한 감정을 충족시켜주는 제도를 망각하면서 살아갈 뿐이다. 헤겔은 다음과 같이 말하고 있다.

> 인간은 누구나 국가(Staat)는 존속되어야 하고 또 오직 국가 안에서만 각자의 특수한 이익이 성취될 수 있다는 데 대한 신뢰(Vertrauen)를 지니고 있지만, 일단 그런 생각이 습관처럼 굳어져버리면 우리의 삶 전체를 받쳐주는 것이 무엇인지를 알아볼 수 없게 된다. 누군가 한밤중에 거리를 안전하게 거닐 때면 그는 혹시 안전하지 않을 수도 있다는 생각은 미처 하지 않는다. 왜냐하면 안전하다는 데에 익숙해져서 이것이 제2의 천성으로 화해버리면 사람들은 이렇게 안전하다는 것이 특수한 제도의 효과(die Wirkung besonderer Institutionen)라는 생각은 하지 않기 때문이다. 흔히 사람들이 생각하기에 국가는 강제력에 의해 결속되어 있다고 하지만, 결속을 이루는 것은 사실 만인이 안고 있는 질서에 대한 기본 감정이다(§ 268, 주해).

신뢰는 모든 인간에게 내재되어 있는 것으로 질서를 희구하는 기본 욕구가 충족될 때 생기는 감정이기도 하다. 이러한 감정이 충족되면서 스스로 자유롭다고 느낄 때 애국심은 '의식적' 내지는 '무의식적' 차원에서 하나의 정치적 신념(Politische Gesinnung)이 되며, 동시에 시민의 의식은 주관적인 도덕성을 지양하고 국가의 헌법과 제도적 가치를 습관적으로 내재화하며 인륜적 차원으로 도야된 애국심을 가지게 된다. 국가에 존재하는 다양한 제도들은 시민이 자신의 자유를 실현케 하고 그가 지닌 질서에 대한 기본 감정을 충족시켜주는 것이다. 시민이 국가의 이러한 기능을 의식하고, 그러한 의식을 습관화할 때, 그것이 헤겔적 의미에서 도출될 수 있는 시민의 덕성으로서 애국심이다. 이러한 애국심은 국가에 대한 신뢰라는 측면과 자유를 향한 보편적 계몽성을 모두 담지하고 있다. 일반적으로 애국심은 국가로의 강제된 예속을 유발하는 미덕으로 이해되고 있다. 하지만, 애국심의 매개를 통해 우리가 자유롭게 된다는 헤겔의 애국심은 우리에게 신선하게 다가온다.

독일에서 애국주의의 현재적 의미

헤겔 이후 백과사전에서 정의되는 애국주의

독일 역사에서 출판된 백과사전 세 개를 비교해보자. 1828년 라이프치히에서 출간된 『크룩스 철학사전』은 애국주의를 "조국의 안녕을 위해 무엇인가 할 수 있는 조국에 대한 사랑"(Liebe zum Vateland)으로 정의한다(148). 100년 후쯤 1933년 『브로크하우스 백과사전』에서 애국주의는 "기반에 대한 사랑"(Liebe zum Boden)으로 정의되며, "고향에 대한 귀속감이 하나의 신화적 요소에 의해 미리 결정되어 있는 것으로까지 규정될 정도로 애국주의는 강할 수 있으며, 이러한 믿음은 고향의 민족적 고유성을 보존하려 하고, 그들의 특별한 힘을 다른 민족에게 투영하려 하며, 자기희생을 통해서라도 적에 대항해 방어하려는 열정으로 표현될 수 있다"고 묘사된다(245). 그로부터 65년이 지난 1998년 『신학·교회 사전』에서는 "애국주의적 감정의 오용 가능성에 대한 경험으로 볼 때", 순진한(naive) 애국주의는 더 이상 의미가 없으며, "법과 자유를 보장하는 가치질서를 지닌 조국에 대한 신뢰(Treue zum Vaterland)"로서 헌법애국주의가 적절하다고 적고 있다. 나아가 세계시민주의로 갈 수 있는 중간 단계로서 조국에 대한 신뢰가 없을 경우, 독일인이 지향하는 세계시민주의도 구체적일 수 없으며 어떠한 세계시민적 의무를 동반하지 않는다고 적고 있다(1470).

애국주의는 하나의 특별한 사회·정치적 태도로서, 즉 18세기 이후 독일의 역사에서 시민의 미덕으로 개념화되었다고 볼 수 있다. 역사적으로 보면, 독일의 애국주의는 두 측면을 포함하고 있었다. 하나는 민족중심주의적 정념의 측면을, 다른 하나는 계몽적 보편주의의 측면이었다. 시민의 미덕으로서 애국주의는 "보편적 계몽"과 "자유 실현을 향한 공동체에 대한 자기결정권"에 기초한 개념이었던 것이다. 하지만 19세기를 거치면서 민족 중심의 가치가 강화되고, 20세기 전체주의에 의해 애국주의는 한 측면만이 부각되면서 왜곡된 측면이 있었다.

독일의 역사에서 1990년 독일 통일은 애국주의가 지닌 본래의 두 측면을 하나로 만드는 계기가 되었다. 둘로 나뉘었던 민족이 다시 하나가 되었으며, 하나가 된 민족이 계몽적 보편주의를 지향하면서 유럽통합을 계속해서 추진하고 있었기 때문이다. 통일 이후 독일에서는 다음과 같은 질문이 존재한다. 조국은 어떻게 될 것인가(Quo vadis patria?) 유럽은 어떻게 될 것인가(Quo vadis Europa?) 하지만 정치적 미덕과 시민의 미덕으로서의 애국주의에 기초해보았을 때, 민족과 통합, 독일과 유럽의 대립 구도는 성립하지 않는다. 본래 독일에서의 애국주의는 민족국가에 대한 신뢰와 자유를 향한 보편적 계몽성이라는 두 측면을 내재하고 있었기 때문이다. 독일과 유럽이라는 현실은 애국주의라는 개념에 포섭될 수 있다.

독일에서 애국주의 패러독스

제2차 세계대전 이후 21세기 초반까지, 애국주의와 관련해 독일에서는 하나의 패러독스가 있었다. 2002년 여론조사에 따르면, 독일인의 90%는 자신이 고향과 밀접히 연관되어 있다고 느끼는 반면, 36%는 애국주의를 공적 토론의 주제로 삼는 데 꺼리는 태도를 보였다. 나아가, 경제인의 62.3%는 애국주의를 공식적으로 언급해서는 안 될 '터부'라고 여기고 있었다(EUROBAROMETER 58: Deutschland in Europa 2002). 이러한 통계에서 알 수 있는 것은 독일인들은 애국주의라는 개념에 대체로 부정적 이미지를 투영시키고 있지만, 정체성을 부여해주는 공동체의 존재는 받아들이고 있다는 사실이다.

독일에서 이러한 패러독스는 어쩌면 하나의 자연스러운 현상이었다. 독일인들은 히틀러의 전체주의가 강요했던 "왜곡된 애국주의"를 역사에서 경험했기 때문이었다. 그들은 히틀러가 등장하는 시점에 국가를 위해 애정을 갖고 무엇인가 하려 했고, 히틀러는 이러한 독일인의 태도를 심하게 왜곡시켰던 것이다(Ritter 1966, 7). 그렇기 때문에 제2차 세계대전 이후 애국심이라는 개념에는 하나의 차가운 이미지가 부과될 수밖에 없었다.

1970년대 독일인들은 자신들의 삶의 방식을 "민족국가의 세계에서 민족-후(postnational) 민주주의"로 묘사했으며, 민족국가라는 틀을 벗어나는 가치체계를 강조했다. 하지만 80~90년대에는 이러한 움직임에 대한 반동으로 '헌법애국주의'(Verfassungspatriotismus)라는 개념이 하버마스(Habermas)와 슈테른베르거(Sternberger) 의해 구체화되면서, 공동체로의 귀속감을 해체시켜왔던 그간의 정치적 움직임을 견제하기 시작했다(Nolte 2000, 410). 예컨대 슈테른베르거는 "애국주의는 유럽의 전통에서 항상 국가의 헌법과 관련되어 있었고, 본질적이고 기원적인 차원에서 헌법애국주의였다"고 주장했다(Sterberger 1990, 17-31). 헌법애국주의는 독일인에게 상실되었던 공동체적 결속감을 복원시킬 개념으로 등장했던 것이다.

이외에도 애국주의는 다양한 논의를 통해 그 의미를 회복하기 시작했다. 이데올로기가 주도하던 시대가 지나고, 지구화가 진행되면서 유럽연합의 통합이 진행되고 있는 상황에서 독일의 학자들은 애국주의의 의미를 복원시켰던 것이다. 예컨대, 에곤 바(Egon Bahr)는 애국주의와 민족주의를 직접 언급하지 않지만 그 필요성을 암시했다.

우리가 살고 있는 대륙의 많은 민족들에게 '민족'(Nation)은 그들의 정체성과 자유 실현을 위한 핵심적 부분을 차지한다. 유럽인은 아주 느리고 신중하게 초국가성을 향해 움직이고 있다. 이러한 통합화와 단수화의 움직임에 반대하는 사람들은 민족성을 강조하는 방향으로 움직일 수 있으며, 민족성의 강조에 반대하는 사람들도 개체성을 선택한다. 민족의식은 유럽인들이 일상적으로 갖는 감정이다. 민족의 의미와 비슷한 하나의 대체 개념을 개발하는 것은 독일인들이 꼭 해야 될 하나의 과제라고 볼 수 있다(Bahr 2003, 136).

다렌도르프(Dahrendorf)는 이러한 에곤 바의 의견을 좀더 강화했다. 그에 따르면, 정치적 민주주의와 시장경제체제는 차가운 프로젝트였다. 이것은 계몽된 정신과 공동체의 문명화된 발명품이었지만 인간의 마음을 어루만져주지 못했다는 것이다. 다렌도르프는 이 프로젝트를 문제해결을 위한 하나의 메커니즘으로 파악하며, 이러한 메커니즘이 불필요한 희생과 고통 없이 정치와 엘리트 계층의 교체를 유도할 뿐이라고 평가했다. 그도 이 메커니즘이 훌륭한 발명품이라는 점을 인정하지만 고향의 느낌, 정체성, 귀속감을 주지 못한다고 비판했던 것이다.

다렌도르프는 애국심을 "내가 살고 있는 국가에 대해 귀속감과 로열티를 생동감 있게 느낄 수 있는 능력"이라고 정의했다. 애국주의는 하나의 시민 미덕으로서 그러한 능력이 없다면, 공동체는 형식적인 껍데기에 불과하다는 것이다. 나아가 독일의 구세대는 히틀러의 경험 때문에 애국주의의 능력을 가지지 않으려 했고 언급하려 하지도 않았지만, 신세대는 이러한 능력을 가질 필요가 있고, 그럴 능력을 가질 수 있는 가능성도 있다고 보았다. 그는 슈테른베르거와 하버마스가 언급하는 헌법애국주의, 즉 서구의 헌법정신이 담고 있는 권리·의무·가치를 소중히 여기고 그러한 법문화(Rechtskultur)에 헌신하는 헌법애국주의는 대체로 인정하지만, 그들이 말하는 텍스트에 씌어 있는 헌법에 대한 애국주의를 넘어 나 자신의 이상과 조국의 이상적 모습을 결합시킬 수 있는 특정한 가치에 대한 생각들도 중요하다고 보았다. 예컨대, 히틀러의 국가사회주의가 독일인의 사유를 지배하던 시대에 맞서 자유롭고 정의로운 조국을 상정하고 그것의 실현을 위해 투쟁하는 일도 애국주의의 중요한 부분일 수 있다는 입장이다(Dahrendorf 1992, 11-13).

포르쉬너(Forschner)는 다렌도르프보다 한 단계 더 강화된 주장을 한다. 그에 따르면, 우선 근대 이후 국가는 개인이 자신의 생명과 재산을 보호하기 위해, 계산하면서 단지 수단적 의미에서 만들어진 자유 국가이다. 이러한 국가에서 "민족"의 정치적·경제적 의미가 극도로 제한되어, 개인은 보편적으로 표준화된 노동·경쟁·의사소통으로 특징지워지는 "사회적 삶"을 살게 되고, 국가와 민족을 향한 애국주의는 무의미해진다. 그는 이러한 경향성이 심정적으로 가까운 고향 및 관습적·문화적 전통과 결합될 수밖에 없는 인간을 서로 분리시킨다고 본다. 정치적 세계시민주의와 도덕적 보편주의도 지속적으로 유지되는 특수한 지역의 관습과 상징, 경험된 행위 및 전통공동체를 필요로 한다는 것이다. 그것은 사람들에게 귀속감과 정체성을 부여하며 안전감을 주기 때문이다(Forschner 1992, 225-226).

에곤 바는 우리에게 정체성을 회복시켜줄 수 있는 새로운 개념이 필요하다는 점을 암시했고, 다렌도르프는 민주주의와 시장경제의 시스템이 고향을 향한 인간의 마음을 빼앗아갔다는 점을 강조했으며, 포르쉬너는 애국주의가 국가와 민족을 향한 인간의 귀속성과 정체성을 부여하지만, 현재의 사회 메커니즘으로 인해 이러한 애국주의가 상실되었다고 보았다. 이렇게 독일의 학자들은 인간에게 귀속감, 고향을 향한 마음, 정체성을 부여하는 건강한 애국주의를 재평가했다. 학계에서는 '애국주의 패러독스'의 극복이 준비되고 있었던 것이다.

독일에서 애국주의의 현재 의미

1982년부터 1998년까지 16년간 총리를 지낸 헬무트 콜(Helmut Kohl) 총리도 에곤 바, 다렌도르프, 포르쉬너의 주장과 비슷한 맥락에서 애국주의를 말하고 있다. 그는 모국어와 고향이라는 개념으로 애국심(애국주의)을 설명한다. 독일 사람들이 다른 민족 언어에서와는 다르게 '모국어'(Muttersprache)라는 개념을 사용하는데, 이는 어머니와 자식의 관계가 지닌 최고의 긴밀성을 내재하고 있다고 본다. 나아가 모국어라는 개념을 '고향'(Heimat)이라는 개념과 연관시키는데, 모국어를 습득한 곳이 고향이기 때문이다. 사람들은 모국어와 자신을 동일시한다. 그래서 "나는 독일 사람이다"라고 말하게 된다는 것이다.

그는 이러한 애국주의가 어느 한 공동체에서 모국어를 같이 쓰는 사람들이 느끼는 연대의 감정과 결부되어 있다고 본다. 어떠한 인종이든, 어떠한 종교를 가지고 있든, 독일에서 모국어로 독일어를 쓰고 살아가는 사람들은 독일인으로서 애국심을 가질 수 있다고 보는 것이다. 예컨대, 실용적인 에스페란토어가 정착되지 못한 이유는 그 언어가 고향이라는 감정을 만들어내지 못했기 때문이라는 것이다. 나아가 그는 애국주의, 민족국가, 유럽이라는 현실이 서로 공존할 수 있다고 본다. 그에 따르면, 그의 고향은 팔츠이고, 그의 조국은 독일이며, 그의 포괄적 테두리는 유럽이다. 즉 유럽적 독일인과 독일적 유럽인이 존재할 수 있는 현실에서 살고 있음을 강조한다. 독일인이면서 유럽인이 되는 것이 현재 독일인이 자기 정체성을 구성하는 모습이라는 것이다(Kronenberg 2006, 337-339).

메르켈(Angela Merkel) 총리도 콜과 같은 입장을 가지고 있다. 그녀에 따르면, 애국주의는 사람들이 속한 공동체의 언어·역사·문화·풍경 등을 인정하며 사랑하는 태도로서, 개인의 안녕을 넘어 '사회적 경제모델'(Sozial Marktwirtschaft)을 지닌 독일이 외국에서도 하나의 성공모델로 인정받도록 노력하는 마음가짐이다. 애국주의는 공동체를 향한 정치적 신념이다. 나아가 그녀는 독일이라는 공동체가 체계적으로 잘 돌아갈 때 구성원인 시민들은 기쁜 마음으로 독일을 좋아하는 심정을 가진다고 본다(*Die Welt* 2009). 이는 국가가 충분히 시민의 자유를 구현할 때 시민도 애국심을 가질 수 있다는 헤겔의 애국주의라고 볼 수 있다.

애국주의와 관련해 현재의 모습을 살펴볼 수 있는 사례는 두 가지가 있는데, 하나는 1998년에서 2005년까지 독일 총리를 지냈던 슈뢰더(Gerhard Schröder)의 외교정책과 이에 대한 독일인들의 지지이며, 다른 하나는 2006년 독일 월드컵에서 시민이 보여준 '유쾌한 애국심'(Fröhlicher Patriotismus)이다. 슈뢰더의 외교정책은 기존 총리들의 현실정치(Realpolitik)와 본질적 맥을 같이하고 있지만, 현상적으로 다른 양상을 보였다. 기존의 총리들이 미국의 힘을 인정하고 그것을 활용해 국제사회에서 독일이 인정받도록 했다면, 슈뢰더는 2003년 이라크 전쟁 당시 미국이 관철하려는 것을 국제법을 근거로 인정하지 않음으로써 국제법을 지지하는 국제사회로부터 인정받으려고 시도했다. 슈뢰더는 유럽연합과 국제사회에서 구축해온 독일의 실재적 위상을 기초로 프랑스·러시아와 긴밀한 공조체제를 구축하고 미국의 일방적 힘에 대항하며 국제분쟁의 평화적 해결이라는 독일의 신념을 국제사회에서 인정받고자 했다(Schöllgen 2005, 5; Hacke 2005, 10-12; 장준호 2007).

세계평화를 위한 독일민족의 노력이라는 측면에서, 독일시민은 슈뢰더를 지지하면서 미국에 저항할 수 있는 독일민족에 대해 자부심을 고취시키고, 세계 평화를 위하는 독일에 애국심을 가지게 되었다(Kronenberg 2009, 43). 즉, 세계 평화와 애국심이 결합되는 현상을 경험했던 것이다. 나아가 2006년 독일 월드컵에서 사람들이 즐거워하며 '독일'을 외치고 국기를 기쁘게 들고 다니며 자부심을 가질 수 있었던 경험은 기존의 '애국주의 패러독스'를 극복하는 계기가 되었다고 볼 수 있다. 불쾌한 애국심에서 유쾌한 애국심으로 전환되었던 것이다(Lammert 2007, 11-16).

하지만 독일의 저명한 법학자로 알려진 뵈켄푀르데(Ernst-Wolfgang Böckenförde)는 애국주의에 대해 회의적이다. 애국주의는 조국에 대한 신뢰에 기초하고 있는데, 현재 우리가 살고 있는 사회에서 이 감정이 퇴색하고 있다고 보았다. 오늘날 정치적 공간에서보다는 사적인 공간에서 신뢰의 개념이 더 쓰이고 있기 때문이다. 조국을 존중하고 로열티를 보이는 것은 현재 독일인의 삶에 가깝지 않다고 보는 것이다. 대신에, 그는 애국주의와는 다른 지적 카테고리에 기초해 사람들이 공동체의 귀속감과 연대감을 느끼는 현상을 설명해야 한다는 입장이다. 또 근대국가가 애국주의에 기초하고 있다는 주장도 재고한다. 근대국가가 기초하고 있는 것은 시민들의 로열티와 법에 복종하는 자세였지만, 현재는 시민의식(Buergersinn)에 기초한다는 것이다. 공동체적인 삶에 어느 정도의 로열티가 필요하지만, 그것을 애국주의라고 정의할 필요는 없다고 본다(Böckenförde 1992, 92-114).

이러한 입장을 '뵈켄푀르데-패러독스'라고 한다. 즉, 근대국가는 분명히 자유주의적인 요소를 가지고 있고, 어떠한 특정 종교도 전제하지 않으며, 종교로부터 자유롭다. 하지만 동시에 공동체의 자유질서가 효과적으로 유지되기 위해서 공동체는 내적으로 조정하고 규칙화할 수 있는 힘을 필요로 한다. 공동체는 시민의식의 기초 능력, 즉 '에토스'(Ethos)와 '공동의식'(Gemeinsinn)을 지니고 있어야 하는 것이다. 이러한 능력은 사회의 개인화 과정에서 많은 부분 상쇄되어 있는 상태이다. 이러한 맥락에서 그는 독일사회가 향후 건강하게 유지되기 위해서는 이미 유효하지 않은 애국주의가 아닌 자신이 개념화한 시민의식이 회복되어야 한다고 본다(Kronenberg 2006, 340-344).

애국심은 건강한 시민사회를 만들고, 우리라는 감정을 형성케 한다(Fabio 2005; Frei 2009). 현대의 독일시민은 왜곡되고 과장된 애국보다는 헤겔이 언급하고 있는 시민의 덕성과 정치적 심정으로서 애국심을 지니고 있다. 이러한 독일인의 애국심이 바로 유럽통합의 흐름과 지구화의 파고가 가져다주는 세계시민주의의 방향으로 확장될 수 있는 기초가 될 수 있다. 인간은 속성상 자신이 속한 공동체가 주는 귀속감, 정체성, 질서에 대한 기본 감정, 자유의 안정적 실현 등이 충족되어야 자신으로부터 멀리 떨어져 살아가는 사람들에게 관심을 갖고 열린 마음을 가질 수 있기 때문이다. 이러한 측면에서 헤겔이 제시한 애국심은 현재 독일시민이 세계시민주의로 나아갈 수 있게 한다고 평가할 수 있다.

애국심, 우리 안에 내재한 인륜의 모습

헤겔에 따르면, 애국주의는 자유의 실현이 국가에서 실현된다는 신뢰의 감정과 기본 질서의 필요성에 대한 인식에서 동기화되고 교육을 통해 습관화되었을 때 참된 애국주의가 된다고 했다. 애국주의가 시민의 미덕이 되었을 때 공동체는 건강하게 유지될 수 있다. 헤겔은 이러한 시민의 미덕을 '애국주의'라고 정의했다. 독일사회에서도 이러한 애국주의가 필요하다고 많은 학자들이 인식하고 있다. 사회가 개인주의화되고 지구화가 급속히 진행되는 과정에서 귀속감과 정체성의 기반이 흔들리고 있기 때문이며, 정체성이 주는 안정감 없이는 지구화를 좋은 방향으로 추동할 세계시민주의도 기대하기 어렵기 때문이다.

하지만 애국주의라는 용어를 사용하는 데에는 학자들마다 입장의 차이가 있다. 물론 애국주의를 대체할 헌법애국주의라는 개념과 시민의식이라는 개념도 있다. 여기에서 분명히 요청되는 것은 공동체의 일원이라는 의식이 시민에게 존재해야 한다는 점이다. 특히 독일사회는 통일 이후 유럽통합의 과정에서 이러한 시민의식의 필요성이 부각된 측면도 있다. 독일인은 유럽적 독일인, 독일적 유럽인이 되어야 하기 때문이다.

뵈켄푀르데-패러독스에서처럼, 꼭 애국심을 말하지 않고서도 비슷한 효과를 내는 시민의 덕성이라는 개념이 있다. 하지만 애국심은 공동체와 내가 연결되어 있고, 공동체가 잘 되어야 내가 행복하고 유쾌하다는 것을 인식하는 시민의 덕성이다. 즉 애국심도 하나의 시민의 덕성이다. 나와 공동체를 연결시켜주면서 공동체가 추구하는 평화와 정의에 나도 즐거워하는 감정이다. 슈뢰더 외교정책의 경우가 그랬고, 2006년 독일 월드컵의 경우가 그랬다. 독일인은 국가가 잘할 때 '유쾌한 애국심'을 느꼈다. 내가 자유를 느끼고 행복이 실현된다면, 국가를 사랑하는 마음은 자연스럽다.

독일의 애국주의 논의가 한국에 주는 함의는 다음과 같이 정리될 수 있을 것이다. 한국도 개인주의가 급속히 진행되고, 지구화가 가져오는 다문화 사회, 정체성의 혼란, 전통의 상실, 가치의 혼란 등을 경험하고 있다. 국가가 우리에게 희생을 강요하는 '불쾌한 애국심'

이 아니라 우리의 자유가 국가 안에서 구체적으로 실현된다는 신뢰와 사회의 질서가 건강하게 유지되기를 바라는 기본 감정에서 유발되는 '유쾌한 애국심'이—물론 표현이 꼭 애국심일 필요는 없지만—요청되고 있다.

지구화는 국가의 존재를 망각케도 하지만 국가의 필요성을 다시금 인식케도 한다. 궁극적으로 우리의 자유는 어디에서 실현되어야 하는가? 미국인가 아니면 실체가 모호한 지구촌인가? 우리는 한국어라는 모국어에 의해 운명적으로 결속되어 있고 한국인임을 느끼며 살고 있다. 더 나은 공동체를 만들기 위해 정치에 참여하면서 살아간다. 무참히 자유를 포기하도록 강요하는 국가가 아니라면, 국가에 의한 자유의 실현과 그 제도로 인한 기본질서 유지에 신뢰를 보내고 사랑하는 것이 우리 안에 내재한 인륜의 모습일 것이다.

6장

프랑스혁명 이후, 애국주의에서 민족주의로

홍태영

프랑스혁명 초기의 애국주의적 열정은
국민국가 형성이라는 근대의 흐름과 결합하여
민족주의적 열정으로 변화되었다.
내부적으로는 국민의 형성, 자본주의적 시장경제의 건설,
민주주의 정치체제의 형성 등 정치경제적으로 복합적이었고,
외부적으로는 국민국가들의 체계가 형성되었다.
따라서 초기의 애국주의적 열정이 서서히 배타적
열정민족주의 경향을 띠기 시작한 것은 자연스러웠다.

프랑스혁명과 국민국가 형성

근대의 정치체로서 국민국가가 그 틀을 구체화하기 시작한 시기는 프랑스혁명 이후부터이다. 물론 1648년 베스트팔렌 조약과 함께 근대국가들에 의한 국제관계가 형성되고 국가에 의한 경계가 확정되기 시작한 것은 분명하다. 그리고 그 영토적 경계 내에서 근대의 국가권력이 확정된다. 그것은 군사적 독점, 조세권과 관료제의 체계적 확립 등을 그 특징으로 했다. 15, 16세기만 하더라도 유럽에는 다양한 형태의 정치체들, 즉 제국(Empire)·도시공동체(city)·국가(state) 등이 공존했다. 하지만 18세기 말에 이르면 이탈리아의 도시공동체들이 사라지기 시작하고, 1806년 신성로마제국 역시 해체된다. 19세기에 이르면 유럽에서 국가는 정치체의 유일한 존재방식이 된다.

1789년 프랑스혁명은 근대 국민국가 형성 역사에서 중요한 계기를 이룬다. 혁명과 함께 국가는 국민(nation)이라는 정치적 주체와 결합한다. 이 과정에서 혁명을 추동시키는 것은 애국심이었다.[1] 프랑스혁명이 구현하고자 하는, 자유와 평등 그리고 국민주권의 가치들은 혁명의 애국주의적 열정과 결합, 혁명전쟁을 통해 유럽 대륙으로 확산되었다. 하지만 이 과정에서 모순이 발생한다. 혁명의 가치들이 국민국가라는 공동체를 통해 실현될 수 있다는 사실로부터

---

1) 이하에서 patriotisme을 지칭하는 말로 애국심, 애국주의, 애국주의적 열정을 혼합하여 사용한다. 맥락에 맞추어 사용하지만 약간의 뉘앙스 차이에도 불구하고 의미상 근본적인 차이는 없다.

결국 혁명을 이끌었던 애국심은 민족주의로의 변화 가능성을 내재하고 있었다. 즉 자유의 실현공간으로서 조국의 건설, 그 조국들의 결합이자 확장으로서 유럽공동체라는 이상 등은 현실적인 국민국가건설의 움직임 속에서 오랫동안 이상으로 머물 수밖에 없었다.

  프랑스혁명의 여파는 유럽의 정치지형을 바꾸어 놓았다. 곳곳에서 혁명의 열정으로 인해 독립국가건설의 움직임들이 일어났다. 그러나 그것이 반드시 애국주의적 열정에서만 비롯되었다고 보기도 어렵다. 사후적으로 볼 때 독립적인 국가건설을 추동했던 것은 민족주의적 열정이 더 강했다고 할 수도 있다. 그것은 나폴레옹 전쟁의 여파 때문일 것이다. 추동력이 어느 쪽이든 유럽 곳곳에서 국민국가건설의 움직임들이 있었고, 그것은 유럽의 지도를 새로 작성케 했다. 국민국가 내부적으로는 국가건설과 함께 국민만들기 작업을 국가 주도하에서 진행시켰다. 또한 그것은 자본주의의 발달과도 맞물려 있었다. 국민경제라는 말이 표현하듯이 자본주의의 발달은 국가적 경계 내에서 국가의 주도적 역할을 필요로 하는 과정이기도 했다.

  1789년 혁명에서 시작된 국민국가 형성의 출발과 1875년 제3공화국의 확립으로 상징화되는 자유민주주의 체제의 확립을 보았을 때, 100년에 걸치는 시기는 국가건설(state-building)과 국민건설(nation-building)이 결합하는 과정으로 이해할 수 있다. 국가건설의 측면에서 보면, 공화정·왕정·입헌군주정·제정 등을 거치면서 다양한 정치실험들이 이루어졌고, 1870년대 초반 공화정이라는 원칙적 합의로 귀결되었다. 국가는 근대적인 방식으로 행정적인 일원화와 관료제 등을 정비해낸다. 물론 토크빌이 지적하듯이, 프랑스는 절대왕정을 거치면서 이미 성숙한 중앙집권 체제가 정착되었고, 혁명 이후 이것을 그대로 복원하고 정비하는 것이었다는 점도 분명하다.

그럼에도 불구하고 그러한 기반에 근거해 근대적 방식의 일원화가 필요했다. 절대왕정 시기의 프랑스가 군주에게 복종하는 신민으로서의 단일성과 군주의 절대권력 체제가 형성되었다면, 혁명 이후는 국가의 단일성이 동시에 시민의 단일성에 의해 보장되어야 했다. 그러한 의미에서 국민건설의 과정은 국가건설의 과정과 결합된다. 국가에 의한 국민의 표상이 성립되기 위해 국민의 단일성이 전제되어야 했던 것이다. 그것이 민주주의적 국민건설의 과정이었다. 민주주의적 국민은 국가와의 일체감, 즉 동일성을 만들어갔고, 혁명 시기 애국주의적 열정은 국가와 자신의 동일시를 통해 이루어졌다. 하지만 애국주의적 열정 자체보다 국가와 국민의 동일화 과정이 오히려 우월성을 지니게 된다. 그것이 애국심이 민족주의로 변환하는 과정이다. 유럽 모든 나라에서 이러한 과정은 각각의 편차에도 불구하고 진행되었다. 19세기를 일단락지었던 제1차 세계대전이라는 민족들 간의 전쟁은 20세기를 더욱더 분명한 민족주의의 세기로 여는 계기가 된다.

이 글은 프랑스혁명 시기 등장했던 공화주의적 애국심이 민족주의로 전환 또는 변질되어가는 과정을 추적하며 그 과정에 작동하는 다양한 요인들을 살펴보고자 한다. 사실 많은 역사적 과정들이 그러하듯이 그 요인과 전환 사이에 분명한 인과관계가 존재하는 것은 아니다. 다만 다양한 요인과 민족주의로의 전환, 그 사이 서로 영향을 미치는 과정이 19세기 유럽에서 발생했다. 이 글은 그러한 관계들을 추적해보고자 한다.

프랑스혁명기 공화주의와 애국심[2]

프랑스혁명은 근대의 정치 형태를 구체적으로 만들어내면서 다양한 정치적 실험이 이루어졌던 시간이었다. 18세기 계몽주의의 끝자락에서, '계몽주의 현실화'라는 의미를 지니는 것이었다는 점에서 충분히 근대적 의미를 지니지만, 고대적 의미의 부활도 동시에 이루어졌다. 무엇보다도 민주주의의 고대적 의미가 부각되었고, 로마의 공화주의와 공화주의적 애국심이 부활했다. 특히 프랑스혁명 시기 공화주의적 애국심이 본격 등장하기 시작한 것은, 어쩌면 당연하게도 혁명전쟁을 시작하면서부터이다. 전쟁의 시작은 반혁명적인 외국에 대항해 프랑스를 자유와 평등의 조국으로 지키고자 하는 열정의 등장을 알리는 것이었다. 1792년 4월 20일, 오스트리아를 상대로 선전포고가 이루어지고 혁명전쟁이 시작되었다. '조국의 위기'가 선언되면서 혁명 역시 급진화된다. 파리의 시민들, 특히 하층 인민인 '상퀼로트'들이 공적 영역에 진입하기 시작했고, 자코뱅 세력이 권력을 장악했다.

---

[2] 이 절은 졸저(2008)의 2, 6장과 졸저(2011)의 1, 4장에 많이 의존해 작성되었다.

개전 초기 프랑스는 패배를 거듭했다. 이미 장교의 절반 이상이 망명했고, 애국주의적 사병 또는 민병대와 귀족주의적인 지휘부 사이에 갈등이 발생하는 등 군대는 혼란상태였다. 하지만 초기의 이러한 패배는 오히려 시민들의 애국주의적 열정을 불러 일으켰다.[3] 7월 11일 의회는 '조국이 위기에 처했다'고 선언하고, 수동적 시민 역시 국민방위군에 가입—1792년 7월 30일 법령에 의해—할 수 있게 되면서 상황은 급변했다. 우선 프랑스 내부적으로 8월 10일 봉기가 발생하고 공화국의 선포, 국민공회의 소집, 그리고 공포정치가 이어졌다. 이제 국민방위군에 가입한 모든 병사들—적극적·소극적 시민을 막론하고—은 시민의 정치적 권리를 누리게 되었다. 조국의 방어를 위해 모든 시민이 방위군이 되어야 한다는 것은 자신이 공동체에 속한다는 사실, 즉 투표권을 행사한다는 사실의 표현이었다. 이때 등장한 상퀼로트들은 자신들에게 속한 주권을 직접 행사하기를 원했다. 파리 시민들은 "어떤 특정한 계급도 조국을 수호할 배타적 권리를 독점할 수 없다"고 선언했다(Soboul 1984〔상〕, 244 재인용). 애국적 시민이 된다는 것은 정치적인 권리의 행사와 동시에 군대 의무를 통한 시민의 권리를 행사하는 것을 의미했다. '적극적 시민'과 '소극적 시민' 사이의 구분이 사라지면서 정치적 권리에서 차별이 없어지고 당연히 상퀼로트들 역

---

3) 1792년 4월 26일, 스트라스부르에서 루제 드 릴(Rouget de Lisle)은 국민적이며 혁명적인 열정을 노래한 '라인 주둔군을 위한 군가'를 작곡했고, 신성한 애국심의 대상으로서 조국의 수호를 노래했다. 이것이 프랑스의 국가(國歌) '라 마르세예즈'(La Marseillaise)이다.

시 국민군에 들어올 수 있게 된다.

1793년 2월 24일, 30만 동원령이 내려지고, 징병 원칙에 따라 18세에서 40세 남성의 징집령이 내려진다. 1793년 8월 23일 국민공회는 남성·여성·노인·어린이 각 계층이 조국을 위해 해야 할 임무를 나열하면서 '총동원령'(Levée en masse)을 다음과 같이 선포한다.

"이제부터 적군이 공화국 영토로부터 쫓겨나갈 때까지 모든 프랑스인은 군대 복무를 위해 영구 징집된다. 젊은이는 전쟁터로 갈 것이다. 기혼 남자는 무기를 제조하고 식량을 운반할 것이다. 부녀자는 막사와 제복을 만들고 병원에서 간호를 맡을 것이며, 아이들은 헌 리넨으로 외과용 거즈를 만들고 노인들은 광장에 모여 장병들의 사기를 고무하고 군주들의 증오심과 공화국의 통합성을 가르칠 것이다."(Soboul 1984〔상〕, 323에서 재인용)

이제 전쟁은 국민의 전쟁이 되었고, 인민의 총력전이 되었다.[4]

---

[4] 국민개병군대(popular conscript army)라는 새로운 형태의 군대가 국가위임군대를 대체했다(Lynn 1996b, 360). 국민개병군대는 자국민들로만 병력을 충원했고, 이들 시민병사는 국민과 조국을 위해 헌신한다는 신념을 갖게 되었다. 클라우제비츠는 이러한 현상을 다음과 같이 묘사한다. "전혀 상상하지 못했던 전투력이 1793년에 출현했다. 전쟁은 돌연히 국민적 관심사가 되었다. 자신을 국민으로 여기는 인구는 무려 3천만 명이었다 (…) 프랑스 국민이 전쟁에 참여함에 따라 정부와 군을 대신해 전체 국민의 비중이 힘의 균형을 좌우하게 되었다"(Clausewitz 1998, 389). 클라우제비츠는 애국심은 프랑스혁명에 의해 호리병 밖으로 불려나온 강력한 요정이며, 이 요정을 다시 호리병에 가둘 방법은 없다고 말했다.

1793년 10월 10일, 국민공회는 생쥐스트의 발의에 따라 프랑스 정부는 '평화가 도래할 때까지 혁명적'임을 선언했다.[5] 이후 로베스피에르는 "혁명정부의 원리에 관한 보고"(1793년 12월 25일)와 "국민공회가 마땅히 따라야 할 정치도덕의 원리에 관한 보고"(1794년 2월 5일) 등으로 혁명정부의 조직원리를 제시했다. 로베스피에르는 일상적인 "입헌정부의 목표가 공화국을 보존하는 데 있다"면, "혁명정부는 공화국을 세우는 데 있다"고 구분하면서 혁명정부가 "비상활동"을 수행해야 한다고 강조했다(Robespierre 1793, 274). "혁명이란 국내외 적에 대한 자유의 전쟁"이며, 따라서 "혁명정부는 상황의 유동성과 엄준함 때문에 비교적 덜 통일되고 덜 엄격한 규칙을 가질 수밖에 없음"을 인정한다. 그것은 무엇보다도 "끊임없이 제기되는 위협들에 대항해 새로운 자원들을 동원해야" 할 필요성 때문이었다. 일상적인 입헌정부가 "시민적 자유"를 주요하게 담당하고 "공권력의 남용에 대항해 개인들을 보호하는 데 주력한다"면, 혁명정부는 "공적 자유"를 담당하고 "공권력을 공격하는 다양한 분파들에 대항해 스스로를 지키기 위해 노력"해야 하는 것이다.

따라서 혁명정부가 의지해야 하는 것은 무엇보다도 "좋은 시민"이었다. 그를 위해 시민들의 "정신을 공화주의적 덕성과 고대적 수준으로 고양시켜야" 할 필요성이 제기되었다(1793, 277). 공

---

[5] 이런 상황은 카를 슈미트가 정확하게 지적하듯이 '주권 독재'의 상황이라고 할 수 있다(Schmitt 1996, 4장 참조). 또한 시에예스의 경우에도 권력에 대한 구분을 통해 일상권력과 비상권력을 구분했다(Pasquino, 1998).

화주의적 덕성이란 "조국과 법에 대한 사랑이며, 모든 개인적 이익을 일반의 이익에 종속시키는 숭고한 자기희생"으로 정의된다(Robespierre 1794a, 353). 덕성의 강조는 직접민주주의의 활성화 내지는 절대적 대표에 의한 대의제적 절차와 제도의 무시를 만회하기 위한 수단, 그리고 그 행위의 정당화 수단으로 볼 수 있다.

시민들에 의한 군대는 이제 시민의식의 학교로서 작동했다. 이러한 군대의 기여에 대해 생쥐스트는 "우리가 승리를 얻는 것은 수와 규율만으로 되는 것이 아니라 공화주의적 정신이 군대 내에 뿌리를 내릴 때 가능합니다"라고 말하면서 군대 내의 애국주의가 승리의 척도임을 강조했다(Bertaud 1985, 199). 당시 군사지휘권은 민간 권력에 있었으며, 그것은 군대란 혁명정부의 정책을 수행하는 수단일 뿐이라는 인식에서 그러했다(Soboul 1984〔하〕, 58). 조국의 위기 속에서 혁명전쟁은 조국 방위전쟁이었고, 특히 자유와 평등의 이념을 실현하고 있는 조국을 지키기 위한 전쟁으로 인식되었다. 물론 혁명가들 역시 국민방위대의 혁명 열기와 애국심을 고취시키는 것을 주저하지 않았다. 마라(Marat)는 1793년 1월 27일 상퀼로트가 군대의 우두머리가 되지 않는 한 자유를 위한 승리가 존재할 수 없다고 말한다. 에베르(Hébert) 역시 명령권자의 자리에서 음모가들의 제거를 요구하면서 국민에 대한 정화(purification) 작업을 진행했다. 그는 "귀족들을 제거하지 않으면, 그들이 우리를 죽일 것이다"라고 확언하면서 시민을 선동했다.

국민군 내부에서 장교들은 부하들에게 그들의 군대에 소속되어 있다는 데 대한 사랑과 영광, 명예를 심어주기 위해 노력했다. 산악

파에게 군대는 일종의 공화주의 정신을 습득하는 교육기관이었다. 생쥐스트는 병사들이 소유권과 정치적 권리를 행사하면서 공화주의 원칙을 실행에 옮길 것이라고 생각했다(Bertaud 1988, 192). 당시 군 내부에서 사용되던 암호들을 살펴보면 흥미롭다. 고대 로마 공화국에서 온 말들—덕성·용기·승리·로마·카토(Cato)·단일성(unité)·형제애(fraternité)—을 비롯해, 법률과 국민공회에 대한 복종을 의미하는 단어 등으로 이루어졌다. 또한 군대 내에서 다양한 연극활동 등으로 애국심과 공화주의에 대한 고취가 이루어졌다. 나라 전체 수준에서는 자연스럽게 시민축제를 통해 군대와 인민 간의 연대를 강조했다. 이전의 연맹제는 물론 툴롱 탈환을 기념하는 축제 등이 그것이다(윤선자 2008). 혁명력 2년 애국주의적 병사의 희생을 추모하는 축제는 자코뱅이 자신들이 지키고자 하는 원칙의 교육 목적을 위해 이루어졌다. 1792년 4월 15일, 샤토비외(Châteauvieux)에서 이루어진 스위스 병사들에 대한 추모축제가 그것이다.

프랑스혁명과 함께 프랑스 내부에서 애국주의적 동원과 애국주의적 시민의 형성은 프랑스라는 국민국가 형성에서 중심 역할을 했다. 그리고 혁명전쟁은 프랑스혁명이 제기했던 근대적 이념들, 특히 자유와 평등의 문제를 유럽 각국에 전파하는 역할을 했다. 또한 더욱 중요한 의미에서 유럽에 민족주의 시대를 열었다. 프랑스혁명군의 공격에 대항해 유럽 각국은 자기 나름대로 애국주의적, 민족주의적 동원을 이루어냈고, 그것을 계기로 근대적 형태의 국민국가 형성의 길로 접어들었다.[6] 프랑스 내부에서는 혁명과 반혁명, 외부적으로는 프랑스 대부분의 유럽 다른 나라들과 대립하면서 네이션·조국·애국주의 등의 개념도 변화하기 시작한다.

1796년 나폴레옹의 이탈리아 정책은 하나의 명백한 분기점을 이룬다. 개인적 야심이 정책결정의 주된 동기로서 국민적 요구를 대신하기에 이르렀던 것이다(Soboul 1984〔하〕, 168). 이러한 변화는 그것이 군사적 승리에 뒤따르는 위광(威光)으로 장식되었던 만큼 더욱 위험한 것이었다. 애국주의는 공화주의적이고 휴머니즘적 속성을 상실했고, 민족주의가 나타났다. 이리하여 공민정신과 혁명 열정은 외국에 대한 경멸감, 군사적 영광, 국민적 허영심 등으로 바뀌어갔다. 민족적 자만감을 불어넣은 '위대한 민족'(Grande Nation)이라는 말은 총재정부 말기부터 유행했다. 시민군은 자신의 운명을 조국과 자신을 일치시키는 전능한 지도자의 손에 맡기게 되었다. 그러면서 혁명공화국이 추구하고자 했던 자유와 평등 그리고 애국심은 사라지고 공격적 민족주의에 기반한 제국을 지향했던 것이다. 공화국이 제국으로 전환되어가는 과정에서 그 시발점은 혁명의 정신과 원칙, 즉 자유와 평등의 가치였다. 즉 혁명공화국을 지키고 애국주의를 강화하려는 의도 속에서 그것들을 방어하고 나아

---

6) 대표적인 예가 독일의 애국주의 또는 민족주의이다. 예나 전투에서의 패배 이후 프로이센은 굴욕을 강요받았고, 그러는 가운데 젊은이들은 '덕성회'(Tugendbunde)라는 반프랑스 조직을 만들었고, 단순한 애국주의를 넘어 독일민족의 대동단결을 부르짖는 조직들을 만들기도 했다. 또한 피히테의 『독일국민에게 고함』은 훗날 『전쟁론』을 쓸 클라우제비츠 등의 젊은 장교들에게 영향을 미쳤다. 프로이센 병사들은 '국왕'이 아니라 '조국'을 외치게 되었다(Fremont-Barnes & Fisher 2009, 464-466).

가 확장하고자 한 것이었다. 하지만 현실은 오히려 제국의 형성이 자유의 억압 그리고 공화국 정신의 상실 가능성을 확대했다.[7]

1798년 9월 5일의 징병에 관한 '주르당법'(loi de Jourdan)과 함께 사회의 군사화가 시작되었다. 주르당 법률은 강제적인 군복무 서비스 제도를 도입했고, 20~25세 미혼 남성의 의무복무를 제도화했다. 또한 주르당 법률의 징병 원칙과 함께 직업군대, 즉 새로운 전문가 중심의 군대가 탄생했다. 나폴레옹 군대의 징집기한은 6년으로 장기복무에 따른 직업주의가 가능했다. 이제 군인들에게서 자신과 국가보다는 군대라는 조직과의 동일시가 나타나기 시작했다. 군 내부에서의 시민교육은 더 이상 진행되지 않았다. 1798년 군의 현황을 보면, 기존 국왕의 군대 출신은 3.3%, 지원병은 27.9%, 1793년 30만 거병에 기원을 두었던 군인은 18.2%로 줄었다(Bertaud 1988, 277).[8] 따라서 이제는 공화력 2년 이후 징집을 통해 충원된

---

7) 이러한 현실은 르네상스 시기 마키아벨리가 주장했던 것과는 반대의 결과가 나타난 것이다. 마키아벨리는 『로마사논고』에서 어떤 국가든지 평화적 행동노선을 추구하는 국가는 모든 사람들의 운명이 고정되어 있지 않고 항상 부침을 거듭하며 끊임없이 유동하는 정치세계에서 쉽게 희생물로 전락하게 된다고 본다. 이에 대한 해결책은 공격을 최선의 방어로 간주하여, 침략자들로부터 자국을 방어하고 자국의 우월성에 도전하는 자는 누구든지 격파할 수 있도록 팽창정책을 채택하는 것이다. 대외적 패권의 추구는 국내적 자유를 유지하기 위한 전제조건이 된다(Machiavelli 2003).
8) 1791년 지원자는 10만 명 수준, 1792년 지원자는 20만 명이 넘어섰다. 1793년 총동원령시 30만 명의 지원자가 있었다. 그리고 1794년까지 지원자는 꾸준히 증가해 100만 명에 이르렀지만, 1797년에는 38만 명까지 하락했다. 1800년에서 1814년 사이 나폴레옹의 군대는 200만 명을 유지했

사람들이 다수를 점하기 시작했다. 잘 훈련되고 조직된 군대로의 전환이 이루어진 것이다.

공화주의적 애국주의의 의미 속에서 공동체의 구성원으로서 자유의 실현과 공동체 덕목의 실현을 위해 존재했던 시민군의 위상은 이제 근대 국민국가 속에서 새롭게 규정된다. 근대적 국민국가라는 틀 속에서 기존의 자유에 대한 관념, 시민권의 개념 등이 재배치되고 새로운 의미를 획득하는 가운데 시민군 역시 새로운 위상을 가질 수밖에 없었다. 국민국가들로 이루어진 새로운 국제관계에서 군대는 국가의 팽창―자본의 팽창이 추동하는 제국주의적 식민지 개척과 제국주의 간의 충돌 등―에서 핵심 요소였다. 따라서 기존 공화주의적 전통에서 말하는 시민군 개념이나 애국주의적 요소는 거의 상실했다고 해도 과언이 아니다. 하지만 그러한 요소가 부재했다면 군은 존재할 수 없었을 것이고, 이제 그것을 대체하는 작인은 '민족주의적 경향이 압도하는 애국심'이었다고 할 수 있다.

국민국가들의 시대

1815년 이후 유럽은 빈 체제를 통해 유럽의 지도를 1789년 이전의 모습으로 돌리려 했다. 물론 물리적으로 보이는 영토적 경계가 그 이전으로 돌아갈 수는 있었겠지만 프랑스혁명과 나폴레옹 전쟁이 가져온 영향까지 제거할 수는 없었다. 즉 그것이 가져온 새로운

는데, 그것은 징병제에 기반한 것이었다(Lynn 1989, 158).

사회·정치적 질서 관념이 기존의 왕조적 영토 내에서 새로운 흐름을 만들어냈다. 그 중 가장 눈에 띄는 것은 민족주의였다. 19세기 전반기 벨기에·폴란드의 독립운동이 진행되기 시작했고, 독일과 이탈리아 지역에서는 통일운동이 일어났다.

유럽 국민국가들의 탄생

프랑스혁명이 일어난 해에 벨기에 역시 오스트리아 황제에 대항하는 혁명을 일으켰고, 곧 통일 벨기에의 국가 독립을 선언했다. 하지만 1815년 빈 회의 이후 다시 네덜란드에 병합된다. 그리고 이후 1830년 프랑스의 7월혁명과 마찬가지로 벨기에 역시 혁명을 통해 독립을 성취했다. 7월혁명 시기 프랑스 공화파들은 1789년 혁명의 연장선에서 혁명을 꿈꾸었다. 그들은 봉기가 파리의 바리케이트에서 시작해 국경을 넘어 절대주의 국가에 대항해 확장되어야 함을 주장했다. 즉 프랑스 공화주의의 메시아주의적·보편주의적 사명이 그때까지 강하게 존재했던 것이다. 혁명을 국경 밖으로 확장하는 것, 봉기한 인민을 구원하는 것은 혁명적 프랑스의 의무로 간주되었다(Darriulat 2001, 20). 평화를 원하는 것은 절대주의 힘에 맞서 프랑스의 의무를 포기하는 것을 의미했다. 프랑스혁명 때와 마찬가지로 전쟁을 준비하는 것은 혁명을 확대하는 일이며, 수치스러운 타협을 거부하는 것이었다. 이탈리아의 마찌니가 아일랜드의 독립 요구를 거부했던 일 역시 아직까지 유럽에 존재하는 보편주의적 공화주의의 연장선에서 존재한다고 볼 수 있다.[9]

하지만 1848년 혁명의 물결이 유럽을 휩쓸었을 때 이제 다른 모습의 공화주의가 등장했다. 프랑스는 유럽 인민들에게 좋은 본보기의 역할에 한정되었다. 프랑스 공화주의는 이제 공화국, 민주주의, 그리고 네이션이라는 틀을 통해 실현된다. 미슐레는 프랑스 인민이 근대의 메시아임을 주장한다.

"이탈리아와 독일은 불완전한 혼합, 영국과 에스파냐는 불평등, 프랑스는 평등하고 완벽하다. 세계에서 더 인간적이고, 더 자유로운 곳, 그곳은 유럽이며, 더 유럽적인 곳, 그곳은 나의 조국 프랑스이다"(Michelet 1984, 446).

더 이상 프랑스가 전쟁을 통해 그 혁명정신을 전달할 수 있는 것은 아니었다. 하지만 "인류라는 배의 지도자"로서 프랑스라는 관념, 즉 메시아적인 프랑스에 대한 관념은 존재했다.[10] 프랑스의 사유는 곧 민주주의에 대한 사유였으며, 그것이 지구상에 확장되도록 요구받는다고 생각했다. 이것은 새로운 종류의 집단적 메시아주의였다. 따라서 프랑스의 애국주의는 다른 애국주의와 다르다고 간주

---

9) 1789년 혁명과 함께 공화주의적 애국심이 다시 유럽 역사의 전면에 등장했지만 단지 프랑스에 한정된 것은 아니었다. 이탈리아의 마찌니에게서도 그러한 보편주의적 공화주의의 모습은 그대로 등장하고 있었다. 최소한 1848년 혁명 이전까지만 하더라도 그것은 분명했다.
10) 하지만 이러한 보편주의적 공화주의는 하나의 아이러니를 가지고 있었다. 1830년 7월 5일, 알제리 정복은 왕정복고의 마지막 정책이었다. 이에 대해 공화주의적 애국주의자들은 그곳을 "사회적 경험의 장"이라고 보았고, 그곳에 진보의 문명을 이식해야 한다고 주장했다. 공화주의자들이 제3공화국이 되어서 제국주의적 식민주의자가 된 것이 아니라, 이미 19세기 전반기부터 그들은 제국주의자들이었다.

되었다. 특정 집단의 이익이 아니라 인류 전체의 이익을 위한 작업이라는 것이다.

자유롭고 인간적인 프랑스에 대비되어 반프랑스 세력인 영국은 절대악으로 묘사된다. 영국은 상업국가, 인간의 도덕적 이익은 무시하면서 물질적 이익만을 좇는 나라로 여겼다. 당시 모더니티의 두 가지 정치형태가 경쟁적으로 존재했는데, 그것은 공화국이냐 입헌체제냐 또는 보통선거권이냐 제한선거권이냐의 문제였다. 19세기 전반기 유럽 정치에는 세 나라, 세 원칙이 경쟁하고 있었다. 프랑스는 혁명이 전파한 가치를 체현하고 있었고, 이에 맞서 러시아의 권위주의 체제가 존재했다. 그리고 서서히 자유주의적 영국이 권위주의적인 러시아를 대신하면서 등장했고, 그것은 부르주아가 귀족을 대신해 등장하는 것과 유사했다. 영국과 프랑스의 대결은 19세기 유럽 가치체계의 대립이었다. 즉 영국적 사유에 대해 프랑스적 사유, 이기주의에 대항해 혁명적 형제애, 부르주아에 대항해 인민이, 제한입헌군주정에 대항해 공화국이 맞서는 형태를 이루었다.

1848년 임시정부의 외교장관으로 라마르틴(Alphonse de Lamartine)이 임명되고, 그는 같은 해 3월 4일 다음과 같이 선언했다.

"프랑스의 공화국 선언은 세계의 어떤 정부에 대한 공격 행위가 아니다 (…) 군주정이든 귀족정이든, 입헌정, 공화정 모두는 각 인민들의 상이한 성숙성의 표현방식이다"(Thiesse 1999).

이제 1789년 혁명전쟁 같은 것은 존재할 수 없었다. 전쟁은 운명적이고 영광스러운 필연성이기를 중단했다. 1848년 혁명과 함께 등장한 제2공화국에서 '형제애'는 순응해야 할 원칙으로 제시된다. 전쟁에 의지하는 것을 그만두고 모든 프랑스 시민들을 공동체 내에 결합시킬 수 있는 원칙이었다. 미슐레 역시 공화주의를 새로운 비전으로 들고 있다. 형제애는 민주주의 속에서 시민들을 결합시키고, 외국과의 관계에서 인민들 간의 연대를 강화시킨다. 물론 일부 소수에게는 국경과 민족을 없앨 수 있는 것이었지만, 대부분은 민주주의적 주권국가들 사이에 평화를 가져올 수 있는 원칙으로 제시되었다. 자유·평등·형제애는 프랑스만의 독점이 아니라, 유럽을 재생시킬 수 있는 행위이다.

유럽에서 민족주의적 움직임들이 일어나기 시작했다. 물론 그것이 표방하는 대부분은 프랑스혁명이 제시했던 자유·평등의 가치였다. 그러기에 당시 프랑스의 민주주의자들은 이탈리아와 독일의 통일 움직임 속에서 자신들이 추구한 보편주의적 공화주의에 대해 다시 사고할 수밖에 없었다.

이탈리아와 독일의 통일 움직임이 본격화되는 가운데 프랑스의 공화주의자들은 공화주의적 애국심과 보편주의적 공화주의 사이에서 갈등한다. 그들은 소극적으로 공화주의적이며 민주주의적 연방 유럽을 사유했다. 예를 들어 빅토르 위고는 보통선거권, 사상들의 순환, 경제적 순환에 기반한 유럽연방을 꿈꾸었다(Savy 1996). 형제애, 연대 등의 도덕적 원칙이 국경이라는 경계에 갇히지 않기를 기대했고, 그 원칙이 한 나라가 아닌 인류 전체에 적용되기를 희망했다. 하지만 유럽연방과 같은 기대는 사실상 먼 유토피아의 일로 미루어둔 것이 사실이다. 구체적인 형제애의 원칙은 계약과 인민주권에 근거하면서 네이션에 대한 공화주의적 원칙을 확정케 했다. 즉 민주주의와 공화국 그리고 형제애의 실현 공간으로서 네이션이 확정되었고, 네이션들 간의 체계로서 국제관계가 사고되었다. 이제 국민(nationality)의 원칙은 유럽에서 민주주의적 정치가 이루어질 수 있는 틀이 되었다.

이것은 구체적으로 유럽에서 국민국가 체계의 등장과도 밀접한 관련을 갖는다. 1848년의 혁명은 그 표현이었다. 또한 자본주의의 발전 역시 주요한 고려의 대상이다. 프로이센을 중심으로 하는 관세동맹의 성립, 19세기 전반기 프랑스의 산업혁명, 영국의 제국주의적 진출 등은 국민국가 체계의 성립을 의미한다. 따라서 프랑스의 보편주의적 공화주의는 서서히 국민적 틀을 통한 공화주의의 실현으로 전환되기 시작한다. 조국은 이상(理想)이 아니라 손으로 만질 수 있는 실체, 즉 영토와 인구를 가진 구체적인 실체가 되어갔다. 이러한 조국은 이중의 위협에 노출되어 있었다. 내부적으로 기본적인 자유를 존중하지 않는 정부에 의해, 외부적으로는 군사적·산업적 강대국들의 출현에 의해 위협이 현실화되고 있었다. 따라서 공화주의자가 된다는 것은 이제 내부의 적과 외부의 적에 대항해 자신의 나라를 지키는 것이었고, 이것은 공격적이거나 정복적이지 않는 애국주의의 증거였다.

파리코뮌은 19세기 혁명적 애국주의의 마지막 거대한 표현이었다. 조국방위라는 거대한 깃발 아래 애국주의는 외부의 적에 대항하는 동시에 내부의 적들, 즉 시민의 자유를 억압하려는 세력에 맞서 조국의 자유를 지키고자 했던 애국적 시민들의 봉기였다. 동시에 1870년 프로이센의 프랑스 침공은 비스마르크가 독일의 통일을 전 유럽에 확인시키는 계기였다. 전쟁 역시 다분히 비스마르크의 의도에 따라 원인을 조작하면서 시작되었다. 스당(Sedan)전투에서의 패배와 프랑스의 항복 선언은 파리 시민들로 하여금 분노를 낳았지만, 그것이 단순히 보편주의적인 공화주의 애국심의 발로이기만 했다고 볼 수 없다. 서서히 그 틀을 갖추기 시작한 민족주의적 감정이 저변에 깔려 있음을 부인할 수 없었다. 파리코뮌의 패배와 베르사유에서 빌헬름 2세의 대관식 및 제2제국의 선포는 민족주의적 감정의 극단이었다. 그리고 1918년 다시 베르사유 '거울의 방'에 모인 패전국 독일의 황제 빌헬름 3세의 항복 조인식은 민족주의가 더욱더 강화되고 있음을 분명히 확인시켜준 사건이었다.

시장의 경계로서 네이션

19세기가 자유주의의 세기이면서 동시에 자본주의 체제의 확립기임은 분명하다. 1789년 프랑스혁명 직후 취해진 조치의 하나는 '르 샤플리에(Le Chapelier) 법'이었고, 그것은 전통사회에 존재해 온 신분의 굴레들을 제거하고 사회에 개인만을 남기는 조치였다. 이제 개인은 전통경제의 중심에 있던 길드나 봉건적 장치로부터 벗어나 계약의 주체로 등장했다. 칼 폴라니가 1832년에야 비로소 영국이 자본주의 사회에 진입하게 되었다고 강조한 것은 그해 스핀햄랜드법이 폐지되었기 때문이다. 즉 교구로부터 해방되면서 자유로운 계약의 주체들을 제공하게 되었다.

애덤 스미스 이전 중상주의 시대 경제발전은 영토국가를 기반으로 이루어져 왔다. 그러나 19세기에 들어 중상주의를 비판하면서 자유무역 시대가 제창되었다. 하지만 그것은 영국에서 강했고, 프랑스에서는 약간의 반향이 있었을 뿐이었다. 애덤 스미스의 정치경제학(political economy)은 19세기 동안 경제적 자유주의를 표상하는 학문이자 이데올로기였다. 이에 대비되어 리스트의 국민경제학이 있었고, 마르크스는 『자본』의 부제를 '정치경제학 비판을 위하여'라고 명명했다.

이제 관세동맹을 통해 겨우 통일된 시장을 갖기 시작한 독일에서는 프리드리히 리스트가 '국민경제(학)'(Nationaloekonomie)을 언급했다. 물론 이것의 과제는 '민족의 경제발전을 이룩하고 미래의 보편적 사회로의 진입을 준비하는 것'이었다. 그러기 위해서 민족이 갖는 특수한 정치제도·문화·관습 등과 같은 고유성에 기반한 경제발전의 필요성을 제시했다(List 1998). 그 과정에서 국가는 민족경제를 보호해야 하며, 할 수 있다고 강조한다. 리스트는 애덤 스미스와 세(J.B. Say)로 대표되는 자유주의 경제학자들은 시장을 세계주의적 관점에서만 고려할 뿐 정치적 관점 그리고 국가의 역할은 전혀 고려하지 못한다고 비판했다.

1848년 혁명은 마르크스가 「공산당 선언」에서 말했듯이 공산주의라는 유령이 유럽에 출몰했음을 알렸다. 서서히 틀을 만들어가고 있는 국민국가 체제에 마르크스는 공산주의의 국제주의를 대립시켰다. 마르크스는 공산주의에서 자유가 실현되기 위해서 국가를 없어져야 할 존재로 보았다. 억압적 국가기구는 단순히 부르주아의 집행위원회이고, 국민국가라는 체제 역시 노동력과 시장을 확보하기 위한 장치에 불과했기 때문이다.

유럽을 휩쓸었던 1848년 혁명은 유럽에 새로운 이데올로기 시대의 등장을 의미했다. 19세기 전반기 자유주의와 보수주의의 대립을 넘어 사회주의 세력이 본격 등장했고, 또한 동시에 사회주의 세력 내부에서도 분화가 발생했다. 그것은 각 나라의 특수성을 반영하는 형태로 드러났다.

프랑스의 경우 1848년 혁명에서 가장 큰 세력으로 등장한 것은 블랑(L. Blanc)을 중심으로 하는 국가사회주의 경향이었다. 프랑스에서 국가가 갖는 독특한 지위, 즉 1789년 혁명을 거치면서 형성된 국가 관념으로, 일반의지의 실현체로서 국민의 권력이라는 위상 역시 한몫을 했다. 1848년 2월혁명과 6월봉기를 거치고 공화국을 준비하면서 충돌했던 주요한 쟁점의 하나는 노동의 권리(droit au travail)를 둘러싼 논의였다.[11] 부딪혔던 두 입장은 크게 블랑을 중심으로 하는 국가주의적 입장과 경제적 자유주의의 입장이었다. 이는 자본주의 발달과 함께 서서히 등장하기 시작한 노동문제의 해결방식을 두고 국가의 역할에 대해 이루어졌다. 국립작업장 해산을 계기로 시작된 이 논쟁은 1848년 혁명이 또 하나의 기점이 됨을 의미했다. 자본주의의 발달 속에서 등장한 '사회적인 것'(le social)의 탄생은 곧 자유로운 계약의 주체로서 개인들로 환원되지 않은 사회

---

11) 노동에 대한 권리(droit au travil)는 노동권(droit du travail)과 구별되어 사용되었다. 전자가 노동의 결과물에 대한 권리, 국가에 대한 일자리를 요구할 권리 등을 포함한다는 점에서 일정하게 사회주의 경향을 가지고 있다면, 후자는 노동을 할 수 있는 권리라는 의미에서 자유주의자들이 제한적으로 사용했다.

문제가 발생했음을 의미하며, 그 해결을 둘러싼 논의가 필요함을 의미했다.

루이 블랑을 중심으로 하는 공화주의자들과 사회주의자들은 국가가 노동자들에게 일자리를 제공해야 한다고 주장하면서 그들에게 노동에 대한 권리가 있음을 강조했다. 블랑에 따르면, 진정한 자유는 "권리에만 존재하는 것이 아니라, 자질을 계발시킬 수 있는 각자의 주어진 능력" 속에 있는 것이었다(Blanc 1849, 193). 따라서 국가는 "각자에게 노동할 수 있는 도구를 부여해야 하며 이를 통해 노동의 성과를 향유할 수 있도록 해야 한다." 개인이 자연권적 관점에서 자유롭고 평등하다고 인정된다면, 이제 능력의 관점에서 불평등이 존재하며 그에 대한 국가의 교정이 필요하다는 주장이었다. 이것은 국가가 특수한 사회상황을 고려해 법률을 적용, 시행할 것을 요구하는 것이었다. 따라서 기존의 자유주의적 권리의 시각에 대한 근본적인 문제 제기였다. 1848년 6월 국립작업장을 둘러싼 '노동에 대한 권리' 요구는 자본-임노동 관계에 국가 개입의 필요성을 요구하는 것이었고, 소유권의 헌법적 확립에 대한 새로운 해석을 제기하는 것이었다. 파리의 노동자들에게 '노동에 대한 권리'의 인정은 혁명의 대의를 완성시키는 것이었고, 동시에 그 혁명의 결과로써 등장한 공화국에 대한 애국심의 본질적인 근거였다. 블랑 등 사회주의 경향의 공화파들은 국가사회주의 형태의 공화국을 추구해야 할 체제로서 제시했던 것이다.

반면 자유주의자들은 이미 계약의 자유로운 주체들로 구성된 시장의 영역에 국가가 개입하는 것은 질서를 흔들 뿐이라고 했다. 세의 영향으로 인해 강한 경제적 자유주의 경향을 가지고 있던 프랑스 자유주의자들은 가능한 한 국가의 개입을 거부하고, 나아가 자유무역을 주장하게 된다. 이들은 루이 나폴레옹의 대통령 당선과 뒤이은 쿠데타를 통한 제정의 확립 속에서 강력한 후원자가 된다. 대표적으로 슈발리에(M. Chevalier)는 1860년 영국과의 자유무역 협정을 주도적으로 이끌어냈다. 이들은 한편으로 경제적 자유주의를, 다른 한편으로는 생시몽주의로 무장하고 있었다. 과학기술에 대한 절대 신뢰, 그리고 그것을 통한 보편주의 왕국의 건설은 그들의 이상이기도 했다. 슈발리에는 철도가 보편적 연합의 완벽한 상징이 될 것으로 보았다. 마르세유에서 파리를 거쳐 베를린에 이르는 기찻길을 통해 유럽연합을 상상했다. 식민지 개척 역시 그 연장선상에서 이해되었다. 현실적으로 슈발리에 등 자유주의자들의 사고는 1860년대 제2의 산업혁명이라고 불릴 정도로 주목할 만한 산업의 발달을 견인했다. 이에 기반해 잠시 유럽의 자유무역을 주도했던 것이다. 하지만 1880년대 들어서 이러한 자유무역 협정은 사라졌다.

  1848년 이후 자본주의 발전이 본격화되는 시점에서 사회주의 세력의 공격은 체제 자체를 위험에 빠뜨렸다기보다 오히려 자본주의 발전의 방향성을 정해주는 듯했다. 국가가 단순히 외부의 위협으로부터 사회를 보호하는 수준을 넘어 사회에 서서히 개입하면서 안전을 보장해주는 방식이 등장한 것이다. 나아가 국가는 산업의 발전을 위해 사회 하부구조의 형성에 적극 나섰다. 국민경제라는 단위가 작동했고, 그것은 국가가 노동력의 재생산, 시장의 보호 등에 적극적 행위자로 관여하기 시작함을 의미하기도 했다. 그것을 기반으로 제국주의적 진출 역시 가능했다.

국민문화와 국민의 정체성 형성

19세기 동안 프랑스는 민주주의의 형성, 또는 민주주의로의 이행이 진행된다. 다양한 축으로 이뤄지는데, 우선 민주주의적 제도의 형성과정, 예를 들어 선거권의 확대, 정치적 권리와 대의제 확장 등으로 이루어진다. 19세기는 민주주의의 내용을 채우는 과정으로 이해될 수 있다. 그 내용은 국민주권의 확정이며, 또한 민주주의적 국민문화, 민주주의적 국민의 형성 과정이기도 하다. 여기에서 국민적 문화, 국민적 정체성의 형성이라는 틀이 만들어진다. 다른 하나는 민주주의적 문화를 통한 민주주의적 국민의 건설과정이다. 18세기의 보편주의적 문화는 19세기 국민문화로 전환된다. 18세기가 비판의 세기였다면 19세기는 "민주주의를 교육시킨다"는 의미에서 "공민적 세기"(siècle civique)였다(Mélonio 1998). 민주주의로의 이행은 1880년대까지 지속되었고, 이는 1789년에 시작된 혁명적 열기가 전환되는 데 필요한 시간이었다.

18세기 프랑스의 보편주의적 문화는 19세기 민주주의적 국민문화로 전환된다. 이것은 특정한 계급의 습속이 아니라 국민의 습속을 만드는 작업이었다.「인권선언」과 이후 과정에서 정치적 권리를 획득하면서 확정된 민주주의적 시민들로 구성된 네이션의 동질화가 그것이다. 즉 네이션 내부의 통일을 이루는 일이었다. 하나의 공동체를 형성하고, 상상의 공동체를 만드는 작업이었다. 상상의 정치적 공동체를 만들어내는 것은 프랑스라는 영토적 경계 내에 동질의 문화를 기입하는 것이다. 내부적 문화의 동일성을 만들면서 외부적으로 이웃과의 차이를 부각시키는 것이다. 공통의 습속을 만들어내고, 공통의 기억을 만들어내는 일이다. 그것은 특정 지역이나 계급의 특수한 습속을 제거하는 것이다. 이 과정에서 국가는 교육자·시인·역사가·화가·문학비평가가 되면서 민주주의 교육자로서의 역할을 자임했다.

19세기 전반기 자유주의자들은 '교육'이 개인적 이기심과 공공선 사이의 빈 공간을 채울 수 있는 수단이라고 생각했다. 이러한 국민만들기가 본격적으로 시작된 것은 1830년에 성립한 7월왕정 시기부터이고, 그 중심에는 기조(F. Guizot)가 있었다. 1830년 시작된 7월왕정에서 교육부장관·내무부장관 등을 역임한 기조는 그의 '이성의 주권론'에 기반해 '정신의 정부'를 확립하려 했다. 그의 사유에서 국가는 교육자이자, 문화비평가 그리고 역사가였다. 기조는 과학·문학·예술을 국민을 결합시킬 수 있는 수단으로 파악했다(Rosanvallon 1985). 문화가 국민적이고 단일한 것으로 인식된다면, 그것은 문화가 선거권의 획득과 정치적 평등의 원래적인 약속과 함께 이루어졌기 때문이다. 하나의 영토에 함께 살아가는 것, 기억의 유산, 공유하는 상징과 이미지, 유사한 습속들, 공통의 교육, 이 모든 것들이 하나의 거대한 연대를 가능케 하며, 개인들을 시민이 되게 하는 것이다. 19세기 프랑스는 하나의 국민이 되려는 의지의 역사이다.

국민만들기의 가장 큰 축을 형성하는 것은 '역사'의 새로운 이해이다. '국민을 만드는 것은 곧 함께 기억하는 것'(Faire nation, c'est se souvenir ensemble)이었다(Mélonio 1998). 네이션의 기억을 새롭게 만들고, 그 기억과 국민의 관계를 새롭게 설정하는 일, 즉 애국심 또는 공민적 심성을 만드는 작업이 진행되었다. 기조는 중세에 대한 새로운 시각을 제공했다.[12] 프랑스혁명은 중세의 사회적 상태에 대한 국민적 반감의 폭발이었다. 1792년 8월 14일 법령에 의해 중세적 지배를 상징하는 것들을 파괴했다. 이후 산업화는 과거 세계와의 단절을 더욱 가속화했다. 기조는 정치적으로 중세가 증오의 대상일 수 있지만, 중세의 "시적인 매력"을 불러일으키고자 했다(Rosanvallon 1985). 1789년 혁명이 프랑스인들에게서 역사를 없애버렸다면, 중세는 다시 근대 프랑스의 언어, 문학, 기념물, 역사적 가족 등의 요람으로 등장했다. 중세는 국민적 단일성의 요람이었다. 샤를마뉴 때부터 프랑스는 동일한 습속과 감정을 가진 부분을 형성하기 시작했다.

7월왕정 시기 티에르(A. Thiers)는 영국으로부터 나폴레옹 시신 귀환을 서둘렀다. 나폴레옹은 프랑스인들에게 국민적 영광을 상기

---

[12] Guizot, *Histoire de la civilisation en France*(1829-1830). 기조는 1834년 '프랑스사 미발간 자료 연구소'(Comité des documents inédits de l'histoire de France), '역사자료위원회'(Comité des travaux historique), 1837년 '기념물과 예술역사위원회'(Le Comité historique des monuments et arts) 등을 설치했다. 기조는 이들 위원회가 정치적인 동시에 과학적이기를 바랐다. 과학적이라는 의미는 근대 프랑스의 요람으로서 중세에 대한 진실을 찾는 것이었다(Rosanvallon 1990).

시키고, 공화주의자들에게도 매혹적인 지도자였다. '오스테를리츠의 태양'(le soleil d'Austerlitz)의 귀환은 자유주의자들에게는 질서를 유지시키는 권위의 확립을 의미했다. 또한 좌파를 공격하는 혁명적 원칙이었다. 나폴레옹의 귀환은 프랑스인들의 애국주의적 감정을 일깨우는 데 일조했고, 새로운 정부에도 질서의 확립을 위해 필요한 일이었다. 방돔광장에 황제의 동상이 다시 자리 잡았고, 공화주의자들 역시 그 상황을 즐겼다.

기조는 계급과 민족들의 종국적인 화해를 생각하면서 인류의 일반적인 운명을 특징지을 필요성 때문에 '문명'이라는 말을 사용했다. 세기에 걸쳐 문명의 운동은 정치적 단일성과 인류정신의 확장이라는 특징을 갖게 된다. 그중 역사가로서 미슐레(J. Michelet)의 작업은 단연 돋보인다. 미슐레는 국민을 새롭게 확정짓고자 했다. 그것은 1789년 혁명 당시 시에예스가 '제3신분'이라는 개념으로 혁명의 주체세력을 호명했듯이 '인민'(peuple)이라는 개념으로 네이션을 재확정짓는 일이었다. 진정한 인민은 특권층에서 배제된 대중으로 구성된다. 인민은 "국민(nation)의 가장 많은 수를 차지하는 부분"이며, "육체적인 것과 정신적인 것의 균형을 찾으면서 가장 강하고 가장 신성한 부분"이다(Michelet 1974, 89). 또한 그들은 인민의 근대적인 두 측면인 노동자와 군인이다. "그들은 1789, 1792, 1830년의 사건에 등장한 혁명적 군중이다." 조국에게 자신의 역사를 주는 것은 인민에게 그 의식을 부여하는 일이다. 이것이 역사가로서 미슐레의 프로그램이었다(Mitzman 1999).

역사가들의 작업은 이후에도 지속되었다. 쿨랑주(Numa Denis

Fustel de Coulange)는 『고대도시』(*La Cité antique*, 1864)에서 고대 프랑스 정치제도의 흔적을 찾고자 했다.[13] 텐(H. Taine) 역시 중세 이후 역사를 파헤치며 프랑스의 기원을 찾는 작업을 진행했다. 1840년대 뒤마(A. Dumas)는 다양한 역사소설을 저술하며 역사의 대중화를 진행했다.[14]

역사만들기의 또 다른 방식의 하나는 박물관을 통하는 것이었다. 박물관은 국민에게 그 자신의 과거를 복원해주기 위함이었다. 프랑스에서 박물관은 왕·이민자·성직자들의 재산을 '국민의 것으로 만들기'(nationalisation) 과정에서 탄생했다. 1793년 11월 8일 루브르 박물관의 개방은 왕의 궁전이 국민의 궁전이 되었음을 의미했다.[15] 프랑스혁명은 국립문서보관소(archive national)를 발명케 했다. 1821년 문서학자들을 양성하기 위한 학교(Ecole des Chartes)가 설립되고, 역사학·고고학·지리학·중세법 등의 강의가 이뤄

---

[13] 『고대도시』를 쓰면서 쿨랑주가 명시한 목적은 혁명 이후 모든 프랑스 정치에서 고전적 공화주의의 가치들을 이용하는 것에 반대하는 것이었다. 또한 종교·가족·사유재산에 기반을 둔 선사시대를 구성하면서 보수적인 프랑스 민족주의를 위한 완벽한 건국신화를 만들었으며, 이후 쿨랑주 제자들의 반대에도 불구하고 극우집단인 '프랑스의 행동'(Action Française)에 의해 이용되었다(Thom 2011).

[14] 잘 알려진 『몬테크리스토 백작』(*Le Comte de Monte-Cristo*)을 포함해, 『마고여왕』(*La Reine Margot*), 『붉은 집의 기사』(*Le Chevalier de Maison-Rouge*) 등 수많은 역사소설을 썼다. 그의 작품은 특히 당시의 이야기뿐만 아니라 자세한 의상·풍습 등을 상세히 묘사했다.

[15] 나폴레옹의 루브르 박물관은 런던의 '네셔널 갤러리'와 베를린의 '게말데 갤러리'를 만들도록 자극했다.

졌다. 박물관은 민주주의적·엘리트주의적 실천의 야망을 가지고 있었다. '모든 이에게 문화의 권리를'이라는 말처럼 예술과 민주주의가 결합하는 장소였다.[16]

민주주의적 국민의 탄생과 관련해 주목할 또 다른 하나는 근대적 공론장의 형성이다(Talyor 2010; Habermas 1992). 1866년 공쿠르(Goncourt) 형제는 "저널이 살롱(salon)을 죽였고, 공중이 사회를 계승했다"라고 적었다(Mélonio 1998). 저널, 아카데미 등은 전통 살롱의 귀족주의적 사회성을 대체했다. 1793년 아카데미 프랑세즈는 귀족주의의 중간집단이라는 이유로 해체되었다. 하지만 1795년 학술원(Institut de France)이 복원된다. 또한 아카데미가 다른 형태인 '정신과학 및 정치학 아카데미'(Académie des sciences morales et politiques)로 복원된다. 아카데미는 "정신을 통치한다"(gouverner les esprits)라는 야망을 가지고 있었고, 당시 시대적 쟁점들을 공쿠르의 논제로 제시했다. '위험한 계급'(1833), '빈곤의 원인'(1834), 노예폐지(1839), 고대 이래 정신철학의 상이한 체계의 역사(1846), 이윤과 임금의 관계(1842), 콜베르주의(1847) 등 다양한 논제들이 제시되었다.

국민만들기의 주요한 한 축은 '국민교육' 체계의 확립이었다. 이미 7월왕정에서 기조는 1833년 6월 28일 초등학교법을 마련해 체

---

16) "진정한 노동자는 일요일 자신의 아내와 아이들을 데리고 산책하고, 박물관과 전시회를 관람하는 것이다"라는 말은 19세기 문화의 전형을 보여주고 있다. 자본주의, 가족, 그리고 문화의 탄생을 말하고 있다(Mélonio 1998).

계화 작업에 들어갔다. 특히 초등학교는 민주주의 교육의 전략적 장소가 되었다. 미슐레 역시 이미 『인민』(*Le Peuple*)에서 초등학교 (école nationale)에 대한 꿈을 제시했고, 이 꿈은 제3공화국의 페리 (J. Ferry)에 의해 실현되었다. 1883년 쥘 페리의 교육개혁은 기조가 시작한 작업을 일단락짓는 것이었다. 국가에 의한 무상 의무교육을 확정하고, 동시에 보수 기독교 세력으로부터 교육을 독립시키기 위해 라이시테(laïcité, 비종교성)의 원칙을 확정했다. 쥘 페리의 교육개혁 목표는 공화주의적인 시민의 양성이었다. 공화주의 정부에 의해 공화주의적 시민을 양성하기 위한 교육체계가 확립된 것이다.

신칸트주의의 대표 철학자로서 제3공화국에서 공화주의적 교육을 체계화하는 데 일조했던 푸이에(Alfred Fouillée)의 부인은 브뤼노(G. Bruno)라는 필명으로 『두 아이의 프랑스 일주: 의무와 조국』 (*Le Tour de la France par deux enfants: devoir et patrie*)을 저술했다. 이 책은 프랑스 국토에 대한 사랑이 곧 조국애의 시작이라는 내용으로, 19세기 프랑스 국민교육의 응집이라고 볼 수 있다.[17]

주인공인 앙드레와 줄리앙 두 형제는 알사스 지방에 살다가 프로이센과의 전쟁에서 패배한 후 독일로 합병되자 그곳을 떠나 프랑스로 들어온다. 형제는 지방을 돌아다니며 친척을 만나거나 일을 하기도 한다. 책은 이들의 긴 여정을 그리며 프랑스 곳곳을 소개하고

---

17) 이 책은 1877~87년 동안 300만 부 이상을 판매한 교육서이다. 제3공화국 시기에도 지속적으로 재출간되면서 프랑스 국민교육서의 역할을 했다. 필자는 1925년판을 참조했다.

국토를 보여주고 있다. 자연환경뿐만 아니라 프랑스의 산업 즉, 농업 · 목축 · 어업 그리고 지역의 특산물들 — 부르고뉴의 포도주 농장, 크뢰조(Le Creusot)의 발달한 산업, 비시(Vichy) 지방의 깨끗한 물 등 — 이 소개되고 있다. 책은 각 지방(région)의 지도를 그려넣고 그 지역의 특성을 삽화로 잘 묘사하고 있다.[18] 또한 각 지역의 유명인들, 예를 들어 보르도 지방에 갔을 때는 몽테스키외, 툴루즈에 갔을 때는 법학자 퀴자스(Jacques Cujas, 1520~90), 투르 지방의 루아르(Loire)에서는 데카르트에 대해 이야기한다. 또한 공장에서 어린아이의 노동, 빈곤문제 등을 보면서 형제애로 극복할 것을 주문한다.

마지막 장의 제목은 '나는 프랑스를 사랑한다'(J'aime la France) 이다. 6년간의 여정이 끝나고, 그 여행으로 얻은 것은 "의무 · 조국 · 인류성"(Devoir, Patrie, Humanité)이라고 선언하며 마무리된다. 즉 책이 전하고자 하는 교훈이 무엇인지를 밝히고 있다.

1904년에 씌어진 에필로그에는 베트남 나트랑(Nha-trang)의 파스퇴르연구소에 대해 언급하고 있다. 이제 프랑스의 영토는 베트남에까지 이르고 있음을 말하고 있는 것이다. 물론 그 외 나라들 역시 열거하며 필자는 제3공화국이 영국과 러시아 다음으로 가장 큰 식

---

18) 19세기 동안에 지방(régions)이 발명되지만, 동시에 동일화(uniformisa-tiom)와 '하나됨'의 아름다움을 높이는 방식으로 지역적 특수성 역시 정당화되었다. 1903년 지리학자 폴 비달 드 라 블라슈(Paul Vidal de la Blache)는 『프랑스지리표』(*Tableau de la géographie de la France*)에서 영토를 하나의 상징으로 소개했다. "프랑스는 하나의 사람이다."

민지 제국을 건설했음을 자랑스러워하고 있다.

이 책이 다다른 지점은 프랑스에 대한 공화주의적 애국심이라고 주장하고 있지만, 그것은 이미 제국주의적이었고, 자유의 땅으로서 조국에 대한 사랑보다는 조국의 영광을 추구하는 민족주의였다. 자유의 실현 공간으로서 조국이라는 이미지보다 구체적인 땅으로서 조국이며, 경계 밖과 구별되고 제국주의적 침략을 당연하게 생각하는 배타적인 조국을 의미하고 있다.

민족주의는 다시 애국주의로

1789년에 시작된 조국 프랑스의 단일성은 제3공화국에서 완결된 프랑스 공화주의에 의해 완성된다. 하나의 거대한 순환이 종결되었으며, 1789년에 시작된 근대 국민국가 형성의 과정이 일단락된 것이다. 근대국가 형성의 출발에서 주요한 동인이었던 애국주의적 열정은 고대적 방식의 부활이었지만, 현실적으로 근대적 정치공동체 내에서 애국주의의 완성을 꿈꾸었다. 하지만 그 실험은 공포정치라는 하나의 '일탈'을 가져오기도 했고, 혁명전쟁을 추동하면서는 침략전쟁으로 변질되기도 했다.

프랑스혁명의 충격은 한편으로 유럽에 근대 국민국가 체제를 형성시키는 자극제 역할을 했다. 즉 유럽 곳곳은 공화주의적·애국주의적 열정으로 새로운 국민국가건설의 길에 들어섰다. 하지만 그러한 시작에도 불구하고 19세기 말 유럽은 배타적인 민족주의적 국가 경향이 강했다. 그들은 제국주의적 경향을 뚜렷이 가지고 있었다.

20세기 초반 유럽에 광범위하게 확산된 극우 민족주의 경향은 예외적이라기보다는 19세기 민족주의 경향의 자연스러운 귀결일 수 있다. 민족주의가 주변의 조건들과 결합하며 언제든지 극우 민족주의적 경향을 띠고 배타적·침략적·공격적일 가능성을 내재하고 있는 것이다. 물론 극우 민족주의를 비판하면서 프랑스의 공화주의자들은 배타성이 아니라 포용성을 강조하고 사회정의를 말했다. 하지만 그들 역시 당시 제3세계에 대한 제국주의적 침략을 문명이라는 사고, 즉 서구중심 사고 속에서 당연하게 생각했다.

프랑스혁명 초기의 애국주의적 열정은 국민국가의 형성이라는 근대의 흐름과 결합하며 민족주의적 열정으로 변화되었다. 국민국가의 형성 과정은 복합적이었다. 내부적으로 국민의 형성, 자본주의 시장경제의 건설, 민주주의 정치체제의 형성 등 정치·경제적으로 복합적이었고, 외부적으로 국민국가들의 체계가 형성되었다. 따라서 초기의 애국주의적 열정이 서서히 배타적 민족주의 경향을 띠기 시작한 것은 자연스러웠다. 무엇보다 이 모든 과정이 경계짓기와 밀접하게 결합되어 있었기 때문이다. 즉 국민의 경계, 시장의 경계, 영토의 경계가 만들어지는 과정이었고, 그것은 포섭과 배제의 논리가 작동함을 의미했다. 그런 논리의 근간을 이루는 것이 민족주의였다.

민족주의와 민족들 간의 경쟁이 극에 이르렀던 사건이 제1차 세계대전이었다. 각국의 노동자들은 '애국주의 전쟁'임―레닌이 말하는 제국주의 전쟁이 아니라―을 강조하면서 참전했다. 이제 애국주의는 명백히 민족주의가 되었음을 의미했다. 아니 최소한 자유라는 애국주의의 대의명분은 민족의 이익에 의해 밀려난 것이 분명했다. 그리고 제1차 세계대전 이후 20세기 역시 민족주의는 더욱 강화될 뿐이었고, 애국주의는 그 흔적을 찾아보기 어려웠다. 국민국가 시대에 애국주의는 민족주의로서만 존재할 수 있을 뿐이었다. 아마도 21세기에 들어서 애국주의가 다시 언급되는 것은 민족주의의 위기와 맞물려 있음을 의미하는 것이 아닐까?

7장

프랑스 민족주의와 유럽의 통합

조홍식

프랑스 민족전선은 유럽을 지지하지만 유럽연합에는
반대한다고 설명한다. 왜냐하면 오늘날 진행되고 있는
경제적 유럽은 과거 유럽이 형성되어온 역사를 부정하면서
국가 간의 경계를 허무는 데에만 치중하고 있기 때문이다.
경제적 유럽은 민족적 특수성을 지워버리고 모든 것을
하나로 동질적으로 통합해버린다고 비판한다.

유럽통합·민족주의·애국심에 대한 문제의식

유럽통합이라는, 20세기에 시작된 획기적인 현상은 민족주의와 애국심이라는 문제의식에 완전히 새로운 차원과 질문을 도입하게 만들었다. 일반적으로 민족주의란 민족이라는 문화적·정치적으로 구성된 공동체에 대한 소속감·일체성·충성심 등을 포괄적으로 지칭한다. 다른 한편 애국심은 자신이 속한 국가 또는 정치체제에 대한 소속감·일체성·충성심 등을 의미한다. 민족주의와 애국심은 분석적으로 또는 이념적으로 구분할 수 있지만 현실에서는 혼재되어 있는 것이 사실이다.

유럽통합은 민족주의와 애국심의 대상으로 성장한 민족국가의 집합으로 형성된 새로운 정치체제이자 정치공동체이다(조홍식 2006). 정치체제로서 유럽연합은 이미 많은 권력을 집중하고 있으며 이에 상응하는 결집력을 확보하기 위해 노력하고 있다. 예를 들어 하버마스의 헌정적 애국주의는 유럽이라는 새로운 정치체(polity)와 연결되어 논의되고 있다(Lacroix 2002, 944-958). 과거 중앙집권적 국가가 민족을 만들어내는 데 기여했듯이 유럽 차원의 권력집중 현상은 새로운 정치공동체의 형성 가능성을 엿보게 한다(Bartolini 2005). 따라서 기존의 민족국가 차원의 민족주의·애국심 논의는 유럽통합으로 인해 새로운 국면을 맞이하게 되었다.

이 연구는 유럽통합에서 핵심적이고 주도적인 역할을 담당했고, 동시에 민족국가의 전통과 강한 국가의 대명사라고 할 수 있는 프랑스의 정치세력 가운데 민족주의적 담론의 극단적 양상을 대변하는 민족전선을 대상으로 한다. 물론 현실정치에 참여하는 정치세력이기 때문에 민족전선의 담론은 학자나 사상가가 가지고 있는 순수성이나 일관성을 결여한다. 현실정치의 전략적 차원과 적응의 필요가 이념의 복합성을 초래하기 때문이다. 하지만 민족주의와 애국심 논의 자체가 현실정치와 구별된 영역에서만 논의되는 것도 바람직하지는 않을 것이다. 궁극적으로는 민족주의·애국심은 현실 속에서 실현되고 작동해야만 하기 때문이다.

민족전선(Front National)은 1972년 10월 창립된 프랑스의 대표적인 민족주의 극우 정치세력이다. 창립 당시의 공식 명칭은 프랑스통일민족전선(Front National pour l'Unité Française)으로서, 프랑스가 독일에 점령당했던 1941년 공산당 계열로 창립되었던 레지스탕스 조직인 프랑스독립민족전선(Front National de l'Indépendance de la France)과 구분되어야 한다. 이 두 조직은 정치적 성향이나 인적 구성 등 그 어느 측면에서 보더라도 직접적인 관계가 없다. 제2차 세계대전 시기의 민족전선이 좌파의 반독일 해방 세력이었다면, 1970년대 만들어진 민족전선은 극우 민족주의 세력이다. 이 연구에서 대상으로 삼는 정치세력은 후자이며, 제2차 세계 대전 후 가장 대표적인 프랑스의 비집권 민족주의 세력이다.

민족전선과 비교할 수 있는 실질적·잠재적 집권세력이면서 민족주의의 대표 세력으로는 우파 보수주의 골리즘(Gaullisme)을 들 수 있다. 프랑스의 대표적인 현대사학자이자 우익연구의 권위자 레몽은 우파 정치전통을 자유주의(Orléanisme), 보나파르티즘(Bonapartisme), 그리고 정통주의(Légitimisme) 세력으로 구분한 바 있다. 드골의 사상과 정치 지도력을 중심으로 발전한 골리즘은 바로 나폴레옹 보나파르트로부터 계승되어온 공화주의와 대중적 지지를 받는 카리스마적 지도자가 융합된 가부장적 민족주의 전통으로 본다.

반면 민족전선은 반혁명적 극우 전통에 뿌리를 두고 발전했지만 궁극적으로는 공화국의 대의민주주의를 인정했고, 다른 온건우파가 사회주의와 공산주의 성향에 물들었기 때문에 자신만이 '진정한 의미의 우익'이라고 주장한다(Rémond 1982). 학계 일부에서 비녹과 같은 학자는 민족전선이 프랑스 대혁명의 전통과 인권에 대해 부정적인 태도를 취한다고 보며 따라서 전통적인 극우라기보다는 파시즘에 가까운 세력으로 규정하고 있다(Winock 1994).[1] 실제로 민족전선은 프랑스 정치의 이데올로기적 스펙트럼에서 온건우파 집권세력보다 더 우익에서 활동해온 다양한 사상과 집단, 조직을 포괄하는 정치세력이다. 그 때문에 단순히 레몽과 비녹의 분석이 상충한다고 볼 필요는 없다. 민족전선은 대의민주주의 정치의 규칙을 인정하고 게임에 적극 참여하고 있다는 점에서 공화정을 받아들인 것이 확실하다. 하지만 동시에 민족전선 내에는 파시스트적 성향의 분파가 분명히 존재하고 전선의 지도부도 경우에 따라 민주주의와 인권을 부정하는 성향을 드러내기도 한다.

이 연구에서 중요한 사실은 골리즘과 민족전선이 실질적 영향력

---

[1] 국내에서도 고전적 파시즘과 상당한 연결성이 존재한다고 보는 시각이 있다(김용우 2005, 224-233).

을 확보하고 있는 대표적인 두 민족주의 정치세력으로 규정할 수 있다는 점이다. 일반적으로 사용되는 고전적 민족주의의 정의는 겔너가 말했듯이 정치적 단위와 민족 단위의 일치로 인한 만족이나, 불일치로 인한 불만에 기초한 감정이라고 할 수 있다(Gellner 1983, 1). 겔너의 정의는 너무 포괄적이기 때문에 연구에서 구체적 유용성이 다소 떨어진다. 이러한 민족주의적 감정의 정의에 기초해 정치세력을 판단하는 데 민족주의의 성격부여 여부를 결정하기는 어렵다. 그럼에도 불구하고 이 정의는 간략하고 핵심을 포착한다는 의미를 가진다. 특히, 이미 설립된 민족국가의 틀 속에서 활동하는 정치세력은 대부분 민족주의적인 요소를 반드시 내포하고 있다. 따라서 특정 정치세력을 민족주의라고 규정하기 위해서는 보다 제한적인 정의가 필요하다. 여기서는 시민의 충성심의 대상으로서 배타적 또는 최우선적으로 민족을 강조하는 정치세력을 민족주의적이라고 규정한다.

유럽통합과 민족주의의 상호관계는 이론적으로 자유주의나 기능주의 전통의 초국가주의, 제도주의 전통의 연방주의, 그리고 다른 한편으로는 현실주의적 정부간주의 등 매우 다양한 이론적 탐구의 대상이 되어왔다. 기능주의에서 비롯된 1950~60년대의 초국가주의는 정치경제적 변화에 따라 이제 민족국가가 더 이상 적합한 정치적 틀이 아니기에 지역주의적 통합이 추진된다고 설명한다(Haas 1958). 다른 한편 제도주의 전통에서는 상당한 민주적 정치체제와 법치주의를 공유하는 서유럽 국가들이 특정한 역사적 상황에서 통합을 시작했고 이는 제도적 관성, 정치적 동기 등에 의해 통합 지속의 모멘텀을 확보했다고 보고 있다(Sidjanski 1992). 끝으로 정부간주의는 민족국가들이 여전히 주도적 영향력을 행사하며, 최종적 결정권을 보유하고 있다고 분석한다.[2] 유럽통합을 설명하는 이들 이론은 상당히 오랫동안 통합과 민족주의의 관계를 대립적으로 분석했다.

하지만 유럽통합과 민족주의의 관계에 대한 일련의 연구는 이들이 반드시 대립적이 아니라 상호 보완적일 수도 있고, 보다 일반적으로 복합적인 관계를 가지고 있다는 사실을 지적하고 있다(Hix 1994, 1-30). 다른 한편 민족전선에 관한 논의는 주로 국내 정치적 차원에서 나누어졌고, 유럽통합과 관련해서는 기존 연구에서 부분적으로 다루고 있다(Mayer & Perrineau 1996; Marcus 1995).[3] 따라서 이 연구는 민족주의와 유럽통합이라는 틀을 통해 프랑스 민족전선의 사례를 분석하는 데 새롭게 기여하고자 한다.

이 연구의 기본적인 문제의식은 유럽통합과 민족주의 상호관계를 프랑스의 대표적인 민족주의 정치세력인 민족전선의 입장과 태도를 통해 중장기에 걸쳐 거시 역사적으로 살펴봄으로써 다양한 층위의 집단 정체성 형성의 동학과 특정 정치세력의 역할을 분석하고 조망하는 것이다.[4] 이 포괄적 접근법은 다음과 같은 세부적인 질

---

2) 정부간주의는 현실주의적 버전과 자유주의적 버전이 모두 존재하는데, 이미 통합이 진전된 상황을 감안하여 자유주의적 버전을 소개한다면 다음을 참조할 것(Moravcsik 1998).
3) 국내에서는 직접적으로 민족전선만을 다룬 것은 아니지만 김용우(2005) 연구를 참조할 것.

문으로 구체화된다. 첫째, 역사적으로 민족전선의 유럽에 대한 입장과 태도가 변화했는가? 60여 년간 진행된 유럽통합 자체가 변화무쌍한 과정이기에 특정 정치세력의 입장과 태도가 같을 수는 없겠지만 우리의 목적은 그 지속성과 변화를 제대로 포착하는 것이다.[5] 예를 들어 또 다른 민족주의 세력 골리즘은 너무나도 빈번하고 획기적인 입장과 태도의 변화를 보여주었기 때문에 당연히 민족전선에 대해서도 같은 질문을 던져야 한다.

둘째, 지속과 변화의 동학을 분석하면서 그 원인을 규명하는 일이다. 민족전선의 유럽에 대한 입장과 태도가 변화했다면 그 이유는 무엇인가? 골리즘의 변화는 유럽통합이 진전됨에 따라 수권 능력이 있는 집권세력으로 남기 위해서는 유럽을 인정하고 수용할 수밖에 없었다는 사실이 강력하게 작용했다(조홍식 2008). 드골 대통령 자신이 반유럽적 입장에서 결국 유럽통합을 수용하되 자신이 원

---

4) "우리는 민족정체성이라는 개념이 얼마나 복합적이고 추상적이며 다차원적이라는 사실을 보았다. 따라서 다양한 사회집단은 역사의 다양한 고리에서 그들의 필요와 이익, 이상이 추상적이지만 동시에 매우 실질적인 감정을 느끼게 하는 민족이라는 틀, 그리고 민족이라는 수단을 통해서 만족될 수 있음을 발견하게 된다"(Smith 1993, 120).

5) 민족전선의 민족주의가 구체적으로 어떤 실체를 가리키는가에 대해서는 다양한 접근이 가능하다. 정치세력의 형성 시기부터 지금까지 주도적 역할을 담당한 르펜의 사상 및 발언에서부터 민족전선을 구성하는 다양한 세력의 입장, 또는 민족전선의 당원이나 지지세력의 입장 등을 모두 지칭할 수 있다. 이 논문에서는 정치세력의 핵심 역할을 담당하는 르펜과 부차적으로 민족전선 지도층의 주요 노선 및 입장을 민족전선의 민족주의 또는 민족 정체성으로 보고 있다.

하는 방향으로 이끌려 했고, 그 후계자 시라크도 유럽주의를 '외국의 당'이라고 부르기도 했으나 결국은 유럽의 경제화폐통합을 실현하는 대통령이 되었다. 그렇다면 예측 가능한 미래에 집권 가능성이 무척 낮다고 평가되는 민족전선의 경우는 어땠는가?

셋째, 유럽통합과 민족주의의 유동적 관계의 이면에는 변화하지 않고 유지되는 민족전선의 세계관 또는 유럽관의 틀이 존재하는가? 다시 말해서 민족 단위를 시민의 배타적 또는 최우선적 충성심의 대상으로 삼는 민족주의와 유럽통합은 현실적으로 타협을 하고 있지만 근본적인 수준에서는 서로 상충할 수밖에 없는가? 그리하여 결국은 유럽통합과 민족주의는 전자가 유럽적 수준의 민족주의로 발전하면서 상호 배타적, 대안적 성격으로 대립할 수밖에 없는가?

이 연구는 이상과 같은 질문을 염두에 두고 역사적 시기 순서에 따라 진행한다. 우선 제2차 세계대전 당시 독일군의 프랑스 점령과 친나치 비시정권의 경험 때문에 전후 해방 이후의 시기에 프랑스의 민족주의는 좌파의 공산당 레지스탕스 운동과 우파 골리즘이 대표했다. 전후부터 1980년대 초반 민족전선이 주요 정치세력으로 부상하기까지의 시기는 프랑스 극우 민족주의의 침체기라고 할 수 있다. 이들은 분열된 상태에서 다양한 군소 세력이 경쟁하는 구도였다. 두 번째 시기는 1980년대부터 2002년 대선까지 민족전선이 프랑스 극우를 대표하면서 하원의원, 유럽의원 등을 배출하며 제도권 세력으로 성장하고, 급기야 2002년 대선에서는 민족전선의 르펜 후보가 결선투표에 진출하는 선거 성공을 이룩했다. 마지막 시기는

2002년 대선 이후 지금까지 프랑스 골리즘을 대표하는 세력이 그동안 민족전선의 주요 정치 쟁점이자 상징이었던 이민·치안·질서 문제 등을 제기하며 극우화하는 모습을 보여주는 시기이다. 결국 온건우파의 우경화로 인해 기존 극우의 정치적 공간이 축소되면서 민족전선이 쇠퇴하고 있는 시기라고 하겠다.

유럽통합과 프랑스 극우

제2차 세계대전이 종결된 1944년부터 10여 년 동안은 프랑스의 극우세력이 비시정권의 경험으로 인해 역사적 정통성을 상실하고 정치무대에서 실종된 시기라고 할 수 있다. 해방 정국에서 비시정권 동안 독일과 협력했던 상당수 인사들이 별다른 재판이나 절차에 따르지 않고 처형되었고, 이로 인해 프랑스 극우는 물리적으로 대거 제거된 상황이었던 것이다. 게다가 해방 정국과 제4공화국에서 프랑스 민족주의 성향의 극우는 1940년 '올바른' 선택을 했던 드골주의 정치세력이 대표하게 되었다. 말하자면 제2차 세계대전을 거치면서 프랑스의 민족주의 우파는 영·미의 도움을 받아 프랑스의 독립적 위상과 정책을 지향하는 드골주의 세력과 독일과의 협력을 통해 유럽 차원의 독·불 지배체제를 구상했던 비시정권 세력으로 분열되었고, 전자의 완승 및 후자의 붕괴로 귀결되었다.

하지만 드골 세력은 제4공화국 헌정체제에 대한 불만으로 반체제 야권으로 돌아섰고, 레지스탕스에 참여했던 사회민주주의, 기독교 민주주의 및 온건우파 세력이 일명 제3세력(La troisième force)

을 형성해 제4공화국 집권세력으로 등장했다. 이들은 반나치 경험과 성향을 기초로 독일, 이탈리아 및 베네룩스의 사민주의, 기민주의 집권세력과 함께 유럽통합의 길을 열기 시작했고, 당시 제도권의 민족주의 우파 드골 세력은 유럽통합에 비판적인 입장을 취했다.

전후 시기 극우 민족주의 세력의 재등장은 두 차례에 걸쳐 시도되었다. 첫째, 1956년 소규모 상공인들의 적극적인 지지를 받으며 성장했던 반국가·반자유주의적 성향의 푸자드(Poujade) 세력의 대거 의회 진출을 들 수 있다. 이들은 총선에서 56석이나 차지하는 성공적 결과를 얻었다. 반국가주의적이면서 동시에 반자유주의적이라는 모순된 정치노선의 설정에서 볼 수 있듯이 푸자드 세력은 체계적인 정치세력이라기보다는 프랑스 경제의 근대화 과정에서 일시적으로 나타난 과거 중산층의 반발이라고 볼 수 있다. 국가가 주도하는 경제발전 전략에서 세수 확대에 대한 중소 상공인의 반발이자, 대규모 자본과 기업이 주도하는 또 다른 경제발전 성향에 대한 항거였던 셈이다. 이때는 아직 유럽경제공동체가 형성된 시기는 아니었지만 기존 지역이나 국가의 경제 틀을 넘어서는 통합에 대한 반발의 잠재력을 이미 잘 보여주었다. 이들은 19세기 이래 상당한 경제사회적 지위를 바탕으로 정치적으로 전통 우파를 지지했지만 근대화의 압력에 점점 노출되면서 극우 지지로 돌아선 것이다. 하지만 이 즉흥적 반발은 극우세력의 공고화로 연결되지는 못했다.

둘째, 1965년 대통령 선거에는 극우를 대표하는 티시에 비냥쿠르(Tixier-Vignancour) 후보가 나서 5.3%의 득표율을 보였다. 티시에 비냥쿠르는 비시정권에서 공보부 차관을 역임한 바 있는 극우 민족주의자였으며, 1950년대 말과 1960년대 초반 프랑스 정치의 아킬레스건이라고 할 수 있는 알제리 식민전쟁과 독립 문제에 있어 프랑스령 알제리(Algérie française) 유지를 주장하는 세력을 대변했다. 독일과의 부적절한 관계로 정통성을 잃어버린 프랑스 극우 민족주의 세력은 경제 근대화에 대한 저항과 탈식민화에 대한 반대라는 쟁점을 통해 다시 정치무대에 등장하려 한 것이다(Algazy 2000).

하지만 푸자드 세력의 저항적 '바람'은 거대한 경제발전의 진행에 유지되지 못했고, 탈식민화에 반대하는 여론도 역사의 흐름을 반영하는 현실적 선택이라는 다수의 여론을 잠재우지는 못했다. 1965년 대선에서의 실패부터 1972년 민족전선 창립까지의 시기는 프랑스 정치가 1968년 혁명으로 표현되듯이 좌파 또는 극좌적 성향이 강력하게 표출되는 시기이다. 당시 프랑스 민족주의 극우세력은 무척 폭력적인 활동 성향의 소규모 집단이 합종연횡했다. 일례로 1964년 설립된 '서양'(Occident)은 그 폭력성으로 인해 1968년 금지되었고, 이어 1969년에 새로운 극우세력 연합체로 '신질서'(Ordre Nouveau)가 설립되었다(Charpier 2005). 하지만 '신질서'는 1971년 지방선거에서도 그다지 주목받지 못하고 파리에서 2.6%의 지지율을 확보하는 데 그쳤다.

전후 시기 민족전선이 등장하기 이전에 프랑스의 극우는 독자적인 활동공간을 확보하기에 어려움을 겪었다고 분석할 수 있다. 제4공화국 시기에는 비시정권과의 관계로 인해 정치적 정통성을 확보하기 어려웠다면, 제5공화국에 들어서는 드골주의라고 하는 민족주의 보수세력의 집권으로 사실상 야권 정치세력은 중도 또는 좌파가 독점하는 체제였기 때문이다. 경제사회적인 여건을 살펴보더라도 1950~70년대의 프랑스는 고도의 성장 가도를 달렸으며 국민의 생활수준은 꾸준히 증가했다. 따라서 이민의 유입이 빠른 속도로 이뤄졌더라도 그다지 사회문제화되지는 않았다. 알제리 독립과 같은 역사적 사건을 계기로 극우의 목소리와 조직 및 활동이 본격화되기는 했지만 정치세력화까지 미치지는 않았다.

1972년의 민족전선 창립은 '신질서'의 선거전략의 일환이라고 볼 수 있다. '신질서'는 극우 진영에서는 상대적으로 온건한 이미지를 가지고 있던 르펜(Le Pen)을 영입하여 총재의 자리를 제공했다. 창립 당시 민족전선은 정말 다양한 극우세력을 총망라하고 있었다. 과거지향적 왕권주의자부터 시작하여, 비시정권 지지세력, 프랑스령 알제리 지지세력 등이 참여했고 조직을 장악하고 있는 세력은 '서양'과 '신질서'로 이어지는 신(新)파시스트 세력이었다. 당시 민족전선의 모델은 1972년 이탈리아 총선에서 8.7%의 득표율과 56개 의석을 차지한 이탈리아 사회운동(MSI: Movimente Sociale Italiano)이었다.

민족전선의 첫 10년은 여전히 선거에서 커다란 득표율 증가를 기록하지 못하는 것은 물론 내부적으로도 다양한 세력을 하나로 엮어내는 데 한계를 노출했다. 1974년에는 일부 세력이 신세력당(Parti des Forces Nouvelles)으로 분열해 나갔고 유럽 및 민족행동동맹(Fédération d'action nationale et européenne)과 같은 신나치 세력이 들어오기도 했다.[6]

하지만 1970년대 민족전선은 나름의 정치세력으로 성장할 수 있는 기반을 탄탄히 닦았다고 평가할 수 있다. 일단 자유민주주의 체제의 선거정치에서 장애로 작용할 수 있는 조직의 폭력성을 통제하는 데 어느 정도 성공했다. '서양'-'신질서'-민족전선의 계보에서 르펜은 민족혁명적 성향을 나타내는 이들 주류를 서서히 제거했고, 동시에 자신의 조직을 형성했다. 그는 스티르부아(Stirbois)의 연대주의(Solidarisme) 세력을 이용해 민족혁명 세력을 견제 및 제거하고 선거조직으로서 당을 재편했다.

사상적으로는 이른바 프랑스 신우파가 극우세력의 발판을 마련했다(Taguieff 1994). 1968년 설립된 유럽문명연구모임(GRECE: Groupement de Recherche et d'Etudes pour la Civilisation Européenne)은 1970년대 들어서 프랑스 우파 언론의 대표주자인 『르 피가로』(*Le Figaro*)를 통해 자신의 사상을 전파하기 시작했다 (Duranton-Crabol 1988). 이들은 그람시에게서 지적·문화적 헤게모니라는 개념을 이어받아 집권의 기초는 바로 문화적·사상적 활동을 통해 시작된다고 주장했다.

우리의 연구에서 중요한 사실은 이들이 그 명칭에서부터 실질적인 정치사상과 전략에서 모두 유럽주의적 성향을 보여준다는 것이다. 프랑스문명이 아니라 유럽문명이 기본이 되며, 약자인 'GRECE'는 '그리스'라는 명사와 같은 철자이다. 극우세력 '서양'

---

6) 이 시기에 민족전선의 지도자 르펜과 뒤프라(Duprat)는 각각 폭탄 테러의 대상이 되었고, 르펜은 생명을 건졌지만 뒤프라는 사망했다.

역시 프랑스라는 민족단위보다는 유럽에 주목하고 있다. 사상적 기초에서 이들의 특징 하나는 유럽의 유대-기독교적 전통을 부정하면서 원래 존재했던 고대의 이교도 전통을 주창한다는 점이다. 순수하고 고귀한 인도 유럽적 전통의 토속신앙을 중동 지역에서 온 유대-기독교 전통이 오염시켰다는 시각이다(François 2008).

GRECE와 같은 집단이 기독교 전통에 대해서까지 비판적인 입장을 취하는 것은 분명 과장된 성격이 있다. 왜냐하면 프랑스 극우 민족주의 전통의 초기라고 할 수 있는 드레퓌스 사건에서 표출되었듯이 유대인을 배제하려는 프랑스 인종주의적 전통이 만들어지는 데 커다란 역할을 담당한 것이 바로 교회 세력이었기 때문이다. 비시정권까지의 반유대적 전통은 제2차 세계대전 이후 탈식민화의 과정을 거치면서 반아프리카—북부 아프리카 및 사하라 이남 아프리카를 포함하는—인종주의적 색채를 가미하게 되었다. GRECE가 기독교마저 비판의 대상으로 삼은 것은 아시아적 영향을 완전히 배제한 순수한 문화적 계보를 만들기 위한 이론적 완벽주의에서 비롯된다고 하겠다.

유럽통합은 유럽 선거를 통해 다양한 국가의 극우세력을 연결시켜주는 역할을 했다. 프랑스의 민족전선도 1979년 유럽의회 첫 직접선거에서 이탈리아의 MSI 및 에스파냐의 신세력(Fuerza Nueva) 등과 연합하는 전략을 채택했다. 이는 특정 정치세력의 대유럽관과는 별개로 유럽의회 선거라는 구조가 유럽적 정치세력의 형성에 기여한다는 사실을 보여주는 것이다.

종합적으로 보았을 때 전후 30~40여 년은 프랑스 극우세력이 부활을 위해 어렵게 노력하는 시기라고 할 수 있다. 제도권 내의 막강한 드골주의는 극우와 프랑스 민족주의 우파라는 성향을 공유하지만 나치 독일과의 협력으로 정통성을 상실한 이들을 확고하게 제동했다. 유럽통합과 관련하여 드골주의 세력은 처음에는 비판적이었지만 집권 후 점차 현실적으로 이를 수용했고, 때로는 통합에 제동을 거는 정책으로 민족 이익이 여전히 우선함을 과시했다. 어떤 의미에서 민족전선은 유럽통합에 대해 보다 다양한 입장의 정파들을 망라하고 있었다. 유럽주의와 민족주의를 상당히 대립적으로 규정하는 드골주의에 비해 민족전선에서 유럽주의와 민족주의는 보다 보완적인 모습을 띠기까지 한다. 특히 유럽문명론은 전통적인 우파보다 극우파에서 조금 더 체계적인 양상으로 발전되어 전개되기 시작했다.

민족전선의 부상과 유럽 담론

민족전선이 프랑스 선거사에서 의미있는 득표율을 보이면서 지방정치의 전면에 등장하게 된 것은 1983년 지방선거에서였다(Chebel d'Appollonia 1996). 르펜은 파리에서 출마하여 두 자릿수 득표율을 보였고 민족전선의 2인자 스티르부아는 파리 근교 드뢰(Dreux)에서 1차 투표 16.7%를 획득한 뒤 결선투표에서는 전통 우파와 연합하여 사회당 시정부를 몰아내는 데 성공했고 부시장으로 선출되었다. 이 같은 지역적 성공에 이어 민족전선이 전국 규모에서 성공한 것은 역설적으로 1984년 유럽의회 선거에서였다. 가장 반유럽적이라고 인식되었던 정치세력이 유럽의회를 통해 확고한 입지를 차지하게 된 셈이다. 그는 유럽이 소련이나 제3세계의 지배 아래 놓이게 될 것이라고 경고하면서 선거 캠페인을 이끌었고 11% 이상의 득표율을 보였다. 그 결과 민족전선은 10개의 유럽의회 의석을 차지함으로써 최초로 전국적, 그리고 유럽적 차원의 정치세력으로 등장하게 되었다.

1986년의 총선은 프랑스 의회에서 민족전선의 전성기를 의미했다. 1981년 제5공화국하에서 최초의 좌파 대통령으로 당선된 미테랑은 공산당과 연합정부를 구성하여 강력한 정책개혁을 추진했지만 비참하게 실패했고, 그에 따라 1982~83년에는 다시 긴축경제 정책으로 돌아설 수밖에 없었다. 1984년 공산당이 연정에서 탈퇴하고 1986년 총선에서 좌파가 패할 것이라는 사실이 명백해지자 미테랑은 선거제도를 비례대표제로 바꿔 의석수에 있어 좌파 패배의 여파를 줄여보려 했다. 실제로 2단계 다수 투표제와 비교했을 때 사회당은 패배의 범위를 줄일 수 있었지만, 그 반대급부는 민족전선이라는 극우세력이 9.7%의 득표율을 바탕으로 사상 최대인 35개 의석을 차지하게 되었다는 점이다.

1986년 집권한 전통 우파는 선거제도를 다시 다수제로 돌려놓았고 민족전선은 1988년 9.7%, 1993년 13.8%, 1997년 14.95%, 2002년 11.3% 등으로 지속적으로 10% 이상의 득표율을 유지했지만 의석은 1석 이하로 줄어들었다. 반면 비례대표제가 유지되었던 유럽의회 선거에서 민족전선은 10% 이상의 득표율을 바탕으로 상당수의 유럽의원을 정기적으로 보유하게 되었고 유럽 무대를 바탕으로

민족주의 세력으로서 활동하는 특이한 양상을 보여주었다.[7]

 선거가 민주주의의 꽃이라면 프랑스 정치에서 대선은 가장 중요한 정치 행사이다. 이런 관점에서 민족전선의 최고 성공은 2002년 르펜이 1차투표에서 2위로 부상해 결선투표에 진출한 것이라고 할 수 있다. 르펜은 민족전선에서 부동의 대선 후보로 1988년에 14.5%, 1995년에 15%를 득표한 뒤 2002년에는 16.86%로 16.18%를 차지한 사회당의 조스팽 후보를 누르고 결선투표에 진출했다. 이러한 결과가 가능했던 것은 시라크와 조스팽이 당연히 결선투표로 진출할 것으로 예상하고 군소 후보에 항의성 투표를 한 유권자가 많았기 때문이다. 프랑스 역사상 처음으로 좌·우파 정치세력이 모두 시라크 지지를 호소하는 가운데 르펜은 결선투표에서 17.79%를 차지했다.

 이상과 같이 1984년의 유럽의회 선거 이후 민족전선은 2002년 대선에서 결선투표 진출까지 프랑스의 무시할 수 없는 정치세력으로 등장했다. 비록 집권할 수 있는 잠재력을 가진 수권 정당으로 부상하진 못했지만 그럼에도 불구하고 비시정권 이후 재기하지 못했던 극우를 지속적으로 부활시킨 역할을 담당했다. 또한 중앙정치와는 달리 지방정치 차원에서는 전통 우파의 세력들과 연합해 일부 지역에서 집권했고, 중앙정치에서는 우파의 지지 기반을 분열시켜 집권 여부에 결정적인 영향력을 가진 세력으로 성장한 것이다.

---

7) 1989년에는 11.8%의 득표율에 10석, 1994년에는 10.5%의 득표율에 11석을 얻었다. 1999년에는 극우가 분열되어 5.7%의 득표율에 그쳤고 5석을 차지했다.

민족전선이 전후 장기간 군소 집단에 불과했던 극우파를 일정한 영향력을 지니는 정치세력으로 발전시킨 데는 르펜이라는 적극적인 리더와 폭력과 같은 극단주의적 방법에서 벗어난 전략이 중요한 역할을 했지만, 동시에 프랑스 사회의 역사적 변화를 간과해서는 곤란하다. 민족전선이 부상하는 1980년대 중반은 프랑스가 '영광의 30년'(Trente Glorieuses)을 종결하고 경제사회적 위기가 10여 년간 지속된 이후의 일이다. 대규모 실업은 이 기간 지속적으로 증가했고, 따라서 이민자 집단에 대한 불만과 표적화가 대중을 유혹할 수 있는 사회적 기반이 마련되었다.

표면적으로 보았을 때 민족전선은 민족주의적 입장에서 유럽통합에 비판적이고 반대 세력으로 인식될 수 있다. 특히, 1992년 마스트리히트 조약을 비준하는 과정에서 진행된 국민투표에서 민족전선은 반대의 핵심 세력이었다. 좌우를 막론하고 중도에 위치한 주요 정치세력이 찬성을 주장하는 가운데 민족전선은 일관되게 반대를 주장함으로써 반유럽의 기치를 들었다. 당시 국민투표 비준과정은 찬성이 간신히 반대를 누르고 통과되었는데, 르펜이 기대했던 것과는 달리 드골파에서 반대를 주장했던 세갱(Séguin)과 파스쿠아(Pasqua)가 정치적 이익을 함께 챙겨갔다. 2005년 프랑스가 유럽헌법안을 거부한 국민투표에서도 민족전선은 반대의 깃발을 들어 반유럽적 성향을 과시했다. 실제로 르펜과 민족전선은 상당한 일관성을 가지고 유럽통합의 추진에 대해 비판적인 목소리를 내왔다. 하지만 이들은 자신들이 유럽 자체에 반대하는 것이 아니라 현재 추진되고 있는 잘못된 유럽통합에 반대하는 것이라고 주장한다. 이들의 유럽담론을 제대로 이해하기 위해서는 보다 상세하게 유럽에 대한 입장을 파악하고 민족전선의 세계관 속에서 유럽통합의 위상을 분석하는 작업이 필요하다.

민족전선의 세계관은 민족이라는 정치적 단위를 세계를 구성하는 가장 기본적이고 핵심적인 수준으로 파악하고 있다는 점에서 민족주의적이다. 르펜과 민족전선의 핵심 모토는 프랑스라는 민족과 그 정체성을 유지하고 발전시키는 것이다. 위에서 지적했듯이 프랑스를 위협하는 공산주의와 제3세계로부터 조국과 민족의 정체성을 수호해야 하는 것이다. 하지만 민족전선의 민족주의는 일관성을 가지고 세계의 다른 사회나 지역에도 적용된다. 그 대표적인 사례로 걸프전쟁 당시 르펜이 이라크의 사담 후세인을 적극 지지하고 나섰던 일을 들 수 있다. 르펜의 설명에 따르면 이라크는 오랜 역사를 지닌 민족인 반면 쿠웨이트는 외부 세력들이 인위적으로 만들어 놓은 역사 없는 허울뿐인 국가라는 것이다. 따라서 이라크가 자신의 역사적 정당성을 바탕으로 쿠웨이트를 차지하는 것은 당연하다는 주장이었다.[8]

유럽에 대해 민족전선이 전개하는 담론은 다양한 동심원(cercles concentriques)이라는 관점에서 만들어진다. 인간은 자신이 속한 공동체에 뿌리를 내려야 하며 가장 기본적인 공동체는 피로 맺어진 가족과 역사로 결속된 민족이다. 인간은 따라서 가족·마을·지

---

8) 르펜은 심지어 쿠웨이트는 이라크의 알사스-로렌이라고 표현하기도 했다. 그만큼 역사적 정통성을 가지고 있으며 무력을 통해서라도 되찾아야 한다는 주장이다.

방·민족·문명 등 작고 가까운 곳에서부터 멀고 커다란 소속 공동체에 속한다고 설명한다. 르펜은 자신이 브르타뉴인으로서 "유럽이라는 동네에 위치한 프랑스라는 건물에 있는 브르타뉴 아파트"에 살고 있다고 표현한다. 물론 가까울수록 더 커다란 정통성을 가진 것은 아니다. 르펜은 민족주의자로서 민족이라는 단위의 우선성을 강조한다. 인간의 삶이 뿌리를 내리고 있는 것은 마을과 지역 공동체, 역사와 전통에 어우러져 있는 지방(provinces)이지만 그럼에도 불구하고 가장 중요하고 우선적인 공동체는 민족이라고 본다(Spektorowski 2000). 따라서 1988년 태평양 지역의 프랑스령 누벨 깔레도니(Nouvelle Calédonie)의 자치 문제나 1990년 코르시카(Corse)의 자치안에 대해 민족전선은 극구 반대하고 나섰다. 이 같은 민족전선의 입장은 상당히 모순된 것인데 캐나다의 퀘벡 독립이나 유고연방에서 슬로베니아·크로아티아의 독립은 역사적 민족의 해방이라며 찬성하면서 유독 프랑스에 대해서만은 역사적 실체를 가진 지방의 자율성에 반대하는 것이다.

르펜과 민족전선은 민족이라는 역사적 실체에 기초한 유럽을 건설해야 한다면서 현재진행 중인 유럽통합은 민족의 실체를 부정하면서 초국가적 관료들이 자본주의적 논리를 추구하면서 만들어가고 있다고 주장한다. 민족전선은 경제적인 논리가 유럽통합의 동력이 되어서는 곤란하다고 말한다. 유럽은 자연스런 역사적·지리적·정치적 단위로서 하나의 문명이자 전통이라고 지적한다(Marcus 1995). 민족이 역사를 통해 형성되었듯이 유럽도 하나의 강력하고 견고한 지정학적 블럭이라는 것이다. 그래서 유럽의 역사는 페르시아에 대항해 싸운 마라톤(기원전 490년 그리스와 페르시아)에서 시작하였고, 살라미스(기원전 480년 그리스와 페르시아), 푸와티에(732년 프랑크와 사라센), 레판토(1571년 유럽 연합세력과 오스만 제국), 빈(1683년 합스부르크와 오스만 제국) 등의 상징적 전투로 형성되어왔다는 시각이다. 현대의 유럽도 경제문제에 집중하기보다는 외교와 안보를 중심으로 발전해야 하며, 전략적 사고를 가지고 유럽문명을 위협하는 제3세계에 대한 강력한 이민 억제 정책을 펼쳐야 한다고 말한다. 민족전선이 주창하는 유럽은 스위스 모델에 따라 각 회원국이 자신의 정체성을 지킬 수 있는 '민족의 유럽'(Europe des nations)이다. 사실 이와 같은 민족전선의 이상적 유럽은 드골이나 대처가 주장하는 민족의 유럽과 크게 다르지 않다. 민족전선은 유럽이 연방주의적 방향으로 나가면 국경이 사라지게 되고 그로 인해 지금보다 더욱 심각한 이민이나 마약 등의 문제가 발생할 것이라고 경고한다.

민족전선은 유럽을 지지하지만 유럽연합에는 반대한다고 설명한다(Davies 2002). 왜냐하면 오늘날 진행되고 있는 경제적 유럽은 과거 유럽이 형성되어온 역사를 부정하면서 국가 간의 경계를 허무는 데만 치중하고 있기 때문이다. 경제적 유럽은 민족적 특수성을 지워버리고 모든 것을 하나로 동질적으로 통합해버린다고 비판한다. 일례로 프랑스의 회사가 브뤼셀로 본사를 옮기고 나서는 영어를 기업 내 일상어로 채택했다고 지적한다. 르펜은 시장을 통한 통합의 최종 목표는 세계를 하나로 묶는 것이라며 이것이야말로 유럽이라는 정체성을 프랑스의 정체성과 함께 지워버리는 전략이라고 말한다. 민족전선은 극우세력이 자주 사용하는 음모론의 수사학적 장치를 통해 유럽통합론이 사실은 유럽을 위한 것이 아니라 공산주의·사회주의·자유주의 등의 사해동포주의자(cosmopolites)들의 계략이라고 꼬집는다. 민족전선은 앞으로 유럽이 하나의 문명으로서 유지되기 위해서는 감정과 애국심(sentiment et patriotisme)이 필요하다고 강조한다. 유럽이 하나의 새로운 민족이 되려는 의지와 목표가 없다면 유럽은 존재할 수 없다고 역설한다. 결국 민족전선은 프랑스 출신의 유럽 민족주의 세력이라는 주장까지 한다.

민족전선은 같은 민족주의 계열의 드골파와 마찬가지로 미국에 대해서 상당히 비판적이다. 미국은 민족전선이 이른바 인위적이라고 부르는 정치공동체에 불과하다. 누적된 역사와 공통의 전통을 중시하는 민족전선의 입장에서 역사적 정통성이 취약한 미국이 세계를 지배하는 상황은 불만이다. 게다가 미국은 자본주의 경제 논리를 통해 세계를 하나의 시장으로 통합해버리려는 계획을 가지고 있지 않은가. 민족전선의 반미주의는 미국계 디즈니랜드를 파리 근교에 만드는 과정에서 '식민주의자 미키 마우스'(Mickey le colonisateur)라는 비판에서 잘 드러났다. 프랑스의 정체성을 지키기 위해서는 미국의 문화적 제국주의를 막아야 한다고 주장한다. 이런 관점에서 유럽통합 역시 미국의 영향력을 막기 위한 유럽 민족들의 공동전선으로 활동해야 한다는 입장이다.

유럽의회에서 민족전선은 다양한 유럽의 민족주의 극우세력과 연합하여 원내 활동을 벌였다(Milza 2002). 1984년에 선출된 유럽의회에서 프랑스의 민족전선은 이탈리아의 MSI와 함께 유럽의회 최초의 극우 원내 단체인 유럽 우파를 수립했고, 1989년부터 1994년까지 '기술적'(technical) 유럽 우파 그룹을 유지했다. 그리고 2007년에는 '정체성 전통 주권 그룹'을 형성했으나 내분으로 해체되기도 했다. 2009년에는 느슨한 '유럽 민족주의 운동연합' (Alliance for the European Nationalist Movements)이 출범했다. 최근에는 프랑스 민족전선의 정치적 영향력이 대폭 축소되기는 했지만 1980년대 민족전선은 유럽이라는 무대에 극우 정치세력의 대명사로 등장해 민족주의 세력의 '유럽화'라는 역설적 변화를 실천했다.

민족전선이 프랑스의 정치세력으로 등장한 1983년부터 최고의 인기를 구가한 2002년까지의 20여 년은 유럽통합의 역사에서 제2의 심화기라고 할 수 있는 기간이다. 1950년대 유럽석탄철강공동체를 성공적으로 출범시키고 거대한 유럽경제공동체로 발전시켰듯이 1980~90년대에 유럽은 단일시장과 유럽연합을 출범시키는 획기적인 발전의 시기를 맞이했던 것이다. 민족전선은 유럽의회라고 하는 유럽통합이 제공한 정치무대를 적극 활용하면서 소규모 정치세력의 공식적 명맥을 유지하는 데 활용했고, 그 과정에서 유럽통합에 대한 비판적이면서도 동시에 대안적인 담론을 형성하려고 노력했다.

프랑스 우파의 '민족전선화'

민족전선이 1980년대 초반 지역적인 성공을 거두었을 때, 그 지도자 르펜이 프랑스 정치의 중요한 인물로 부상할 것이라고 예상하기는 어려웠다. 그는 프랑스 대부분의 정치 엘리트와 같이 파리정치대학(Sciences Po)이나 국립행정대학원(ENA) 출신도 아니었고, 그의 정치세력은 프랑스가 애써 부정하려고 하는 비시나 왕정주의, 파시스트를 포함한 과거 지향적이고 폭력적인 인물로 구성되어 있었다. 그렇다고 르펜과 민족전선이 과거 공산당이 그랬던 것처럼 레지스탕스를 통한 역사적 정통성을 가진 것도 아니었다. 하지만 르펜은 경제 위기로 인한 대규모 실업의 암울한 사회 분위기 속에서 이민자라는 속죄양을 만들어 공격함으로써 사회 불만세력의 지속적인 지지를 획득하는 데 성공했고, 그와 민족전선은 프랑스 정치의 중요한 변수로 등장했다.

위에서 지적했듯이 1984년 유럽의회 선거에서 민족전선은 11%를 득표했는데, 전통 우파인 RPR-UDF 연합은 43%를 얻는 데 그쳤다. 이러한 우파 성향 표의 분산은 전통 우파세력에게 커다란 문제였다. 특히 결선투표 제도가 존재하는 프랑스의 대선과 총선 선거제도는 민족전선의 문제를 부각시켰다. 이에 따라 프랑스 우파는 민족전선에 대해 크게 두 가지 전략을 구사할 수 있었다. 하나는 민족전선의 유권자들을 다시 전통 우파로 끌어들이는 일이었고, 다른 하나는 민족전선과 정당 간 연합이나 협력을 통해 집권하는 길이었다.

민족전선과의 연합이나 협력은 이미 1983년 드뢰에서 이뤄졌다. 1차투표에서 민족전선이 상당한 지지율을 보이자 결선투표에서는 전통 우파와 민족전선이 하나의 명단을 만들어 나섰던 것이다.

1980년대 민족전선이 부상하는 과정에서 지방선거에서 전통 우파와 민족전선이 협력하고 연합하는 상황이 빈번하게 발생했다. 하지만 전국적 차원에서 전통 우파는 민족전선과의 협력이나 연합에 대해 함구하거나 이 쟁점을 무시하는 태도를 보였다. 게다가 1984년의 유럽의회 선거나 1986년의 총선은 모두 비례대표제로 치러졌기 때문에 민족전선과의 선거연합 문제는 제기되지 않았다.

그러나 1988년의 대선이 다가오면서 전통 우파는 민족전선의 표에 신경쓰지 않을 수 없게 되었다. 결선투표에서 승리하기 위해서는 민족전선의 표가 필요하기 때문이다. 급기야 1988년 5월 드골파 파스쿠아는 민족전선과 주류 우파가 같은 가치를 공유한다고 발표하기에 이르렀다(Le Monde, 2 mai 1998). 우파 일부에서는 좌파에서 '공화주의 규칙'(discipline républicaine)를 통해 결선투표에서는 가장 앞선 좌파 후보를 지지하듯이 '민족 규칙'(discipline nationale)을 통해 민족전선과 선거연합을 형성해야 한다고 주장했다.[9] 우파의 다른 일부에서는 르펜과 협력하여 유권자의 신뢰를 잃는 것보다는 민족전선의 유권자에게 어필하는 정책을 펴고, 그들은 다시 전통 우파로 돌아오게 하는 것이 중요하다고 주장했다.

거시적으로 보았을 때 1988년 대선부터 2002년 대선까지 전통 우파의 전략은 지역적으로 민족전선과의 연합에 대해서는 눈을 감아주면서도 전국적으로는 민족전선을 고립시키는 데 주력

---

9) 하지만 르펜이 제2차 세계대전 당시 유대인의 학살과 가스실의 존재 여부에 의문을 제기하면서, 그것은 역사의 '중요하지 않은 세부사항'(détail)이라고 충격적인 발언을 하면서 공식 차원의 연합과 협력은 더욱 어려워졌다

했다. 동시에 우파가 집권하는 시기에는 이민정책에 대해서 상당히 강경한 입장을 보여줌으로써 민족전선의 유권자를 유인하거나 적어도 자신의 지지기반이 이탈하는 것은 막으려고 했다.[10] 이러한 장기적 전략으로 사실상 민족전선은 지지율이 더 이상 상승하지 않고 정체하는 경향을 보였으며, 특히 1998년에는 민족전선의 2인자로 활약해온 메그레(Mégret)가 민족공화운동(Mouvement National Républicain)으로 분당해 나감으로써 내분까지 겪게 되었다(Hainsworth 2000, 18-31).

2002년 대선에서 르펜이 결선투표에 진출한 사건은 좌우를 막론하고 프랑스 정계에 커다란 충격이었다. 프랑스 사회 전체가 동원되어 르펜 반대의사를 표명했고 전통적인 정치세력은 모두 시라크 지지를 표명했다. 하지만 이 사건은 특히 프랑스 우파에게 정확한 메시지를 전달했다. 르펜 지지를 자신들이 확보하지 않으면 정치적으로 집권하지 못하는 것은 물론 상당한 위기를 겪게 될 것이라는 점이다.

2002년 내무장관에 임명된 사르코지는 법과 질서를 바로 세우는 데 집중하겠다고 밝혔고, 일례로 도로 과속 단속을 위해 대량의 카메라를 구입하고 경찰 세력에 힘을 실어주었다. 또한 프랑스에 체류하는 이슬람 공동체의 관리를 위해 '민간 프랑스 이슬람 신앙협

---

10) 우파 정부가 들어설 때마다 이민 통제를 위한 국적법을 개정했다(한명숙 2009). 물론 좌우를 막론하고 프랑스의 정치세력이 1973년 이후 이민자의 유입을 통제한다는 입장은 공유하고 있으며, 다만 가족 결합이나 불법 이민자의 합법화 등에서 차이점을 드러내고 있다.

의회'(Conseil français du culte musulman)의 창립을 지지하기도 했다. 같은 맥락에서 프랑스 이슬람 공동체가 해외자금 지원에서 벗어나도록 하기 위해 이슬람 사원 건설에 국가예산의 지원을 고려하기도 했다. 그러나 2005년 이민 청소년들의 대규모 소요사태가 발생하자 이들은 폭도(racaille)라고 부르는 등 경찰과 국가기관의 강력한 대응을 주도했다. 특히 사르코지는 교외 지역의 폭도들은 '쓸어버리겠다'(Kärcher)라는 표현을 서슴지 않았고 이에 대해 르펜은 "만일 누군가가 교외의 여러분들을 쓸어버리려 하면 우리가 탈출하는 데 도움을 줄 수 있다"고 화답(?)했다.

2007년 대선에서 당선된 사르코지는 과거 프랑스 전통 우파와는 상당히 다른 모습과 프로그램을 보여주었다. 특히 가부장주의적 전통으로 사회복지 등에서 중도적 정책 전통을 가지고 있는 드골파 출신이지만 사르코지는 프랑스인들을 다시 부지런하게 일하도록 하겠다는 주장 등을 폈다.[11] 이민 문제와 관련해서는 보다 선별적으로 이민을 받아들이도록 하는 한편 민족의 가치와 정체성을 강화하겠다고 천명했다. 그 의지를 반영하듯 사르코지의 정부에는 처음으로 '이민 · 통합 · 민족정체성 · 공동발전'이라는 명칭의 부서가 설립되었고 사르코지의 오른팔인 오르트푀(Hortefeux)가 장관으로 임명되었다. 이 새로운 부서의 명칭은 그 자체로 신정부의 사상

---

11) 노동 · 가족 · 조국(travail · famille · patrie)은 비시정권의 슬로건으로 자유 · 평등 · 박애(liberté · égalité · fraternité)에 대비되는 개념이기에 노동의 신성함과 기여를 공개 찬양하는 입장은 다른 국가와 달리 프랑스 정치에서 특별한 의미를 갖는다.

과 정책 프로그램을 대변한다. 이민에 이어 통합의 개념이 등장하는 것은 다문화주의나 외부 정체성에 대한 반감을 표현하며, 이들은 프랑스에 온 이상 프랑스 문화에 통합되어야 한다는 동화주의를 뜻한다. 이어서 민족정체성은 당연히 프랑스의 민족정체성으로서 좌파의 사해동포주의로 인해 정체성을 잃었다고 주장하는 민족전선 비판에 대한 답변처럼 들린다. 실제로 민족전선의 기관지 가운데 하나가 '정체성'(Identité)이라고 불린다. 마지막으로 공동발전(Co-développement)이란 프랑스와 같은 국가와 프랑스로 이민을 보내는 국가들이 동시에 함께 발전한다는 의미의 개념인데, 경제발전 문제가 재정이나 경제부처가 아닌 이민 부처에 결합되었다는 사실 자체가 의미심장하다.[12] 제3세계 국가의 발전에 기여해 더 이상 이들이 이민을 보내지 않아도 되도록 하겠다는 논리이다.

유럽통합과 관련해 프랑스 우파의 '민족전선화'는 터키의 문제에서 극명하게 드러난다. 민족전선은 프랑스 이민자 중에서 비유럽계인 이슬람 집단에 대해 가장 비판적으로 주목해왔다. 따라서 시민이 자유롭게 이동할 수 있는 유럽연합에 거대한 인구 규모의 터키가 가입한다면 이는 프랑스나 독일과 같은 지역으로 더 많은 이슬람 이민자가 생겨날 것이라는 점을 의미한다. 따라서 민족전선은 터키 가입에 적극 반대했고, 사르코지를 비롯한 전통 우파에서도 터키 가입에 반대하는 입장을 밝혔다.

---

[12] 이는 "우리는 외국인을 좋아하지만 자신의 나라에 있는 외국인을 좋아한다"고 즐겨 말하는 르펜의 논리와 연결된다.

이상에서 볼 수 있듯이 민족전선은 프랑스 정치에서 집권세력으로 등장하는 데는 실패했지만 정부의 어젠다를 변화시키는 데는 성공한 것으로 판단된다. 프랑스의 전통 우파가 선거에서 승리하고 집권하기 위해 민족전선의 정책적 노선이나 논리의 상당 부분을 받아들였기 때문이다. 물론 이에 대한 일부의 반발과 반대도 감지된다. '민족전선화'를 거부하는 프랑스 중도우파 UDF의 후보 베루(Bayrou)가 2007년 선거에서 18.57%의 득표율을 기록하며 선전한 사실은 이를 간접적으로 보여준다. 하지만 르펜과 민족전선은 적어도 자신과 비슷한 성향의 민족주의 우파인 드골파 세력을 우경화하는 데 어느 정도 성공했다. 다만 민족전선 그 자체는 더 이상 세력을 확장하지 못하고 있으며, 카리스마를 가진 지도자의 노화와 후계 문제로 진통을 겪고 있는 것으로 보인다.[13]

민족주의와 유럽통합의 관계

서두에서 제기했던 세 가지 질문에 대한 답은 다음과 같이 정리될 수 있다. 첫째, 민족전선의 유럽에 대한 입장은 초기의 다양성에서 발전기의 이중성, 그리고 쇠퇴기의 고정성으로 요약할 수 있다. 1972년 민족전선이 창립되었을 때 그 사상적 기초는 주류의 경우 혁명적 민족주의였지만 비주류의 경우 기타 근본주의적 가톨릭주

---

[13] 최근 보도에 따르면 르펜의 딸인 마린 르펜(Marine Le Pen)이 당내 후계 구도에서 가장 경쟁력을 가지고 성장하고 있다. 따라서 민족전선은 일종의 르펜 다이너스티를 형성할 것으로 보인다(*Le Monde*, 10 juin 2011).

의·왕권주의·연대주의 등 다양한 사상적 배경의 극우세력들의 연합체였다. 1970년대에는 위대한 유럽문명의 보호와 같은 다소 거시적인 담론 이외에 유럽에 대한 구체적 또는 정책적 담론을 발견하기는 어렵다. 그러나 1980년대부터는 민족전선은 정치·외교·안보·문화에 기초한 유럽에 찬성하고 경제·행정 중심의 유럽에는 반대한다는 이중적 입장의 전략을 택했다. 하지만 2005년의 유럽헌법안에 대한 반대에서 드러나듯이 실제로 민족전선이 정치·문화적 통합에 찬성하는지는 확실하지 않으며, 찬성과 반대의 명확한 기준도 발견하기 어렵다.

둘째, 유럽에 대한 민족전선의 입장을 설명하는 데는 몇 가지 변수를 주목할 수 있다. 우선 민족전선은 기본적으로 사회의 불만세력을 대변하는 저항적 정치세력의 특징을 가지고 있다. 과거 공산당에 대해서 라보(Lavau)가 분석했듯이 민족전선은 어느 정도 트리부누스(tribunus), 즉 불만세력 대변의 기능을 수행하고 있으며,[14] 민족전선 지지자의 상당수가 좌파에서 넘어왔다는 사실도 이를 증명한다. 유럽통합에 대해서 민족전선이 특별히 비판적인 중요한 이유도 소외계층일수록 통합보다는 반대의 입장에 서 있다는 사실을 반영하는 것으로 보인다. 하지만 민족전선이 유럽이라는 현실을 완전히 무시하기도 어렵다. 유럽의회는 민족전선에게 공식적

---

14) 프랑스 정치학자 라보는 프랑스 공산당이 집권을 지향하기보다는 사회의 불만세력을 대변하는 기능을 수행하고 있으며, 이러한 기능은 과거 로마 시대 트리부누스, 즉 민중 지도자의 기능과 흡사하다고 분석했다 (Lavau 1981).

대표 의석을 주는 거의 유일한 전국적 선거무대를 제공하며 유럽무대는 르펜과 민족전선이 국내 정치무대에서 정통성을 확보하게 해주는 장치이기도 하기 때문이다. 따라서 관료 중심이나 시장 중심의 유럽통합에는 반대하면서도 정치 및 문화적 유럽문명이라는 단위를 주장하는 수사학적 장치를 통해 민족전선은 줄타기를 하고 있는 것으로 분석할 수 있다.

모든 정치세력의 궁극적인 목적은 집권이라고 할 수도 있지만 라보의 이론은 일부 정치세력의 경우 집권 자체보다는 정치적 영향력의 확보 및 유지에 제한될 수 있다는 사실을 제시했다. 우리의 분석에 따르면 민족전선 역시 이러한 제한적 역할에 어느 정도 만족하면서 영향력을 유지 또는 확대하려고 하며, 그 때문에 유럽통합에 대해서도 경우에 따라 상당히 타협적인 접근을 택하고 있다는 사실을 검토했다. 민족전선의 특징이라고 한다면 그 이념의 핵심이라고 할 수 있는 극우 민족주의와 유럽을 연결하는 새로운 타협적·상호 보완적 담론을 만들어내고 있다는 점이고, 이러한 특징은 사실 다른 유럽의 극우 민족주의 세력에게서도 상당 부분 확인할 수 있을 것으로 예상한다. 따라서 우리의 주장은 정치적 필요에 따라 이념적 양보가 이뤄진다는 단순한 상식적 설명이 아니라 정치적 필요가 이념적 주장과 어떤 방식으로 타협하고 서로를 변화시키는가의 과정이 무척 의미 있고 중요하다는 것이다.

셋째, 민족전선의 사례는 유럽통합과 민족주의가 원칙적으로 상충하기보다는 정치세력의 전략·전술적 선택에 따라 상충적 또는 보완적으로 구성될 수 있다는 사실을 보여준다. 실제로 인간은 다양한 공동체에 속하기 때문에 특정 공동체가 충성심의 우선 대상이 될 수는 있지만 극단적인 경우를 제외하고는 정체성이 반드시 배타적으로 규정되는 것은 아니기 때문이다. 민족전선의 사례는 가장 극단적인 민족주의 세력에서조차 배타적 정체성보다는 다중 정체성을 인정하면서 그 위계를 중시하는 양상을 보여준다는 사실을 증명한다. 게다가 통합의 영역이나 본질에 따라 찬성과 반대를 가지고 조작할 수 있는 여유가 존재하기 때문에 특정 세력의 친 또는 반유럽적 성격을 규정하기에는 무척 조심스러울 수밖에 없다는 점을 보여준다.

프랑스 정치세력의 유럽에 대한 입장을 비교해본다면 크게 중도 수권 정당과 좌·우의 반유럽적 세력을 들 수 있다. 매우 커다란 그림은 주로 수권 정당은 민족주의에 대한 반성과 유럽통합에 대한 희망을 미래 가치로 내세운다는 점에서 유사하다. 유럽 전체를 고려할 때 기독교민주주의와 사회민주주의 세력은 통합의 핵심이라고 할 수 있는데, 프랑스에서는 기민주의가 상대적으로 약하지만 그럼에도 불구하고 사회당과 중도파가 모두 대표적인 유럽통합 지지세력이다. 이들에게 유럽문명은 계몽주의로부터 전해 내려오는 자유민주주의와 사회적 모델을 포함한 근대적 의미의 문명이다. 반면 민족주의 우파인 드골파는 통합에 반대해왔지만 1980년대 이후 점차 통합을 수용하고 나아가 적극적으로 자신의 유럽 비전을 추진하려는 모습을 보였다. 민족전선의 유럽 비전은 드골파 과거의 시각과 상당한 유사성을 보이면서도 기타 문명에 대한 더욱 배타적 양상을 띠고 있다. 다른 한편 프랑스 좌파에서도 민족주의적인 이념적 성향으로 유럽통합을 거부하는 분파가 존재한다. 예를 들면 슈벤느망이 이끄는 공화시민운동(Mouvement Républicain et Citoyen)을 들 수 있는데, 혁명적 민족주의 전통을 이어받아 민족국가만이 시민의 공화주의를 실현할 수 있는 틀이라고 인식한다. 좌·우의 민족주의 세력이 어떤 방식으로 유럽통합을 보는가를 비교하는 것은 향후 유익한 연구대상이 될 것으로 보인다.

종합적으로 판단한다면 민족전선이 내세우는 민족주의는 어떤 확고한 이념으로 구조적 틀을 가지고 있다거나 불변의 내용이라기보다는 소수 정치세력의 전략 담론으로서 매우 유연한 양상을 보여준다고 할 수 있다. 위에서 드골주의 세력과의 비교에서 드러나듯이 소수 정치세력이 수권 정치세력보다는 상대적으로 더 교조주의적 경향을 나타내거나 더 일관된 모습을 띨 가능성이 높아 보이지만, 그렇다고 민족전선의 민족주의가 견고한 이념적 일관성이나 논리적 구조를 보유하고 있다고 보기는 어렵다.

8장

세계시민주의와 애국심

조계원

불평등한 세계 속에서 애국심의 대가가 동포가 아닌
사람들에게 부정의를 지속하는 것이라면, 진정한 애국자는
이를 막기 위해 이러한 부정의가 완화되거나 없어질 수 있는
새로운 지구적 차원의 구조를 형성하려고 노력할 의무를
지닌다. 도덕적으로 인정될 수 있는 특별한 책임성은 모든
사람을 동등하게 고려하는 정의의 배경에서 실행되어야 한다.

애국심과 지구적 차원의 정의

지구화가 국가 간의 불평등을 확대하고 개도국의 기아와 빈곤 문제를 심화시키고 있는지, 아니면 전 세계의 빈곤과 건강 문제를 개선하고 있는지는 논쟁이 되고 있는 이슈다. 그렇지만 적어도 부유한 나라들과 그 시민들이 지구상에 존재하는 10억의 빈곤층에 대한 의무를 외면해서는 안 된다는 주장은 점점 더 힘을 얻고 있다. 지구적 빈곤을 퇴치하고 모든 사람의 기본 권리를 보장하는 것은 '인권'의 보편 가치를 실행하는 세계시민적 의무라는 것이다(Pogge 2002). 이러한 주장에 대해 세계시민적 의무만으로는 지구적 차원의 분배정의를 실행하는 동기를 유발시키지 못한다는 반론이 제기되고 있다. 타인의 기본 권리를 침해하지 않는 소극적 의무는 몰라도 자원의 재분배를 수반하는 적극적인 의무는 관계에서 발생되는 책임성 없이는 실행되기 어렵다는 것이다(Miller 2005).

이와 관련된 중요한 정치철학적 논쟁의 하나는 '세계시민주의와 애국심이 양립가능한가'라는 질문이다. 하나의 규범적 사고로서 세계시민주의는 개인을 궁극적인 도덕적 관심의 단위로 여기고, 국적이나 시민권에 상관없이 동등하게 고려해야 한다고 주장한다. 그러나 세계시민주의가 지니는 심각한 문제점의 하나로 지적되어온 것은 사람들의 일상 삶을 특징짓는 특수한 애착과 헌신을 부정한다는 점이었다. 더구나 지구화의 진전에도 불구하고 세계시민주의가 확대되기보다는 민족주의가 다시금 부상하는 현상이 나타나면서, 세계시민주의가 충분한 행위의 동기를 제공하지 못한다는 비판을 받았다. 이로 인해 사람들이 가치 있다고 여기는 특수한 유대와 헌신을 허용하지 않는 지구적 정의에 대한 이론은 보통 사람들에게 거부당할 수 있다는 점이 인정되면서, 세계시민주의가 사람들이 자신의 동포(compatriots)—특정한 정치·제도적 구조를 공유하는 동료시민—에게 더 관심을 갖는다는 사실과 도덕적으로 조화될 수 있다는 점을 보여주려는 이론적인 시도가 진행되었다(Driver 2007; Tan 2004, 135-162; Scheffler 2001, 120-124).

다른 측면에서, 애국심은 자신의 나라와 동료시민들의 이익에만 배타적인 관심을 기울이며, 국가적·민족적 경계를 뛰어넘은 도덕적 의무를 경시한다는 비판을 받아왔다. 우연히 그 구성원으로 태어났다는 이유만으로 자신이 속한 나라와 그 구성원들을 편애하는 것은 도덕적으로 부적절하다는 것이다. 애국심에 호소하는 것은 자신이 속한 나라의 잘못된 측면들을 직시하지 못하는 인식론적·도덕적 실패에 기인하는 나쁜 신념이며, 이로 인해 지구화 시대의 규범적 요구에 부합하지 않는다는 주장이다(Kellner 2005). 이러한 비판에 대응해 애국심을 주장하는 이론가들은 애국심이 자국의 이익을 맹목적으로 옹호하지 않으며, 지구적 차원의 정의와 조화될 수 있다는 주장을 펼치고 있다(Primoratz 2007; Nathanson 2007; White 2003).[1]

---

1) 이 글은 애국심과 민족주의가 구분될 수 있다는 가정을 담고 있다. 민족주의가 신화와 상상을 통해 구성되는 집단 정체성에 바탕을 둔다면, 애국심은 어떤 정치체제 속에서 공통의 삶을 영위함으로써 갖는 일체감이나 동료애에 기초한다. 또한 민족주의가 정치체제의 성격보다 공동체의 정신적·

이러한 논쟁들이 진행되어온 가운데 '세계시민주의와 애국심이 양립가능하다'라는 주장으로 이론적 논의가 수렴되고 있다. 현재의 논쟁에서는 어느 한쪽을 완전히 부정하고, 일방적으로 애국심이나 세계시민주의를 지지하는 견해는 찾아보기 어렵다. 이 둘의 도덕적 가치를 일정하게 인정하면서, 이론적으로 어떻게 애국심과 세계시민주의가 결합될 수 있는지 보여주는 접근을 취하고 있는 것이다. 이는 두 이론이 담고 있는 규범적 요구 중 어느 하나도 완전히 부정할 수 없는 현실을 반영한다. 자신이 살아가는 공동체를 아끼고 더 나은 곳으로 만들어가려는 시민적 책임성과 지구적 차원에서 부정의를 줄이기 위한 보편 의무가 모두 요구되는 상황에 있기 때문에 애국심과 세계시민주의가 선택의 문제가 아니라 모두 가능할 수 있음을 보여주어야 할 필요성이 커진 것이다.

이 글의 목적은 '비지배 자유'(liberty as non-domination)에 기초한 신로마 공화주의(Pettit 1997)의 입장에서 세계시민주의와 애국심이 가장 잘 양립할 수 있음을 보여주는 것이다. 이를 위해 2절에서는 세계시민주의와 애국심의 양립가능성을 보여주기 위해 최

문화적 특성에 대한 애착을 우선시한다면, 애국심은 공동체를 향한 맹목적 충성보다는 시민적 자유와 정치적 권리가 보장된 정치체제의 구현을 중시한다(곽준혁 2003, 320-324). 이러한 주장에 대해 애국심과 민족주의를 구분하기 어려우며, 애국심은 민족주의적 배타성으로 이어지기 쉽다는 반론도 가능하다. 이 글에서는 이 문제를 구체적으로 다루지 않는다. 다만, 자신이 살아가는 정치공동체에 대한 애정을 민족주의와 동일시할 수는 없으며, 민족주의가 지니는 문제점을 애국심을 통해 극복하려는 의도를 지니고 있음을 밝혀둔다.

근의 이론들이 온건한 입장으로 수렴되고 있음을 설명하고, 이러한 설명들이 갖는 한계점을 살펴본다. 3절에서는 '비지배 자유' 개념이 세계시민주의와 애국심의 양립가능성을 가장 잘 설명할 수 있다고 주장한다. 비지배 자유 개념은 특정한 정치공동체와 그 구성원에 대한 애착을 도덕적으로 정당화해주고, 시민 상호간의 책임성을 강화시켜주는 역할을 한다. 그렇지만 동시에 지배라는 해악을 정치·사회적으로 최소화해야 한다는 보편화될 수 있는 의무를 제공함으로써 지구적 차원으로 확장될 수 있음을 주장하고자 한다.

세계시민주의와 애국심의 양립가능성

양립불가능성 명제의 검토

다음과 같은 상황을 가정해보자. 지구 곳곳에서 일어나고 있는 기아 문제에 대한 질문에 A는 불평등한 세계 속에서 자국 동포들에게만 관심을 갖는 것은 이러한 부정의를 사실상 영속화하거나 심화시키며, 모든 사람이 동등하게 지니는 인권을 훼손하는 일이므로 기아 구제에 적극 나서야 한다고 주장한다. B는 인도적인 차원에서 이뤄지는 개인적인 기부에는 반대하지 않지만 국가 차원에서는 재정적 도움을 필요로 하는 자국의 시급한 사안을 우선시하는 게 중요하다고 대답한다. 상충되어 보이는 두 입장 가운데 A는 세계시민주의에 근거한 주장으로, B는 애국심에 근거한 주장이라고 볼 수 있다.[2] 그렇다면 이 두 주장을 충돌하게 만드는 핵심 가정들은 무엇일까? 어떤 가정을 수정할 때 두 주장의 간극을 좁힐 수 있을까?

A의 주장이 가정하고 있는 근본 전제는 모든 사람은 인권, 즉 존중받아야 할 동등한 가치를 지닌다는 명제이다. 이것을 '동등한 가치 명제'라고 부르자. 반면, B의 주장은 다른 사람보다 자국 동포들을 우선시하는 것이 타당하다는 생각에 기초한다. 이것을 '차등 대우 명제'로 불러보자. A의 입장에서 B의 주장은 받아들일 수 없는 것으로 보인다. 왜냐하면 '동등한 가치 명제'와 동포에 대한 '차등 대우 명제'는 모순된다고 보기 때문이다. 이때 B는 자신은 모든 사람이 동등한 가치를 지닌다는 주장을 거부하지 않으며, 다만 자신과 특별한 관계를 맺고 있는 사람들에게 우선 책임을 갖는 것이라고 대답한다. 자신의 아이에게 더 큰 관심을 갖는다고 해서 다른 아이의 삶이 귀중하다는 사실을 부정하지 않는 것처럼, '동등한 가치 명제'가 반드시 모든 관계에 대한 '동등한 대우'라는 결론으로 이어지지 않는다는 것이다. 이에 대해 A는 장애를 안고 태어난 사람에 대한 차등 대우는 도덕적으로 타당하다고 말한다. 그러나 '도덕적으로 부적절한 근거'를 가지고 차별 대우를 해서는 안 되며, 우연히 같은 나라에서 태어나 살아간다는 이유만으로 빈곤과 기아에 굶주리는 다른 나라의 사람들보다 자국의 동포들을 우선시하는 것은 도덕적으로 자의적이라고 반박한다.

A와 B의 주장을 요약해보면 다음과 같다. A는 모든 사람은 동등하게 대우받을 자격이 있으며, 우리의 도덕적 의무가 '자의적인' 기

---

2) 이에 대해 애국심을 동포 또는 동포의 복리에 특별한 애착을 갖는 것과 동일시할 수 있는가라는 질문이 제기될 수 있다. 그렇지만 이것이 애국심을 구성하는 중요한 특징 가운데 하나라는 점은 분명하다.

준에 따라 나뉘어서는 안 된다고 주장한다. B는 희소한 자원을 할당할 때 특별한 책임이 있는 관계에 있는 사람을 그렇지 않은 사람보다 우선시할 수 있다는 견해를 피력한다. 두 주장은 모두 우리의 상식적인 도덕성에서 크게 벗어나지 않는 견해라고 할 수 있다. 이는 두 주장이 상충되어 보이지만 일정한 공통분모를 발견할 수 있다는 뜻이기도 하다. 따라서 다음과 같은 접점을 추론할 수 있다. 첫째, '모든 사람은 동등하게 대우받을 자격이 있다' 또는 '모든 사람은 동등한 가치를 지닌다'는 전제는 A와 B가 의견을 같이할 수 있다. 둘째, 정당한 도덕적 근거가 있다면 특별한 책임성을 지닌 관계를 인정할 수 있다는 생각도 두 사람 모두 동의할 수 있다.

그렇다면 세계시민주의와 애국심이 양립할 수 있다는 점을 보여주기 위한 이론적 과제가 보다 더 분명해진다. A의 입장에서는 우리가 다른 사람과 맺는 관계 중에서 특별한 책임성을 지니는 관계가 존재할 수 있으며, 이러한 책임성이 모든 사람에 대해 갖는 보편 의무와 반드시 충돌하지 않는다는 점을 보여줄 수 있어야 한다. 다른 한편에서, B는 같은 나라에서 사는 '동포'가 도덕적으로 자의적이지 않고 특별한 책임성을 지지할 수 있는 관계라는 점을 입증해야 한다. 동시에 이러한 책임성이 지구적 정의에 대한 관심으로 확장될 수 있음을 보여주어야 한다. 최근의 논의들에서 방금 말한 이론적 과제에 대한 대답을 살펴보자.

온건한 세계시민주의: 특별한 의미를 갖는 관계에 대한 인정

세계시민주의자들이 직면해온 중요한 이론적 과제는 지구적 차원의 정의에 대한 열망이 사람들이 자신의 동포들에게 특별한 관심을 갖는다는 사실과 조화될 수 있음을 보여주는 것이었다(Tan 2004, 137). 애국심을 주장하는 이론가들은 민주주의가 작동하기 위해서는 시민 사이에 일정한 수준의 상호 존중과 신뢰가 필요하며, 이러한 점에서 정치공동체를 구성하는 동료시민이 서로에게 유대감이나 책임성을 느끼지 않으면 안 된다고 주장한다(Viroli 1995, 173; Miller 2000, 84-86). 이러한 유대감을 부정하고 추상적 의무에 대한 헌신을 강조하는 세계시민주의를 사람들이 거부할 수 있다는 점이 받아들여지면서, 사람들이 지니는 유대감과 헌신을 이론적으로 수용할 수 있는 방법이 모색되었다. 이때 세계시민주의의 틀 내에서 동포에 대한 애착을 위치시키는 방법은 크게 두 가지가 있다.

첫 번째는 동포에 대한 애착의 내재적 가치를 인정하는 것이 아니라 도구적 또는 파생적 가치만을 인정하는 방법이다.[3] 이것은 도덕적인 추론 또는 숙고 과정에서 모든 사람을 동등하게 고려해야 한다는 태도를 유지하되, 개인이 지닌 특수한 애착과 헌신이 지구적 차원의 의무를 충족시키는 효과적인 전략을 제공할 때에만 '허

---

3) 엄밀하게 말하면, 내재적 가치와 비도구적 가치는 구분되는 용어이다. 내재적 가치란 다른 어떤 존재나 속성에 의존하지 않은 내재적 속성들로 인해 어떠한 것이 지니는 가치를 말하고, 비도구적 가치란 다른 것의 수단이 아니라 그 자체가 목적인 가치를 말한다(Mason 2000, 43). 내재적 가치와 비도구적 가치가 반드시 일치하는 것은 아니라는 점 때문에 이 둘을 구분하는 것은 중요하지만, 이 글에서는 특별한 관계가 내재적 가치와 비도구적 가치를 지닌다고 보기 때문에 두 용어를 혼용해서 사용하고 있다.

용'될 수 있다고 본다. 이를 셰플러는 "극단적 세계시민주의"라고 부른다. 이러한 입장에 따르면, 특정한 사람에 대한 애착은 모든 사람의 이익을 동등하게 고려하는 한에서만 정당화될 수 있으며, 특정한 관계를 맺고 있거나 특정한 집단에 소속되었다는 사실은 그러한 관계나 집단에 대한 특별한 책임성을 만들어내는 독립적인 근거를 갖지 않는다(Scheffler 2001, 115). 특별한 관계와 소속은 세계시민권이라는 이상에 의거해 정당화되어야 한다는 주장[4]이나, 우리가 특별히 관심을 갖는 사람의 이익을 증진시킬 수 있는 정당한 근거는 전체 인류의 이익이라는 관점에서 파생되어야 한다는 주장[5]을 예로 들 수 있다. 이러한 극단적 세계시민주의는 애국적 편애가

---

4) 애국심에 관한 누스바움의 초기 생각은 이런 견해를 제시하는 것으로 볼 수 있다. 그녀는 애국심을 공허한 상징, 자기고양의 열정 등으로 비판하면서, 세계시민적 입장에서 단순한 정부의 형태나 일시적인 권력이 아니라 모든 인간에 대한 인간애로 이루어진 도덕적 공동체에 첫 번째로 헌신해야 한다고 주장한다(Nussbaum 1996, 7). 그러나 최근에 누스바움은 애국심이 지니는 내재적 가치를 긍정하는 방향으로 입장을 바꿨다. 최근의 시각은 Nussbaum(2008)을 참조.

5) 굿인의 '할당된 책임성 모델'(assigned responsibility model)은 이러한 시각을 대표한다. 그는 특수한 의무는 도덕공동체의 일반적 의무를 특수한 행위자에게 할당하는 수단이며, 이러한 할당체계는 일반적인 의무를 지구적으로 실행하는 가장 효과적인 방법이라고 주장한다. "내가 선호하는 접근 방식은 특수적 의무를 단지 '분배된 일반적 의무'로 간주하는 것이다. 즉, 특수적 의무를 도덕공동체의 일반적 의무가 개별 행위자들에게 할당되는 단순한 수단으로 보는 것이다"(Goodin 1988, 678). 규칙공리주의(rule-utilitarianism) 이론에 기초한 이러한 입장에 따르면 결국 동포는 그다지 특별하지 않은 관계가 된다.

세계시민적 원칙들과 관련 없이도 이해될 수 있는 내재적 가치를 지닌다는 점을 부정하는 '환원주의'라는 비판을 받았다(Tan 2004, 148-149).

두 번째는 특정 사회에 소속되어 있다는 사실에서 파생되는 책임성의 내재적 또는 독립적 가치를 인정하는 것이다. "온건한 세계시민주의"라고 부를 수 있는 이러한 입장은 모든 특별한 책임성이 일반적인 의무에서 도구적으로 파생된다고 보는 태도를 버리고, 도덕적 숙고 과정에서 편애(favoritism)가 있을 수 있음을 인정한다. 셰플러는 내가 어떤 사람과 특별한 관계를 맺고 있다는 사실은 그 사람을 다른 사람과 다르게 대우할 수 있는 정당하고 기본적인 이유가 된다고 본다. 극단적 세계시민주의의 입장에서 보면 모든 인간관계는 도구적으로만 가치를 지니며, 인간관계 자체가 지니는 내재적 가치를 인정하지 않게 된다. 하지만 특별한 관계 자체에 내재적 가치가 존재하며, 이러한 관계에서 책임성이 생긴다는 사실은 모든 사람이 동등한 가치를 갖는다는 명제와 개념적 충돌을 일으키지 않는다(Scheffler 2001, 121-122). 예를 들면, 친구는 단순히 이익을 주고받는 관계로 설명되지 않는 가치를 지닌다.[6] 친구 사이에서 그 사람을 다른 사람과 다르게 대우하지 않는다면, 친구관계 자체가 존재하기 어렵다. 또한 친구를 다른 사람보다 아끼고 먼저 생각한다고 해서 모든 사람이 동등한 가치를 지닌다는 생각을 거부하는

---

6) 가족이나 친구와 같은 특별한 관계는 인간의 잘삶(well-being)을 구성하는 부분이라는 점에서 내재적 가치를 찾을 수 있다.

것도 아니다.

여기서 한 가지 반론이 제기될 수 있다. 내가 친구를 우선할 수는 있지만, 다른 사람에게 폭력이나 위해를 가하면서까지 우정을 중시하는 행동은 정당화될 수 없다. 마찬가지로 아버지가 딸에게 특별한 애착을 갖는 것은 인정될 수 있지만, 자신의 지위를 이용해 부당한 방법으로 자신의 딸을 취직시키려 한다면 그러한 행동은 도덕적으로 인정될 수 없다. 즉, 특별한 관계가 도구적이지 않은 가치를 지닌다는 점은 인정할 수 있지만, 무조건 가치 있는 것은 아니라는 주장이다(Abizadeh and Gilabert 2008, 351). 따라서 특별한 관계를 맺고 있을 때 무조건 책임성이 생기는 것이 아니라, 그 관계가 내재적으로 부정의를 수반하지 않을 때에만 특별한 책임성이 생긴다는 결론이 뒤따르게 된다. 도덕적 추론 과정에서 편애가 무조건 용인되는 것이 아니라 공유되는 규범적 요구가 이를 제약하는 역할을 한다는 것이다. 이러한 주장이 중요한 이유는, 만약 특별한 관계 자체에서 발생하는 책임성을 그 자체로 인정하게 되면, 공동체를 위한 개인의 무조건적인 희생을 강조하는 공동체주의의 문제점에 빠질 수 있기 때문이다.[7]

---

7) 흥미롭게도 애국심과 세계시민주의의 양립불가능성을 가장 강력하게 주장하는 학자는 극단적인 세계시민주의자가 아니라 공동체주의 이론가인 매킨타이어이다. 그는 애국심이 일련의 보편적인 제약들로 가두어진다면 이는 거세된 애국심(emasculated patriotism)에 불과할 것이며, 사람들은 조국에 대한 헌신을 진지하게 여기지 않을 가능성이 크다고 주장한다(MacIntyre 2002, 46). 그의 공동체주의적 애국심이 지니는 문제점은 곽준혁(2003, 316)을 참조.

이러한 논리에 따르면, 특별한 관계가 내재적 가치를 지닌다는 점은 인정하지만 일정한 규범적 제약을 만족시키지 않으면 특별한 관계에서 책임성이 발생되지 않는다는 주장에 도달하게 된다(Abizadeh and Gilabert 2008, 356). 이 경우 온건한 세계시민적 입장은 보다 쉽게 특별한 책임성을 인정할 수 있다. 왜냐하면 이러한 책임성을 발생시키는 규범적 제약이 세계시민적 이상('동등 가치 명제')에서 생긴다고 보게 되면, 세계시민적 이상이라는 큰 틀에서 개인이 지니는 특별한 책임성의 타당성 여부가 평가될 수 있기 때문이다. 다시 말하면, 각 개인은 일정한 관계에서 생기는 특별한 책임성의 근거를 숙고하는 과정에서 모든 사람의 동등한 가치를 고려해야 한다는 보편의 규범적 요구에 직면하게 된다는 것이다. 이렇게 되면, 세계시민주의와 특별한 책임성 간에 긴장이 존재하는 것이 아니라, 세계시민주의 틀 내에서 특수한 책임성과 일반적 의무 사이에 긴장이 있게 된다.

이때 세계시민적 정의가 일반적 의무와 특별한 책임성 간의 긴장을 해소하는 방법으로 두 가지가 제시되고 있다. 하나는 행위자 내에서 행위자 중립적 근거에 의해 편파적(partial) 관심이 조정된다고 보는 해석이다. 자신의 편파적 고려를 정당화하는 과정에서 모든 인간이 보편 가치를 지닌다는 세계시민적 규범에 반응할 수 있다고 보는 것이다. 우리는 우리와 연관된 무엇이나 누군가가 가치 있다고 여겨질 때 자부심을 느끼는 반면, 경시된다고 느낄 때 모욕감을 느낀다. 그래서 내가 속한 나라나 동포가 좋은 일을 하고 있다고 느끼면, 나와 직접적인 관계가 없을지라도 자부심을 느낄 수 있다. 이 경우 중요한 것은 행위자의 입장에서 어떤 연관성을 인식하고, 이를 일정한 규범의 기준에 비추어 반성적으로 평가한다는 사실이다. 따라서 만약 행위자가 규범의 기준으로 세계시민적 이상을 수용한다면, 2차적 정당화 과정에서 자신의 애국적 편애를 조정할 수 있게 된다(Driver 2007).

다른 한 가지 방법은 칸트의 계약주의적 접근에 기초한 '상위 질서의 불편부당성'(impartiality of higher order)이라는 개념을 도입하는 것이다. 정치제도는 집합행동을 통해 불편부당성의 요건을 만족시킴으로써 편파성과 불편부당성 사이의 긴장을 해소하는 데 도움을 주며, 개인은 이 속에서 다른 사람의 직접적인 요구를 상대적으로 덜 받으면서 자유롭게 살 수 있다(Verlinden 2010, 88). 세계시민주의가 추구하는 불편부당성으로서의 정의는 일상의 모든 생활에서 불편부당성(1차적 불편부당성)을 요구하지 않으며, 다만 사람들의 기본적인 정당한 자격과 요구를 결정하는 제도의 규칙들과 원칙들의 경우에만 불편부당성(2차적 불편부당성)을 필요로 한다. 세계시민주의는 제도적 규칙 내의 개인간 상호작용에 관한 요구를 담고 있지 않으며, 다만 제도적 장치의 요건으로서 불편부당성의 이상을 수용한다는 것이다(Tan 2004, 157).[8]

---

[8] 이러한 입장을 "도덕적 세계시민주의"와 구별하여 "정치적 세계시민주의"로 부르기도 한다. 도덕적 세계시민주의는 모든 인간을 도덕공동체의 동등한 구성원으로 보고, 도덕적으로 동등하게 대우해야 한다고 여기며, 편파성은 도덕적으로 적절하지 않다고 본다. 이와 달리 정치적 세계시민주의는 정치체제가 모든 인간의 동등한 권리를 인정하기 위해 세워져야 한

지금까지의 논의를 정리해보면 다음과 같다. 사람들이 자신의 동포에게 느끼는 애착에 도구적이지 않은 가치가 있다는 것은 인정할 수 있다. 그렇지만 동포를 우선시하는 특별한 책임성은 세계시민적 정의라는 일반적 의무와 충돌하지 않을 때에만 가능하다. 따라서 세계시민적 정의가 완전히 실현되지 않고 있는 상황에서 자신의 애국적 편애를 정당하게 주장하기 위해서는 지구적 정의의 의무를 진지하게 받아들여야 한다. 불평등한 세계에서 애국심의 대가가 동포가 아닌 사람들에게 부정의를 지속하는 것이라면, 진정한 애국자는 이를 막기 위해 이러한 부정의가 완화되거나 없어질 수 있는 새로운 지구적 차원의 구조를 형성하려고 노력할 의무를 지닌다. 도덕적으로 인정될 수 있는 특별한 책임성은 모든 사람을 동등하게 고려하는 정의의 배경에서 실행되어야 한다는 것이다(2004, 161-162).

그러나 세계시민주의와 애국적 편애를 조화시키려는 이러한 입장은 크게 두 가지 문제점을 지적할 수 있다.

첫째, 세계시민적 정의가 그 자체로 애국적 편애와의 긴장을 해소하는 역할을 할 수 있는가 하는 질문이다. 온건한 세계시민주의 이론은 개인이 특별한 책임성을 지닐 수 있다는 점을 인정하지만, 결국 세계시민주의 원칙이 특별한 책임성과 갈등하는 경우 항상 세계시민주의 원칙이 규범적 우위에 놓이게 된다는 점을 가정하고 있

다고 주장하며, 편파성은 정치적 또는 제도적 수준에서 제거될 것이라고 본다(Driver 2007, 596).

다.[9] 그래서 지구적 불평등이 두드러지는 현재의 상황에서 부유한 나라의 시민들이 자신의 동포들을 우선하는 것은 동등한 존중이라는 이상을 위반하는 것이 되며, 사실상 세계시민적 정의의 규범적 요구에 따라 특별한 책임성을 포기해야 한다는 결론에 도달하게 된다. 그러나 이러한 결론은 특별한 책임성과 지구적 차원의 의무 사이에 존재할 수 있는 다양한 맥락적 상황을 고려한 실천적 판단을 무시하는 문제점을 지닌다(Verlinden 2010, 88).

둘째, 세계시민주의자들은 개인에게 특별한 의미를 지닌 관계 자체를 거부하지는 않지만, 책임성이 개인의 자발적 동의에 의해서만 생겨날 수 있다고 본다(Lenard 2010, 353). 그러나 책임성이 전적으로 동의에서 생겨난다고 보게 되면, 관계를 통해 형성되는 책임성 자체를 설명하기 어렵다. 예를 들어, 친구 관계는 서로 어떠한 책임을 갖는다는 합의에 따라 생기는 것이 아니다. 오히려 의식하지 못한 일련의 사건과 행동의 역사가 우정을 형성하고, 이러한 관계 속에서 서로에 대한 책임을 인식하게 된다(물론 위에서 말한 것처럼 이러한 책임성이 반성적 과정 없이 무조건적인 헌신으로 이어지는 것은 아니다). 개인에게 특별한 의미를 갖는 관계는 비자발적일 수 있으며, 이러한 관계는 책임의 원천과 이를 실행하는 동기를 제공한다. 타인에 대한 적극적 의무를 실행하는 동기는 개인 차원

---

9) 워커는 이러한 세계시민주의 해결책은 '일원론'(monism)의 위험성을 지닌다고 비판한다. 다층적이고 조화 불가능한 원칙들이나 층들이 있음을 인정하고, 항상적이고 지속적인 협상을 통해 간극을 조정해나가야 한다는 것이다(Walker 2012, 76).

에서 도덕적 의무를 인정하는 것만으로는 부족하며, 관계 차원에서 형성되는 책임성을 필요로 한다는 것이다.[10] 따라서 양립가능성을 주장하기 위해서는 특별한 애착 관계를 세계시민주의의 틀 내에서 수용할 수 있다는 주장만으로는 부족하다. 개인적인 도덕적 의무가 관계에서 형성되는 책임성과 어떻게 결합될 수 있는지 보여줄 수 있어야 하는 것이다.

온건한 애국심: 결속적 의무의 발생 근거

앞에서 애국심을 옹호하기 위해서는 같은 나라에서 사는 '동포'가 노딕직으로 지의적인 근거가 아니며, 특별한 책임성을 지지할 수 있는 관계라는 사실을 입증해야 한다고 얘기한 바 있다. 동포에 대한 특별한 책임성을 부정하는 사람들은 가족(또는 친구)과 동포의 유비(analogy)가 성립하지 않는다고 비판한다. 가족 관계는 개인적인 애착에 내재적인 도덕적 가치를 부여할 수 있지만, 동포의 경우에는 이러한 가치를 인정할 수 없다는 것이다. 그래서 만약 동포에 대한 책임성을 인정하게 되면, 인종주의나 범죄 집단의 구성원들이 서로에 대해 갖는 책임성도 인정해야 할 것이라고 비난한다. 이러한 비판에 적절히 대응하기 위해서는 동포 관계가 내재적 가치를 지니며, 동포에 대한 책임성이 내재적으로 부정의를 수반하

---

10) 이러한 주장은 도덕적 동기에 대한 흄의 설명—다른 사람에 대한 의무를 실행하기 위해서는 그에게 일정한 연대감을 느껴야 한다는 견해—과 관련되며, 세계시민주의자들의 주장은 칸트의 견해와 관련되어 있다. 도덕적 동기에 대한 논쟁에 대해서는 Bufacchi(2005)를 참조.

지 않는다는 점을 보여줄 수 있어야 한다(Miller 2005, 64-66).

동포 간의 관계는 결속적 의무(associative duty)를 주장할 수 있는가? 결속적 의무란 사람들이 자신의 삶에서 가치 있다고 여기는 관계에 대해 지니는 특별한 책임성을 뜻한다. 이러한 관계의 중심 가치는 관계를 맺고 있는 사람들에게 있으며, 개인의 잘삶(well-being)에 근본적인 중요성을 갖는다(Scheffler 2001, 49-65). 결속적 의무의 기초가 되는 관계는 그 자체로 귀중하지만, 여기에서 생기는 책임성을 정당화하는 것은 관계 속에 내재하는 도덕적 가치이다. 그리고 결속적 의무는 참여자들이 공유하는 관계의 도덕적 가치에 대한 적절한 반응이어야 한다(Moore 2009, 388).

동포에 대한 결속적 의무를 설명하는 방법 중 하나는 '상호성'(reciprocity)을 주장하는 것이다. 상호성은 협력 관계에 있다는 점을 강조하면서 공정성이나 주고받기 원칙에 호소하는 것을 말한다(2009, 389). 상호성 주장은 주로 개인이 나라(country)로부터 받는 혜택에 초점을 맞춘다. 이때 나라는 개인의 삶에서 중요한 의미를 갖는 여러 혜택들을 만들어내고, 분배하는 공통의 사업이다. 이러한 혜택은 같은 나라에서 함께 살아가고, 이러한 사업에 참여하며, 정치체제로부터 혜택을 받고 이를 되갚는 협력을 통해 형성된다. 따라서 부담과 혜택의 분배를 결정하는 규칙들은 동포들의 복리에 대한 특별한 관심을 요구한다. 자신의 동포에게 특별한 관심을 보이는 것은 '공정한 경기'(fair play)의 문제이며, 자신이 맡은 몫을 할 때에만 공정하기 때문이다(Primoratz 2002, 449).

그러나 상호성을 단순히 이익의 주고받음이나 장기적인 자기 이익으로 국한하게 되면 문제점이 생긴다. 정치체제로부터 얻는 혜택을 구체적으로 입증하기 쉽지 않기 때문이다. 또한 공통의 사업에 사실상 거의 기여할 수 없는 사람—특히, 중증 지적 장애인과 같은 경우—에 대한 책임을 설명하지 못한다. 그래서 같은 체제하에서 산다는 것은 상호성에 대한 느슨한 이해를 함축하고 있는 것으로 해석해야 한다. 여기에서 의무는 일반적으로 제도화된 상호성의 실천에 담긴 가치에 의존한다. 그러한 실천 속에는 공정함이 내재되어 있고, 그 제도는 그 속에서 살아가는 사람들에게 소중한 의미를 갖는다. 지속적인 협력적 실천은 오랜 시간에 걸쳐 형성되며, 여기에서 도덕적 의무가 생긴다. 과거와 현재의 협력적 실천과 제도가 만들어낸 상호성이 미래의 의무를 만들어낼 수 있다고 보는 것이다(Moore 2009, 390).

이러한 견지에서 밀러는 우리가 공통의 제도적 틀을 공유하는 사람에게 더 많은 관심을 쏟을 필요가 있다고 주장한다. 이유는 크게 두 가지이다. 첫째는 제도적 틀 속에 있는 동료 참여자들 사이에 더 큰 상호 존중과 신뢰를 증진시킬 필요가 있기 때문이다. 곤궁한 사람에 대한 관심이 지구적 차원으로 확대되었을 경우, 제도적 틀 내에서 불이익을 받는 사람이 이익을 받는 사람과 협력할 수 있는 범위가 줄어들게 된다. 이로 인해 불이익을 받는 사람은 정치를 외면하게 되고, 상호 존중과 신뢰에 기초한 설득이 들어설 자리가 없어지게 된다는 것이다. 둘째는 공유하는 제도적 틀에 순응하려는 유인(incentive)을 제공할 필요성 때문이다(Miller 1998, 210-216).

그러나 제도화된 상호성이 동포 간에 책임성을 발생시킨다는 주장은 동포 사이의 관계를 제도 내의 공평한 협력적 상호작용으로만 해석하는 한계를 지닌다. 이때 의무는 개인적 차원에서 선택에 수반되는 부담을 지는 것이기 때문에 관계 자체에서 생기는 결속적 의무라고 보기 어렵다. 또한 이러한 주장은 왜 '특정한' 나라의 동료들을 대상으로 책임성을 갖는지 설명해주지 못한다. 이러한 상호성이 보장된다면, 얼마든지 다른 나라를 선택할 수 있기 때문이다.

동포에 대한 결속적 의무를 설명하는 다른 방법은 '시민성'(citizenship)의 측면에서 이해하는 것이다(Mason 2000, 109-110). 시민이 된다는 것은 '특정' 정치공동체의 일원으로서, 다른 구성원과 함께 동등한 지위를 향유한다는 뜻이다. 시민은 공통의 삶에 영향을 주는 법과 정책들에 대해 직·간접적으로 통제력을 행사하며, 공동의 결정에 따르는 부담을 공유한다. 또한 시민은 공통의 관심사에 참여하고, 동료시민들이 진정으로 동등한 지위를 향유할 수 있는 조건을 형성하는 데 관심을 갖는다. 그 이유는 동료시민이 시민적 지위를 충분히 향유하지 못할 때 자신의 지위도 언제든 취약해질 수 있기 때문이다(Pettit 1997, 124-125). 따라서 동포에 대한 책임성은 공유하는 정치적 이상과 실천 그리고 함께 살아가는 '특정한' 정치·제도적 프로젝트를 위해 헌신하는 동료시민에 대한 애착에서 생겨난다고 할 수 있다.

동포에 대한 애착, 즉 애국심이 외국인에 대한 배타적이고 공격적인 태도로 나타나기도 한다는 점을 들어 동포라는 관계가 내재적인 가치를 갖지 않는다는 반론을 제기할 수도 있다. 그러나 부정의에 기초한 집단과 우연하게 부정의한 방식으로 행동할 수 있는 집단—부정의가 그 집단의 본질적 속성이 아닌 집단—을 구별하는 것은 중요하며, 전자의 경우에만 책임성의 근거가 되는 도덕적 가치를 결여한 집단이라고 할 수 있다(Miller 2005, 67). 핵심은 애국심의 근거가 되는 관계가 내재적으로 부정의를 수반하지 않는 관계—동등한 시민적 지위를 향유하는 관계—를 전제로 한다는 점이다. 가족이나 친구 관계 내에서 폭력이 발생한다고 해서, 그 관계 자체가 내재적 가치를 갖지 않는다고 말할 수 없는 것과 마찬가지다.

시민성의 주장 속에는 분명 상호성에 대한 이해가 담겨 있다. 정치제도가 구성인에게 부여하는 서로 연관된 역할을 통해 시민들은 직접적이지는 않지만 상호적 관계를 유지하기 때문이다. 그렇지만 시민성은 개인의 선택으로 환원되지 않는 관계의 상호성을 가정한다. 특정 공동체의 구성원들은 다른 구성원을 위해 일정한 희생을 감내할 수 있다는 기대를 공유하고 이러한 책임성을 '특별한' 것으로 받아들인다.

그렇다면 애국심 또는 동포 관계에서 생기는 시민적 책임성은 어떻게 세계시민주의와 결합될 수 있는가? 프리모라츠는 자신의 나라 또는 동포와의 관계에 애착을 갖는다면, 이 땅의 도덕적 기록이 곧 자신의 것이라고 느끼면서 "생생한 집단적 책임성"을 가지고 자신의 나라를 대해야 한다고 주장한다(Primoratz 2007, 31). 그래서 자신이 속한 나라가 인권을 옹호하고, 외국인을 동정심과 존중으로 대우하며, 과거에 저지른 잘못을 사과·교정하고, 착취적인 무역거래를 제한하길 바라야 한다는 것이다. 또한 캘런은 도덕적으로 적절한 애국심은 자신의 나라가 공정한 사회를 구성하는 일련의 독자적인 진실들에 따라 도덕적으로 번성하길 바라는 욕구를 수반한다고 말한다(Callan 2006, 542). 이와 같은 온건한 애국심은 자신의 조국에 대한 배타적이고 맹목적인 충성심을 강조하는 극단적 애국심을 배격하고, 지구적 차원의 의무를 수용할 수 있음을 주장하고 있다. 그러나 이러한 설명들은 동포에 대한 책임성이 세계시민적 의무와 어떻게 결합될 수 있는지에 대해 충분한 설명을 내놓지 못한다는 점에서 한계가 있다.

양립가능성에 대한 공화주의적 해석

비지배 자유에 기초한 애국심

세계시민주의와 애국심의 양립가능성을 주장하기 위해서는 동포라는 관계에 특별한 애착을 지닐 수 있음을 인정하거나, 동포에 대한 책임성이 정당한 도덕적 근거가 있음을 보여주는 것만으로는 부족하다. 보편적인 세계시민적 의무가 동포 간에 형성되는 책임성과 어떻게 결합될 수 있는지 보여줄 수 있어야 한다. 문제는 결속적 의무 또는 책임성은 특정한 멤버십을 갖게 됨으로써 생기는 일련의 행위자와 연관된(agent-relative) 의무이기 때문에 일반적 또는 보편적 의무와 상충할 수 있다는 점이다. 다시 말하면, 애국심은 특정한 나라에 소속됨으로써 생기는 결속적 의무이기 때문에 같은 나라에 결속되지 않은 사람에게는 의무에 대한 동기를 발생시키지 않는다는 것이다. 이 문제를 해결하기 위해서는 애국심을 추동하는 동기가 행위자와 연관된 특수한 근거이면서, 동시에 세계시민적 차원에서 보편화될 수 있는 근거여야 한다. 이러한 점에서 비지배 자유—타인의 자의적 의지로부터의 자유—개념은 세계시민주의와 애국심의 양립가능성을 높일 수 있는 근거를 제공해준다.

신로마 공화주의에서 자유는 "외부적 통제(alien control)가 부재한 상태"로 정의된다. 사회 속에서 인간들은 서로가 지닌 선택지들과 관련한 개연성들에 영향을 주면서 특정한 형태의 통제를 행사한다. 그러나 그러한 통제 중에서 어떠한 것은 영향을 받는 사람의 선택에 제약을 주지 않음으로써 비외부적(non-alien) 통제로 남아 있는 반면, 어떠한 것은 선택의 자유에 영향을 줌으로써 외부적 통제(alien control)를 행사한다. 이러한 두 가지 통제는 모두 간섭(interference)을 수반할 수도 있고 그렇지 않을 수도 있다. 간섭이 없는 외부적 통제는 통제받는 행위자가 자신이 기대하는 패턴을 따르지 않으면 언제든지 간섭할 수 있거나, 간섭하는 사람이 마음을 바꾸면 간섭할 수 있는 경우를 말한다. 반대로 간섭이 비외부적 통제로 이어지는 경우는 간섭을 받는 사람이 간섭자의 행위를 멈추거나 교정할 수 있는 상황을 말한다(Pettit 2008, 102-103).

따라서 공화주의적 시각에서 '오직 간섭만'이 자유를 앗아가고, '간섭이 항상' 자유를 박탈한다는 생각은 잘못된 것이다. 어떤 사람(들)이나 집단(들)이 다른 사람이나 집단이 행사하는 자의적 권력을 감당해야 하는 사회적 관계에 놓여 있는 경우, 실제 간섭이 없더라도 감독이나 위협을 통해 얼마든지 제한된 선택을 경험할 수 있기 때문이다. 또한 간섭이 있는 경우에도 그러한 간섭이 자신의 의

지에 따라 스스로 부과한 것이라면 자유를 축소시키지 않는다. 따라서 정의를 위해 정치·사회적으로 최소화되어야 하는 것은 간섭이 아니라 지배다(곽준혁 2010, 44-46).

지배를 최소화하는 것—즉, 비지배 자유를 극대화하는 것—은 인간의 번영(human flourishing)을 결정하는 중요한 조건 가운데 하나이다. 인간은 자율적으로 자신의 삶에 대한 타당한 계획을 세울 수 있을 때 좋은 삶을 살 수 있다. 그러나 다른 사람의 지배에 놓이게 되면, 축소된 삶의 계획을 가질 수밖에 없다. 지배받는 행위자는 가치 있는 사회적 재화를 강제로 착취당할 수 있기 때문이다. 또한 예측할 수 없는 불확실성에서 생기는 불안 속에서 살아가야 한다. 이는 매사에 늘 힘 있는 사람을 주시해야 한다는 것을 의미한다. 관대한 지배자 밑에 있다 하더라도 상황은 크게 달라지지 않는다. 지배하는 행위자가 실제로 권력을 행사하지 않더라도 언제든 자신의 권력을 행사할 수 있다는 공통의 지식이 존재하기 때문이다. 이러한 심리적 불확실성 속에서는 자율적으로 삶의 계획을 세울 수 있는 능력이 심각하게 손상된다(Pettit 1997, 83-90; Lovett 2010: 130-134). 우리가 피할 수 있는 지배를 가능한 최소화해야 할 의무를 갖는 것은 대부분의 사람들이 지배를 경험하길 원치 않기 때문이다. 이런 점에서 비지배 자유는 개인적인 선(善)이자, 누구에게나 정치·사회적으로 보장되어야 하는 기초적 선(primary good)이라고 할 수 있다.[11]

---

11) 그렇다고 해서 지배를 없애면 모든 사회적 부정의를 없앨 수 있다고 여기

앞 절에서 동포들에 대한 결속적 의무는 시민성의 측면에서 바라볼 때 적절히 이해될 수 있다고 얘기한 바 있다. 시민성이 비지배 자유에 토대를 두게 되면, 동료시민들 간의 관계가 내재적으로 부정의를 수반할 가능성이 그만큼 줄어들게 된다. 시민 상호간에 비지배 자유가 보장될 때 이러한 관계에서 생기는 책임성이 더 커질 수 있는 것이다. 이런 점에서 비지배 자유는 시민들이 동료시민들에게 느끼는 애착 그 자체는 아니지만 이러한 애착을 도덕적으로 정당화해주고 이를 강화시켜주는 역할을 한다. 비지배 자유에 기초한 시민성은 동료시민이 겪을 수 있는 자의적인 간섭을 막아야 하는 의무와 함께 이들 실행될 수 있는 동기를 제공한다. 동료시민의 자유로운 삶의 조건이 안전하게 보장되지 않으면, 자신의 자유도 언제든 훼손될 수 있다는 불안 속에서 지내야 하기 때문이다. 이는 지배를 막기 위한 정치·사회적 조건을 형성하려는 공통의 노력으로 이어질 수 있다. 이러한 점에서 비지배 자유에 기초한 애국심은 특정한 정치공동체 내에서 동료시민들과 함께 향유하는 "자유로운 삶의 양식에 대한 애착"이라고 할 수 있다. 자유로운 정치·사회적 조건을 형성하고, 지키고, 발전시키려는 가운데서 생기는 인위적인 감정이라고 하겠다.[12]

는 것은 아니며 비지배가 단일한 최상의 선이라고 주장하는 것도 아니다. 사람들이 소중하게 여기는 선은 다양하게 존재할 수 있다. 그렇지만 어떠한 선은 다른 선보다 더 중요할 수 있다. 이러한 점에서 비지배는 다른 선보다 상대적으로 더 중요한 비중을 갖는다고 말할 수 있다(Lovett 2010, 140-144).

중요한 사실은 애국심은 보편적인 추상적 가치에 대한 헌신이 아니라 동료시민들과의 구체적인 경험과 기억에서 생겨난다는 점이다. 식민지배에서 벗어나고자 했던 독립운동, 권위주의 정권의 억압적인 지배에 저항했던 거리의 투쟁, 국가의 자의적인 정책결정에 반대하는 시민운동, 사업장에서 이루어지는 비민주적 노동통제에 저항하는 노동운동, 가정 내에서 발생하는 남성 폭력을 근절시키고자 하는 여성운동 등은 모두 지배로부터 벗어나고자 한다는 공통점이 있다. 이러한 경험들은 지배로부터 안전하게 벗어나는 것이 인간다운 삶을 영위하기 위한 기본 조건이라는 공통의 인식을 발전시킨다—다만 이를 비지배 자유로 부르지 않았을 뿐이다. 우리는 지배로부터 벗어나고자 한 역사적 성취와 현재적 경험을 통해 자신이 속한 정치공동체와 그 구성원에 대한 애착을 형성할 수 있다.

  비지배 자유에 기초한 애국심은 개인에게 정치공동체의 규범이나 이익을 무조건 따르도록 강요함으로써 개인의 자율성을 해치

---

12) 마찌니(Giuseppe Mazzini)는 공화주의적 전통에서 진정한 조국에 대해 다음과 같이 기술했다. "조국은 땅이 아니다. 땅은 그 토대에 불과하다. 조국은 이 토대 위에 건립한 이념이다. 그것은 사랑에 대한 사상이며, 그 땅의 자식들을 하나로 엮어내는 공동체에 대한 의식이다. 당신의 형제 중 어느 하나라도 투표권이 없어 나라 일에 자신의 의사를 전혀 반영할 수 없고, 어느 한 사람이라도 교육받은 자들 사이에서 교육받지 못한 채 고통받고 있는 한, 그리고 어느 한 사람이라도 일할 수 있고 또한 일하고자 하는데도 일자리가 없는 속에서 하는 일 없이 지내야 하는 한, 당신에게 당신이 가져야 하는 그러한 조국은 없다. 모두의, 그리고 모두를 위한 바로 그 조국을 당신은 가지고 있지 않은 것이다"(비롤리 2006, 173).

지 않는다. 비지배 자유가 동포 간의 평등한 시민성을 보장해주는 해석적 토대를 제공해주기 때문에 개인의 자율성을 유지할 수 있는 것이다. 사회적 규범이 개인의 비지배 자유에 영향을 줄 경우, 개인이 이를 거부하거나 비판할 수 있다. 용인되어오던 사회적 규범도 어느 시점에서는 새롭게 비판적으로 검토될 수 있다. 자유에 대한 요구는 계속해서 재해석되게 마련이며, 사회 속에 새로운 이해와 관념들이 출현하고 구체화될 때마다 다시 검토된다(Pettit 1997, 146-147). 또한 이러한 애국심은 자신이 속한 공동체가 무조건 아름답다거나 다른 공동체보다 낫다는 우월의식을 수반하지 않는다. 오히려 자신의 조국이 다른 나라에 지배를 행사하지는 않는지에 주목하며, 지배를 겪고 있는 다른 나라 사람들의 처지에 공감하고 그들의 자유에 관심을 가질 수 있다.

비지배 자유에 기초한 애국심은 특정한 정치공동체와 그 구성원에 대한 애착이라는 점에서 맥락 구속적이고, 행위자와 연관된 의무를 발생시킨다. 그렇지만 이와 동시에 지배라는 해악을 정치·사회적으로 최소화해야 한다는 보편화될 수 있는 의무를 발생시킨다. 후자의 의무는 지구적 차원으로 확장될 수 있다는 점에서 세계시민주의와의 연결될 수 있다. 비지배 자유 개념은 이처럼 국내적 차원과 국제적 차원에 일관되게 적용될 수 있는 도덕적 근거를 제공해준다는 장점을 지닌다. 물론 특정 정치공동체의 구성원들 간의 관계와 지구적 차원에서 개인들 간의 관계가 동일한 강도로 의무에 대한 동기를 발생시킨다고 주장하려는 것은 아니다. 그러나 지구적 차원의 상호의존성에 대한 인식이 커지고 있음을 고려한다면, 지구적 차원에서의 의무에 대한 동기가 차츰 더 증대될 수 있음을 예상할 수 있다.

지구적 차원으로의 확장

지구화로 인한 정치환경하에서 시민이 겪을 수 있는 지배 가능성은 공동체 내부뿐만 아니라 외부에서도 강력하게 작용한다. 우리의 일상적 삶은 예측할 수 없는 지구적 차원의 힘의 영향을 강하게 받고 있으며, 이러한 힘이 초래하는 초국가적 지배(transnational domination)의 가능성에 노출되어 있다. 지구화된 권력은 확산되어 있고, 간접적이며, 다면적인 형태로 작동할 뿐만 아니라 예측할 수 없고 석명성(accountability)을 결여한 방식으로 행사되기 때문에 '지배' 개념으로 적절하게 포착할 수 있다(Laborde 2010, 59).

오늘날 지구적 제도, 초국가적 기업(TNCs), 국제 비정부기구(NGOs) 등과 같은 지구적 행위자들은 개인의 삶에 전례 없이 영향력을 미칠 수 있게 되면서, 개인의 자유를 위협하고 있다. 이러한 지구적 행위자들은 민주적 과정에 자의적으로 간섭할 수 있는 능력을 보유하고 있는 반면, 이들을 공적으로 통제할 수 있는 힘은 충분히 작동하지 않고 있다(Buckinx 2011, 253-259). 국경을 넘어 자유롭게 이동하는 금융 자본이나 초국적 기업의 힘 앞에 시민들은 점점 더 취약해지고 있는 것이다. 지구화로 인한 전례 없는 재화와 인구, 정보의 이동은 국가 간 경계의 삼투성을 증가시켰으며, 이로 인해 제한된 정치적 공동체에 기반한 권위와 시민권은 도전받게 되었다. 지구적 행위자가 미치는 영향이 커짐에 따라 국가의 정책결정의 자율성은 감소되었으며, 시민들은 강력한 국제 제도들에 석명성을 요구할 수 있는 공적 영향력의 통로를 갖지 못하고 있다(Bohman 2009, 71-73).

이러한 상황에서 공동체 내의 비지배 자유를 증진하고 안정적으로 보장하는 데 관심을 두는 애국심은 공동체 밖으로부터의 지배 가능성을 효과적으로 견제할 수 있는 지구적 수준의 제도적 장치를 확립하려는 노력으로 이어질 수 있다. 지구적 행위자들의 자의적 권력에 취약하게 방치되어 생기는 불안에서 벗어나기 위해서는 이를 견제할 수 있는 제도화된 틀—지구적 차원의 법적 질서—을 형성해야 하기 때문이다.[13]

비지배 자유를 추구하는 시민은 초국가적 지배를 행사하는 행위자들을 규제할 수 있는 석명성을 지닌 제도들을 선호한다. 우리의 삶에 영향을 미치는 권력들이 지구적 차원에서 존재한다면, 이에 대항할 수 있는 정치적 통제력도 존재해야 하기 때문이다. 지구적 차원에서 비지배적 조건을 보장하기 위한 방법은, 1) 지구적 차원의 정치공동체 또는 초국적 시민사회의 형성을 목표로 하는 방식(Bohman 2009)과 2) 개별 정치공동체의 자결권 자체를 부정하지 않으면서 국제기구의 개혁을 통해 이들이 보다 더 큰 대표성과 석

---

13) 비지배 자유는 법적 제도와 밀접한 연관성을 가진다. 자의적 권력을 행사하는 사회적 관계에서 벗어나기 위해서는 이러한 권력에 대항하고 책임을 물을 수 있는 수단을 지니고 있어야 하기 때문이다. 자의적인 간섭을 가장 안정적으로 막을 수 있는 방법은 법적 제도에 의거하는 것이다(Pettit 1997, 92-95).

명성을 담보할 수 있도록 변화시키고(Pettit 2010), 구속력 있는 협정들을 통해 다자주의적 협력을 강화하는 방식(Cheneval 2009)이 있을 수 있다. 첫 번째 방식은 개별 공동체 내부의 심의와 결정을 도외시할 수 있다는 점에서, 후자의 입장이 보다 바람직하다고 할 수 있다.

비지배 자유를 누리기 위해 개별 정치공동체가 완전한 자기결정권을 지녀야 하는 것은 아니다. 지배에 종속되지 않는다는 것과 완전한 자기결정권을 갖는 것이 동일하지 않기 때문이다(Young 2007, 52). 자의적이지 않은 국제적 간섭 또는 해당 정치공동체의 적절한 이익을 따르는 간섭은 그 자체로 지배를 초래하지 않는다(Laborde 2010, 63). 비지배적 조건을 보장하는 국제질서를 확립함으로써만 각 나라는 안전한 자유를 향유할 수 있기 때문에 시민들은 자신이 속한 정치공동체가 지구적 차원의 제도화에 참여하여, 초국가적 지배의 형태들을 축소하도록 요구할 것이다.

다른 한편에서, 비지배 자유에 기초한 애국심을 지닌 시민은 자신이 속한 나라가 다른 나라에 지배를 행사할 수 있는 가능성에 대해서도 우려한다. 그래서 지구적 빈곤이 궁극적으로 권력과 자원의 불평등이 초래하는 효과로 환원될 수 있다면, 부유하고 힘 있는 국가의 시민들은 자신들이 다른 나라의 시민들을 지배하고 있지 않다는 것을 확인해야 할 정치적 의무를 갖는다(Laborde 2010, 53). 이러한 정치적 의무는 다음의 두 가지 특징을 지닌다.

첫째, 지배가 초래하는 해악에 대한 공통의 인식과 함께 상호적 관계에서 생기는 연대성에 기초한다. 즉, 우리가 지배받는 것을 원치 않기 때문에 다른 공동체의 시민들도 마찬가지라는 점을 인정하는 것이다. 동시에 지구화된 세계 속에서 밀접한 상호의존 관계를 맺고 있다는 인식을 수반한다. 더 이상 한 나라의 빈곤은 그 나라만의 문제에 국한되지 않는다. 빈곤은 자연파괴, 질병, 대량 이민 등을 초래하기 때문에 다른 나라 시민의 자유에도 직접적인 영향을 미친다.

둘째, 지구적 재분배 자체를 목적으로 하기보다는 지구적 차원에서 지배가 일어날 수 있는 가능성을 줄이는 것을 목적으로 한다. 심각한 사회·경제적 빈곤은 개인으로 하여금 쉽게 지배받는 상황에 처하게 만든다. 그러므로 최소한의 비지배를 향유하기 위해서는 기본적인 물질적 조건이 제공되어야 한다. 경제학자 아마티야 센은 '가능성접근법'(capability approach)을 통해 빈곤이 단순히 소득이 낮다는 것을 의미하기보다는 "기본적인 가능성의 박탈"을 의미하며, "개인이 소유한 가능성이란 자신이 가치 있다고 여기는 삶을 영위하기 위해 누리는 실질적인 자유"라고 주장했다(Sen 1999, 87). 그리고 이러한 자유를 향유하기 위해서는 모든 사람들이 가능성을 지녀야 하고, 또 이를 촉진시키는 정치·경제·사회제도에 대한 접근성이 부여되어야 한다고 말한다. 비지배 자유 개념에서 볼 때, 지구적 불평등은 그 자체로 문제가 되는 것이 아니라 이러한 불평등이 권력과 자원의 불평등으로 이어져 지배를 초래할 수 있기 때문에 문제시된다. 중요한 것은 개인이 자유를 향유할 수 있는 최소한의 사회·경제적 조건을 제공함으로써 지배의 가능성을 줄이는 것이다.[14] 그러나 자본과 노동시장의 세계화는 최소한의 물질적 조건을 제공할 수 있는 개별 국가의 능력을 심각하게 훼손하고 있으며, 가난한 나라의 경우에는 더욱 그렇다. 따라서 지구적 차원의 제도를 통해 전 세계의 빈곤을 감소시키려는 노력을 기울일 필요가 있다.

지구적 차원의 부정의를 축소하기 위해서는 개별 국가의 국내적 차원에서 세계시민적 의무가 받아들여질 수 있는 기초가 있어야 한다. 국내적 차원에서 규범적 토대가 마련되지 않은 가운데 세계시민적 의무에만 호소할 경우 오히려 냉소와 무관심을 초래할 수 있기 때문이다.

비지배 자유 개념은 국내적 차원과 지구적 차원의 규범적 토대를 동시에 강화시켜줄 수 있는 장점을 지닌다. 즉 국내적 차원에서 시민들이 동료시민들에게 느끼는 애착을 도덕적으로 정당화해주고, 시민 상호간에 자유로운 삶의 조건을 보장하기 위한 책임성을 강화시켜준다. 동시에 지구적 차원에서 초국가적 지배를 축소시키고자 하는 보편적 동기를 제공해준다. 지배를 막기 위한 지구적 차원의 제도 확립과 최소한의 물질적 조건이 보장되어야 할 필요성에 대한 공감대가 국내적 수준의 기초를 바탕으로 생겨날 수 있는 것이다.

비지배 자유 개념에 기초한 애국심의 지구적 확대

이 글은 신로마 공화주의의 비지배 자유 개념을 중심으로 애국

---

14) 비지배 자유와 센의 가능성접근법 사이의 관련성은 Pettit(1997, 158; 2001)을 참조.

심과 세계시민주의의 양립가능성을 설명해보려는 하나의 시도이다. 비지배 자유 개념은 동포에게 갖는 특별한 책임성을 도덕적으로 정당화해준다. 사회·경제적으로 지배가 최소화된 조건은 대부분의 사람이 원하는 공통의 관심사로서, 정치공동체의 구성원들이 이를 상호 보장하고자 할 때 서로에 대한 책임성이 강화될 수 있다. 또한 여기에 기초한 애국심은 지구적 차원의 지배를 축소하기 위한 관심으로 확장될 수 있다. 초국적 지배를 막기 위해 지구적 차원에서 법적·제도적 장치를 확립하고, 모든 사람이 기본적 비지배를 향유할 수 있도록 최소한의 물질적 조건을 제공해야 할 필요성과 그에 따르는 세계시민적 의무를 보다 쉽게 받아들일 수 있는 것이다. 이런 점에서 비지배 자유는 애국심과 세계시민주의를 연결하는 보다 일관된 도덕적·정치적 고리를 제공해준다고 하겠다.

지구화가 다양한 측면에서 일상생활에 신속하고 강력한 영향을 미치고 있다는 점은 더 이상 새로운 사실이 아니다. 지구적 수준에서 발생하는 많은 현상들—기상 이변, 시장 불안정성, 테러의 위협, 국제이주와 난민의 증가 등—은 우리의 삶에 직접적인 영향을 주고 있다. 이로 인해 세계 곳곳에서 벌어지는 일이 자신과 무관한 일이 아니라는, 지구적 차원의 상호의존에 관한 공통의 인식이 증대되었다. 하지만 이와 함께 통제하기 어려운 힘에 대한 불안감과 지구적 차원의 지배 가능성에 대한 우려도 그만큼 커졌다.

시민의 입장에서 볼 때 국내적 차원의 지배 문제와 이를 뛰어넘은 지구적 차원의 지배 문제를 동등하게 책임 있게 다루기란 쉽지 않다. 이러한 이유 때문에 국내적 차원에서 비지배적 조건을 위한 규범과 실천을 축적하면서, 동시에 이를 토대로 지구적 차원의 실천을 늘려가는 접근이 필요하다. 그래야만 지구적 차원의 문제는 통제하기 어렵고 자신의 삶과 무관하다는 인식적 제약을 극복할 수 있다. 개인이 자유롭게 자신의 삶을 선택할 수 있는 가능성을 보장하는 사회·경제적 조건이 필요하다는 점이 받아들여지고 국내적 수준에서 광범위하게 실천될 때, 멀리 떨어진 다른 나라 사람들에게 도움을 주어야 할 도덕적 의무도 더 큰 공감대를 얻을 수 있기 때문이다. 시민들이 지구 저편에 있는 타인의 고통에 무관심하지 않고 그들의 목소리에 귀 기울이게 하려면, 먼저 우리의 정치공동체가 사회적 약자의 고통에 얼마나 관심을 갖고 있는지 질문해야 한다.

OECD 국가들 가운데 해외원조 비율이 가장 높고, 원조 방식이 가장 민주적인 나라는 북유럽 국가들이다. 그들의 해외원조 비율이 높은 이유는 이들 나라의 복지국가 모델과 국제주의적 전통이 상관성을 갖기 때문이다. 특히 스웨덴이 이러한 특징이 강한데, 역사적으로 볼 때 스웨덴의 복지체제가 다른 나라보다 더 보편주의적이었고, 사회·경제적 평등을 실현하는 데 있어 훨씬 더 뛰어났기 때문이다. 여기서 주목해야 하는 사실은 사회적 연대에 대한 누적된 규범이 일반적으로 스웨덴을 비롯한 북유럽 국가들의 국제주의를 유지시키는 역할을 했다는 점이다. 이러한 경험적 사실은 국내적 수준의 규범적·실천적 토대가 세계시민적 의무의 이행에 있어 얼마나 중요한지를 보여준다고 하겠다.

9장

하버마스의 헌정적 애국심

홍승헌

문제는 유럽의 자유주의적 정치문화를 내장한 공론장에서
이성적 행위자들 간의 의사소통을 전제로 하는
헌정적 애국심이 현재 유럽의 경제위기에서 목격되는 것과
같은 국수주의적 경향을 순화시켜 민주사회를 어떻게
성공적으로 유지할 수 있느냐다. 여기서 주목할 점은
하버마스의 헌정적 애국심이 '가치'에 대한 실질적 합의가
아니라 '절차'에 대한 합의를 중시하고 있다는 점이다.

민족주의의 대안 담론

이 연구는 하버마스의 헌정적 애국심(constitutional patriotism)이 배타적 민족주의 성향을 순화하고 통제할 수 있는지를 비판적으로 고찰한다. 유럽연합이 "자유와 민주주의 원칙, 인권과 기본적 자유, 법치에 대한 존중"에 기반해 공식 출범한 지 20여 년이 되어가지만,[1] 이질적인 국가들로 이루어진 새로운 연합에서 공통의 정체성과 정치적 충성심을 어떻게 확보할 것인지에 대한 이론적·철학적 논의는 여전히 진행 중이다. 유럽연합 시대에도 여전히 민족이 정체성의 기본 단위로 유효할 수 있다는 논의에서부터, 민족주의가 근대 민족국가를 형성하는 데 주요한 원동력이었다는 점은 인정하지만 내재적인 폐쇄성과 배타성으로 인해 다민족·다문화 사회에서 포용적 독트린으로 작용하기 힘들다고 주장하면서 탈민족적인 새로운 연대의 근원을 찾으려는 시도까지 다양한 이론적 논의가 제기되고 있다. 이 가운데, 애국심의 근거를 문화적 공통유산의 맹목적인 애착에서 찾는 것이 아니라 국가의 정치체제를 규정하는 헌법의 기본이념에 대한 국민적 동의와 충성에서 찾는 하버마스의 헌

---

1) 유럽연합(European Union)의 명칭이 공식적으로 갖춰진 것은 1991년 EC 정상들 간의 마스트리히트 조약이 합의되면서부터라고 할 수 있다. 단계적인 단일통화 도입 및 유러폴 창설 등을 골자로 조약이 발효되고 유럽연합 헌법의 비준이 프랑스와 네덜란드에서 부결된 후 기존의 유럽헌법을 대체할 리스본 조약을 2007년 체결하면서 단일 정치공동체로서의 구체적인 제도를 마련했다.

정적 애국심은 유럽연합에 대한 정치적 충성심 및 연대감의 기초를 제공해주는 강력한 이론으로 평가되고 있으며 민족주주의의 대안 담론으로 연구되고 있다.

이러한 경향과 맞물려 하버마스의 헌정적 애국심은 국내 학계에서도 관심이 점점 커지고 있다. 민족주의의 대안 담론으로 신공화주의(neo-republicanism)의 비지배 자유 개념에 입각한 공화주의적 애국심을 주장하거나(곽준혁 2003; 조계원 2009), 하버마스의 헌정적 애국심 또는 헌법애국주의를 다문화 사회에서 필요한 정치적 원칙으로(김범수 2008; 한승완 2010), 또는 민주공화국에 대한 적절한 애정으로(장은주 2010; 김만권 2009) 제시한 연구들이 수행되어왔으며, 주로 민족주의를 대체할 수 있는 새로운 개념으로서의 타당성에 초점을 맞추고 있다.

이 글에서는 경제위기의 심화와 외국인 유입이 맞물리면서 반이민·반외국인 정서가 팽배해지고 있는 유럽의 배타적 민족주의 경향을 순화할 수 있는 담론으로 하버마스의 헌정적 애국심이 작동할 수 있는지를 살펴본다. 다시 말해 민주주의의 위기에서 헌정적 애국심이 공통 정체성의 근원이자 구성원 간 평화공존의 정치 원칙으로 생명력을 유지할 수 있는지를 검토하고자 한다. 본문은 크게 세 부분으로 이뤄져 있다. 먼저 하버마스의 헌정적 애국심의 등장 배경과 내용을 검토한 후 2008년 이후 유럽의 경제위기와 더불어 증폭하고 있는 반외국인·반이민 정서와 자국민 중심의 퇴행적 민족주의 현상을 살핀다. 마지막으로 이에 대한 하버마스의 인식과 대안을 비판적으로 논의하겠다.

하버마스의 헌정적 애국심

하버마스의 헌정적 애국심(Verfassungspatriotismus)은 카를 야스퍼스에 기원을 두고 있다고 할 수 있다(Müller 2006; 2007). 야스퍼스는 나치가 저지른 잘못에 대한 집단적 책임(collective responsibility)의 공유가 독일사회가 응집할 수 있는 민주적인 정치 정체성의 기반이 될 수 있다고 주장했다(Jaspers 2001〔1948〕). 즉, 평등한 개인들은 과거의 잘못을 기억하고 공적인 자리에서 자유롭게 대화하며 이에 대한 집단 책임을 나누게 되며, 이러한 대화를 가능케 하는 민주적인 정치문화 속에서 공통의 정체성을 느끼게 된다는 것이다. 하버마스 또한 정치공동체의 정체성은 그 공동체의 정치문화에 뿌리내린 법적 원칙에 우선 달려 있다고 주장한다. 이러한 정체성은 전정치적(pre-politically)으로 존재하는 문화적이거나 민족적인 것이 아니다. 이는 시민들 간의 합의(consensus)로 도출되는 것이다. 자유롭고 평등한 개인들로 이루어진 사회에서 제일 중요한 것은 모두가 동의하는 통일된 절차에 따라 합의가 도출되느냐이다(Habermas 1998〔1990〕, 496). 시민들은 모두를 동등하게 존중해주며 모두에 의해 정당하게 동의받을 수 있는 원칙에 따라 타인과 공존하기를 원한다. 나는 인종적·문화적 소수일 수 있는 나를 타인과 동등하게 존중해주며 동시에 내가 기꺼이 합의할 수 있는 포용 원칙이 나의 삶을 구속하는 정치적 원칙이기를 바랄 것이다. 이런 원칙하에서 살아갈 때 나는 다른 구성원과 동등한 존재로 인정받을 수 있고, 타인을 나와 동등한 공동체의 구성원으로 인정할 수 있다. 또한 서로가 서로를 인정하면서 다른 가치와 배경을 지닌 우리가 정당한 합의에 이를 수 있을 것이다. 다원주의 사회에서 이러한 공식적인 합의가 바로 헌법이다. 하버마스는 수많은 민족국가로 이뤄진 유럽연합이 "민족국가들의 국가"(Habermas 2001, 8)로 작동할 수 있으리라 보았다. 분명 2000년대 초만 하더라도 하버마스는 이러한 유럽연합 헌법의 출현이 새로운 초국가적 정치의 장을 열 것이라고 기대했다.

유럽의 헌법으로 분명해질 것은 이미 일어나고 있었던 권력의 이양만이 아니다. 유럽연합이 재정적 자율성을 획득하고 난 후에 집행위원회는 정부와 같은 역할을, 이사회는 상원과 같은 역할을, 그리고 유럽의회는 사람들의 더 많은 관심을 끄는 무대가 되리라는 기대를 모을 것이다. 단지 정치의 핵심을 각국의 수도에서 브뤼셀로 옮기는 것만이 아니다. 이러한 이동은 이미 브뤼셀에서 강한 영향력을 행사하고 있던 로비스트나 기업체들 이외에도 정당이나 노조, 시민단체, 공공이익단체, 사회운동단체 그리고 길거리로부터의 압력을 통해 이뤄진다. 정치적 저항은 더 이상 농부나 트럭 운전사들에게서 나오는 것이 아니라 시민 전반에 의해서 일어날 것이다. 정치적 이데올로기, 경제섹터, 직업적 위치, 사회계급, 종교, 인종, 젠더라는 라인을 따라 형성되는 이해들은 민족국가의 경계를 넘어 융합될 것이다(2001, 17).

하버마스는 이렇듯 유럽헌법의 제정을 통해 단지 상부정치만 통합되는 것이 아니라 개별 국가 내에서 존재하는 수많은 이해가 민족국가의 경계를 넘어 초국가적으로 중첩될 것이고, 이는 곧 평행적 이해가 초국적 네트워크 또는 적절한 유럽 정당체계로 나아갈 것이라고 주장했다. 이는 곧 정치조직의 영토적 원칙을 기능적으로 대신하는 것이었다. 따라서 하버마스는 헌법이 추상적으로 존재하는 법적 원칙이라고 간주하지 않는다. 누구나 동등한 존재로 인정받을 수 있는 정치 원칙에 따라 합의한 결과라고 말한다. 이렇게 도출된 헌법하에서 함께 살아가는 사람들 간에는 공통의 정체성, 즉 헌정적 애국심이 생겨나게 되는 것이다.

하버마스는 이러한 헌정적 애국심이 민족주의의 대안으로 작동할 수 있다고 주장한다. 하버마스는 민족과 국가를 구분한다. 국가는 구체적인 영토와 국민으로 구성되는 내적·외적 주권을 지닌 것으로 법적으로 정의되는 반면, 민족은 공통의 언어와 관습, 전통을 통해 문화적으로 통합된 같은 혈통을 지닌 공동체를 의미한다(1998, 109-110). 근대국가 형성기에서 민족적 의식은 시민들로 하여금 서로에게 책임을 느끼게 하면서 단일한 정치공동체의 시민이 될 수 있게 만든 주요 추동력이었으며, 민족은 헌정국가에 문화적 기초를 제공할 수 있었다(1998, 113). 즉, 전근대사회에서 근대사회로의 전이과정에서 민족개념은 새로운 사회통합을 일구어 낼 수 있는 기제로 작동하면서 초기 근대국가를 민주공화국으로 변모시켰다는 것이다. '민족' 관념은 이전에는 서로 낯설었던 사람들 간에 연대감을 만들어내면서 새로운 정당성과 사회적 통합을 가져온 것이다. 문제는 민족이 민주적 헌정국가에 대한 보편적 자기 이해를 가져올 수 있지만, 필요하다면 군사적 수단에 의해서라도 국가의 독립을 유지할 수 있는 능력을 지녀야 한다는 자연주의적(naturalist) 민족 개념으로 돌아가 그동안 성취해온 가치를 위협할 수도 있다는 점이다.

독립적인 개별 민족국가에서 초국적인 민주주로의 전환을 꾀하고 있는 유럽연합에서 민족주의는 사회통합에 기여하기보다는 종족적·문화적으로 이질적인 사람들을 배제하기 위한 억압기제로 작동할 수 있다는 측면에서 새로운 정체성의 기반으로 적합하지 않다. 다원화 사회에서 다양한 민족·문화·종족 집단이 평화롭게 공존하기 위해서는 다양한 삶의 방식에 대한 상호인정(mutual recognition)이 중요하며, 평화로운 공존을 보장하는 동시에 다원화된 사회를 묶을 수 있는 구속력이 필요하다. 따라서 하버마스는 민주국가의 헌정질서를 더 공고화할 수 있는 새로운 정치문화가 필요하다고 주장한다. 다양한 삶의 형태들이 하나의 정치공동체 안에서 융화되려면, 하부문화(subculture)와 그것이 담고 있는 전정치적 정체성과 분리되는, 누구나 인정할 수 있는 정치문화가 공유되어야 한다. 이는 특정한 민주적 절차와 원칙에 대한 '충성심'을 바탕으로 시민들 사이에 형성된 공통의 정치문화에서 찾아야 하며, 이런 민주적 절차와 원칙에 대한 충성심의 공유는 민족적·종족적·문화적 차이를 넘어 사회통합을 가능케 할 수 있는 구속력을 제시할 수 있을 것이다. 이것이 바로 헌법이다. 이러한 헌법에 대한 사랑은 민주적 시민권과 함께 근대 국민국가의 전환기에 민족주의를 대신하여 사회통합을 가져올 수 있는 동인이 되었을 뿐만 아니라, 유럽연합의 초국가적 민주주의에 필요한 공통 정체성의 기반을 제공해줄 수 있다(1998, 117-118).

시민 상호간의 인정이 법적으로 보장되는 관계가 유지되기 위해서는 시민으로서 생활하려는 협동의 노력이 필요하다. 이는 법이 강제하는 것이 아니라 자발적인 협동의 노력이다. 민주적 권리가 어떤 법적인 의무에 의해 활성화된다면 이는 전체주의로 흐를 수 있다. 따라서 시민으로서의 지위가 법적으로 확립되기 위해서는 공공선을 지향하는 시민의 자발적인 동기부여와 태도가 뒷받침되는 건강한 의식이 필요하다(1998〔1990〕, 499). 이것이 하버마스가 주장하는 공화주의적 시민성이다. 법적으로 제도화된 시민의 역할, 즉 공화주의적 시민성은 자유주의 정치문화의 맥락에 내장되어 있어야 한다. 자유주의적 정치문화는 헌정적 애국심의 공통분모로서, 다문화 사회에 공존하는 서로 다른 삶의 방식들의 다양성과 통합성에 대한 인식을 넓힌다(500). 유럽연합에서도 동일한 법적 원칙이 다양한 민족적 전통과 역사의 시각으로부터 해석되어야 한다. 한 민족의 전통은 다른 민족 전통의 시각에서 상대적으로 조망되면서 전용되어야 하며, 같은 식으로 유럽의 헌정 문화는 초국가적이 될 수 있다.

이러한 주장을 따르자면 다문화 사회에서 이민자들은 자신이 원래 가지고 있던 특수한 문화적 배경과 삶을 포기할 필요 없이 정착지의 정치문화에 적극 참여함으로써 새로운 정치적 정체성을 획득하게 된다. 하버마스는 이러한 과정을 '정치적 문화변용'(political acculturation)이라고 부른다(514). 이 개념은 이주자가 새로운 정착지 문화에 전적으로 사회화되어야 한다고 주장하지 않는다. 이들은 '가치에 대한 실질적인 합의'를 하는 것이 아니라 '정당한 입법과 권력행사를 위한 절차에 합의'를 하는 것이다. 이로 인해 내재적인 윤리적 차별화에도 불구하고 법의 중립성이 확보된다(1998, 225). 새로운 삶의 형태를 받아들임으로써 이민자들은 공통의 정치적 헌법이 해석되는 시각을 확장할 수 있다.

하버마스는 사람들이 지속적으로 관계와 경계를 설정하면서 공동체 생활을 영위하지만, 이러한 결속과 경계는 자유주의 원칙과 양립가능해야 한다고 주장한다(1998〔1990〕, 514). 열린사회는 외부로부터의 이주 등에 의해 그 성격이 변할 수 있지만, 아무런 특징이 없는 공동체가 되어서는 안 된다.[2] 즉 외부로부터의 이민에 열려 있어야 하지만, 그 공동체를 규율하는 원칙은 자유주의적이어야 한다는 것이다. 이러한 헌정적 애국심을 통해 유럽 국가들은 자유주의적 이민정책을 받아들일 수 있다. 이민과 망명자들에게 국경을

---

[2] 이러한 예로 하버마스는 루시디와 같은 근본주의자를 들고 있다. 하버마스에 따르면 우리를 불관용으로 이끄는 근본주의는 헌정적 민주주의와 양립할 수 없다. 이러한 근본주의는 상이한 세계관을 가진 다른 사고와의 관계에서 성찰될 수 있는 여지가 없기 때문이다. 다시 말해, 근본주의는 '합당한 불일치'(reasonable disagreement)의 여지를 남겨놓지 않는다(Habermas 1998, 224). 따라서 다문화 사회에서 헌법이 관용할 수 있는 삶의 양식은 비근본주의적 사고들이다. 서로 다른 삶의 양식들이 동등한 권리를 가지면서 공존할 수 있기 위해서는 상이한 문화적 배경에 대한 상호인정이 필요하며, 모든 인간은 상이한 선(the good) 개념을 지는 종족 공동체의 구성원으로 인정되어야 한다.

닫아걸고 자신들의 풍요에서 나오는 쇼비니즘을 가져서는 안 된다. 자결이라는 민주적 권리는 자기의 정치문화를 유지할 수 있는 권리를 포함하지만, 특권 지위를 누리는 문화에 대한 자기주장을 할 수 있는 권리를 포함하지는 않는다. 민주적 법치라는 헌정의 틀 안에서 다양한 삶의 형태는 평등하게 공존할 수 있다. 하지만, 다양한 문화는 새로운 삶의 형태가 가져오는 추진력에 열려 있는 공통의 정치문화와 중첩되어야 한다.

정리하자면, 하부정치적 수준(subpolitical level)의 다양한 문화적·종족적 차이에도 불구하고 한 공동체의 구성원들은 서로에 대한 인정을 통해 자신을 타인과 동등하게 존중해주는 동시에 기꺼이 합의할 수 있는 포용 원칙의 합의에 다다를 수 있으며, '정당한 입법과 권력행사를 위한 절차'에 참여하면서 자신을 동등하게 존중해주는 헌법에 대한 애착심을 느끼게 될 것이다.

유럽의 경제위기와 퇴행적 민족주의

유럽 역사에서 이민은 새로운 것이 아니다. 지난 수세기 동안 수많은 상인과 기술자, 학자들이 무역을 위해 또는 새로운 삶을 찾아서 대륙을 횡단했고, 식민지와 미대륙, 심지어는 지구 반대편에서의 이민은 지속적으로 발생했다. 이베리아 반도에서 유대인의 축출, 러시아와 오스만 제국, 오스트리아-헝가리 제국 간의 수많은 전쟁으로 인한 남동부 유럽의 인구 변동 등에서 볼 수 있듯이 유럽은 강요된 이민의 오랜 역사를 가지고 있다. 서유럽 국가로의 대규모 이민은 보다 최근의 현상이다. 1960년부터 73년까지 서유럽 국가에서 외국인 노동자들이 전체 노동인구에서 차지하는 비중은 3~6%로 두 배나 껑충 뛰었다. 1980년대 후반 이후에는 난민 자격에 지원하는 외국인들이 급증하기 시작했다. 이는 탈냉전으로 인해 소규모 분쟁과 종족 갈등이 전 세계에 걸쳐 일어난 것과 연관이 있다. 대표적으로 코소보 분쟁에서 볼 수 있듯이, 새로운 형태의 전쟁은 인종청소와 같이 민간인을 대상으로 했기 때문이다. 1984년 서유럽에는 약 10만 4천 명의 난민 지원자들이 있었으나, 1992년에는 무려 69만 2천 명으로 급증하는 등, 난민은 유럽연합으로 이주하는 주요한 수단의 하나가 되었다.[3] 즉 현재의 문제가 단지 외부인 유입으로 인한 다문화 사회의 문제라면 하버마스에게 전혀 새로운 문제가 아니다. 1990년대 초에 하버마스는 이미 유럽이 다문화 사회로 진행되면서 발생할 수 있는 문제점을 인식하고 있었다.

저는 서구 여러 국가에서 외국인에 대한 불신과 편견이 순수하게 언어와 문화 및 종교에 따라 구분되는 종족의 감정에 뿌리를 가진 것인지는 잘 모르겠습니다 (…) 그러나 새로운 이민의 물결이 현재 일기 시작하고 있다는 위기의식 때문에 문제가 더욱 악화된 것 같습니다 (…) 자기 종족의 우월성과 절대성을 확신하는 종족 중심주의는 위에서 정치인이 조종하고 있는 겁니다. 그들은 국

---

[3] Ben Hall, "Immigration in the European Union: problem or solution?" http://www.oecdobserver.org/news/fullstory.php/aid/337/(검색일 2012년 4월 2일).

수주의적 민족감정을 부추김으로써 사회·경제적 위기로 인해 점증되는 불만을 무마시킬 수 있다고 생각하는 것이죠. 그럼에도 불구하고 저는 우리가 역사상 처음 다문화 사회로 전환하고 있다는 사실을 정말로 겸허하게 받아들이기 시작해야 한다고 믿습니다. 유럽에서 사회의 인구 구성은 변하고 있습니다(김병국 1994, 98-99).

이와 달리 현재진행 중인 유럽의 문제는 여기에 경제위기라는 새로운 국면이 더해진 것이다. 하버마스에게 이는 단순히 다문화 민주주의의 문제가 아니다. 그는 이를 근본적으로 민주주의와 자본주의 간의 문제라고 인식하고 있다(Habermas 2011; 2012).

2008년 미국발 금융위기가 대서양을 건너 유럽에 영향을 끼치면서 상대적으로 재정상태가 빈약했던 이른바 PIGS(포르투갈·아일랜드·그리스·스페인) 국가들을 중심으로 국가재정 위기로 확산되었다. 방만한 재정운용과 과도한 재정적자, 국가부채를 지니고 있던 그리스에서 가장 먼저 문제가 불거졌고, 그 여파는 아일랜드와 스페인 등지로 퍼지면서 국가 복지지출의 감소와 실업률 심화를 초래했다.

그리스 경제위기는 2009년 10월 집권한 범헬레닉 사회당 정부가 재정적자 전망치를 기존보다 2배가 넘는 GDP 대비 12.7%에 달할 것이라 발표하면서 시작되었다. 이에 스탠더드 앤 푸어스와 피치 등 주요 신용평가 기관들이 남유럽 국가의 신용등급을 하향조정하면서, 이들 국가의 재정악화는 유로존(Euro-zone) 전체 위기로 인식되었고, 곧 범유럽연합 차원에서 대규모의 구제금융이 본격 논의되기 시작했다.

구제금융안을 놓고 유럽연합의 주요 국가들은 첨예한 의견대립을 보였다. 대표적으로 프랑스는 유럽연합 내에서의 구제금융을 통한 사태해결을 도모함으로써 유로존에 대한 신뢰를 회복하고 유럽연합의 정치적 리더십을 공고히 해야 한다고 주장하는 반면, 그리스의 방만한 재정과 경제운용에 대해 지속적으로 비판해온 독일은 방만한 재정을 운영하는 국가들에 대한 지원이 선례로 남아 도덕적 해이를 불러일으킬 수 있다는 점과 상대적으로 재정이 건전한 국가들까지 위기가 올 수 있다는 점을 들어 구제금융에 강력히 반대했다. 이러한 의견 불일치로 인해 구체적인 방안 합의가 지연되었지만, 2010년 3월 25일 EU 정상회의에서 독일과 프랑스를 비롯한 유로존 국가들이 2/3를, IMF가 1/3을 부담하는 선에서 총 1,100억 유로, 사상 최대 구제금융안에 합의했다.

유로존 국가들은 당장 그리스에 자금을 지원하는 것이 아니라 국제 자본시장에서 자금을 더 이상 조달할 수 없는 상황에 처했을 때 지원하는 대기성 차관 성격으로 지원하기로 했으며, 시장보다 높은 금리를 매겨 그리스의 도덕적 해이를 막는다는 데에도 합의했다(김준석 2010, 18). 이러한 경제위기를 겪으면서 유럽연합의 정치적 통합의 속도가 경제적 통합을 따라가지 못하고 정치적 리더십이 부재하다는 문제점 등이 제기되었지만, 주목해야 할 것은 유럽 전반에 걸쳐 반EU 정서와 경제불안에 대한 분노가 팽배해지고 있다는 점이다. 이러한 분노는 친유럽연합적 각국 정부에 대한 비난으로 그치는 것이 아니라 늘어나고 있는 외국인 및 이민자들에 대한 공격적 태도로 나타나고 있다.

유럽에서는 배타적 민족주의가 기승을 부리고 있다. 유럽연합 전체에 걸쳐 현재 미취업 인구가 2,400만 명이 넘는 지금, 유럽인들은 새로이 유입되는 외부인들을 더 이상 환영하지 않는 것으로 보인다. 연대와 박애의 국가 프랑스는 재입국하지 않는다는 각서를 받고 집시족들을 강제 출국시키고, 이슬람 여성의 전통의상인 부르카 착용금지법을 발효했으며,[4] 1년 이상 일한 외국인에게 정식체류자격을 부여했던 스페인에서는 경제위기가 심화되고 실업률이 증가하자 대대적인 불법체류자 검거에 나서 이들을 다시 입국하지 않는 조건으로 추방하고 있다.[5] 스위스에서는 외국인 근로자가 강도 등의 중범죄를 저질렀을 때 강제 추방하는 법안이 통과되었으며, 이탈리아에서는 비유럽 출신 외국인 근로자들이 이탈리아어 시험을 통과해야 거주 허가를 내준다.

이주민들에 대한 배타적인 태도는 국가 정책에서만 투영되는 것이 아니다. 유럽연합 내 각국의 총선 및 여론조사에서도 반이민·반외국인 정책을 표방한 극우정당의 약진은 두드러지게 나타난다. 프랑스의 극우정당인 민족전선(National Front)의 마린 르펜

---

4) *BBC*, "France sends Roma Gypsies to Romania", 20 August 2010, http://www.bbc.co.uk/news/world-europe-11020429(검색일 2011년 4월 1일).

5) *El Mundo Madrid*, "L'Espagne aussi dure que l'Arizona", 25 May 2010, http://www.presseurop.eu/fr/content/article/258431-l-espagne-aussi-dure-que-l-arizona(검색일 2011년 4월 1일).

당수는 2011년 당시 차기 대통령을 묻는 각종 여론조사에서 1위를 달리고 있었고, 네덜란드의 네덜란드자유당은 2010년 총선에서 15.5%의 득표율을 기록하며 제3당으로 등극, 연립정부의 이민정책에 큰 영향을 끼치고 있으며, 이탈리아에서는 보수적인 북부연맹(Northern League)이 베를루스코니 정부의 지지율 하락을 막는 버팀목 역할을 하고 있다. 비교적 이민자에 관대했던 북유럽 국가들도 더 이상 이러한 경향에서 자유롭지 않다. 2011년 4월에 있었던 핀란드 총선에서는 반이민·반외국인·반유럽통합을 외친 극우정당인 '진정한 핀란드인'(True Finns)이 19%를 득표, 최초로 제3당으로 등장하면서 연립정부 참여가 확실시되고 있으며,[6] 스웨덴에서는 2010년 9월 총선에서 극우성향 민주당이 첫 원내 진출을 이루었고, 덴마크에서도 극우인민당이 13.9%의 득표율로 선전했다.[7]

이제 주요 국가의 정상들은 다문화 사회의 건설 시도가 실패했다고 명시적으로 천명하고 있다.[8] 유럽연합 내에서 극우정당의 지

---

6) 이러한 득표율은 지난 2007년 총선의 득표율 4.1%에서 비약적으로 증가한 것이며, 이들이 획득한 39석은 국민연합당(44석)이나 사회민주당(42석)과 근소한 차이를 보였다. 제1당이었던 중도당은 2007년보다 16석 줄어든 35석을 얻는 데 그쳐 4위로 추락했다. BBC, "Nationalist True Finns make gains in Finland vote", 18 April 2011, http://www.bbc.co.uk/news/world-europe-13107620(검색일 2011년 4월 19일).

7) BBC, "Europe: Nationalist resurgence", 18 April 2011, http://www.bbc.co.uk/news/world-europe-13115454(검색일 2011년 4월 19일).

8) 예를 들어, 프랑스의 사르코지 대통령은 "이민자들의 정체성에 대해 너무

지율 상승은 앞으로 더 국수주의적이고 배타적인 정책이 실행되리라는 점을 예측케 해주는 한편, 쇼비니즘적 담론이 일상으로 통용될 수 있는 사회적·지적 분위기가 형성되고 있음을 암시한다는 점에서 유럽연합 내의 공통적 정체성과 정치적 연대감 확보에 중대한 위기를 초래한다고 할 수 있다.

민주주의의 퇴행, 그리고 공론장

하버마스에게도 최근 유럽의 경제위기와 민주주의의 퇴행은 충격이었다. 최근의 한 고백에서 그는 다음과 같이 토로했다.

"2008년이 지나고 나서야 나는 확장과 통합, 민주화 과정이 자체

걱정한 나머지 그들을 받아들인 프랑스의 정체성을 소홀히 여겼다"고 밝혔고, 독일의 메르켈 총리는 "이민자들은 독일어를 익히는 등 독일사회에 통합되기 위해 더 많은 노력을 기울여야 한다. 독일에서 다문화 사회를 건설하려는 시도는 전적으로 실패했다"고 말했으며, 영국의 캐머런 총리도 "국민들이 극단주의로 변질되는 것을 막기 위해 우리는 영국의 국가정체성을 강화해야 하며, 보다 과감한 자유주의를 택할 필요가 있다"고 주장했다. *Telegraph*, "Nicolas Sarkozy declares multiculturalism had failed", 11 February 2011, http://www.telegraph.co.uk/news/worldnews/europe/france/8317497/Nicolas-Sarkozy-declares-multiculturalism-had-failed.html(검색일 2011년 4월 1일); *BBC*, "Merkel says German multicultural society has failed", 17 October 2010, http://www.bbc.co.uk/news/world-europe-11559451(검색일 2011년 4월 1일); *BBC*, "State multiculturalism has failed, says David Cameron", 5 February 2011, http://www.bbc.co.uk/news/world-europe-11559451(검색일 2011년 4월 1일).

적으로 진보하지 않는다는 것을 이해했다. 이들이 퇴행할 수 있다는 점을 그리고 유럽연합 역사상 최초로 민주주의가 실제 해체되는 것을 목격하고 있다."[9] 시장 실패로 인한 사회화 비용의 가장 큰 타격은 사회의 약자들이 받아야 할 사회적 부정의였다(Habermas 2009, 184). 하버마스는 이러한 문제를 야기한 책임이 일차적으로 정치엘리트들에게 있다고 비판한다. 국수주의적 민족감정을 부추김으로써 사회·경제적 위기로 인해 점증되는 불만을 무마시킬 수 있다고 생각하는 정치인이 90년대 초의 종족중심주의를 조종하고 있다고 말했던 것처럼, 지금의 위기는 유럽연합이 민주적 기제에 의해 작동하고 있는 것이 아니라 시장에 의해 조종되는 정부 간, 국가 정상 간 협의에 의해 작동하고 있다는 것이다. 기술관료들의 조용한 쿠데타를 통해 권력은 인민의 손에서 빠져나와 유럽이사회(European Council)와 같은 문제 많은 제도의 손에 들어갔다.[10] 하지만 그는 인민의 이성과 합리성에 대한 신뢰를 잃지 않았다. 글로

---

[9] *Spiegel*, "Habermas, the Last European: A Philosopher's Mission to Save the EU", 25 November 2011, http://www.spiegel.de/international/europe/habermas-the-last-european-a-philosopher-s-mission-to-save-the-eu-a-799237.html(검색일 2012년 5월 7일).

[10] 특히 그는 2011년 7월 22일에 맺어진 메르켈과 사르코지 사이의 협약은 리스본 조약의 행정적 연방주의(executive federalism)를 이 조약의 정신에 반대되는 EU 회원국 정상 간의 모임인 유럽이사회의 우월성으로 바꿔버렸다고 비난한다. 그에 따르면 이는 후기민주주의적 현상이고 더 이상 유럽의회와 유럽집행위원회는 아무 역할을 하지 못한다(Habermas 2011).

벌 커뮤니티는 가능할 뿐만 아니라 민주주의와 자본주의를 화해시키는 데 필수적이며, 바로 공론장이 진보에 이바지할 거라 믿었다. 그에게 유럽은 실패가 용납되어서는 안 되는 문명프로젝트이다.

유럽이 겪고 있는 위기에 대한 하버마스의 답변 요지는 여전히 공론장에 있는 것으로 보인다. 전 유럽적인 공론장이 없다면 유럽연합의 정당성 결핍의 치료책을 내놓을 수 없다(2001, 17). 여기서 하버마스가 말하는 전 유럽적 공론장이란 유럽연합에 가입한 모든 국가의 시민들에게 집중된 정치적 대화의 전반적 과정에 참여할 수 있는 동등한 기회를 부여하는 네트워크다. 하버마스에 의하면 민주적 정당성에는, 한편 의회·사법부·행정부 내에서 제도화된 심의와 의사결정과, 다른 한편 비공식의 포용적 대중의사소통 상호 간의 연결이 필요하다. 민주적 공론장이 지닌 의사소통 기능은 사회적 문제들을 공동의 관심사로 전환하고, 일반 대중들로 하여금 그 이슈에 관여하게 만든다. 대다수의 시민들이 투표나 기권 이상의 공적 메시지를 보내지는 않지만, 시간이 흐르면서 민주적 공론장은 공공의사를 만들어낸다.

이렇듯 폭넓은 세대를 아우르는 다양한 공공의사에 필수적인 기반구조는 민족국가의 영역 안에서만 존재해왔다. 전 유럽적 공론장은 단순히 개별 국가 수준의 공론장을 유럽 수준으로 투영하는 것이 아니다. 이는 현존하는 국가적 수준의 의사소통 체계를 상호 간 개방하는 것에서 시작해 상호 간 통역된 국가 수준의 의사소통에 대한 해석을 낳아야 하는 것이다. 이를 통해 개별 국가의 대중들은 타 국가의 이슈들에 관심을 가질 수 있어야 한다.

이러한 초국가적인 의사소통에서 가장 큰 장애물은 언어다. 현재 유럽연합에는 23개의 공식언어가 존재한다.[11] 하지만 국경을 넘어 서로 다른 국적을 지닌 청중들에게 공통의 관심사를 이야기할 수 있는 하나의 언어를 꼽는다면 아마 영어가 될 것이다. 유럽연합이 20개가 넘는 공식언어를 인정하고 공적인 모임에서의 통·번역을 지원하지만, 이러한 법적 보장의 뒤에서 벌어지는 거의 모든 면대면 대화에서 영어 사용은 매우 일반적이다. 영어란 딱히 유럽적이라고 할 수 없기 때문에 하버마스에게 이는 불편한 현실이다. 영어 사용은 일반 대중들 간의 동영상 의사소통에도, 국경을 넘는 인쇄매체를 통한 의사소통에서도 장려할 만한 모델이 아니다(2001, 18).[12]

이러한 공론장과 정치문화와의 관계는 하버마스의 헌정적 애국

---

11) Official Website of European Union. europa.eu(검색일 2012년 4월 7일).
12) 언어의 문제는 하버마스에게 단순하지 않다. 언어를 통한 왜곡은 인간의 자유를 빼앗기 때문이다. 이는 그의 인식론적 입장에 잘 나타나 있다. 하버마스는 과학을 유일하고 지배적인 지식의 형태라고 간주하는 시각을 비판한다. 그는 자기지식(self-knowledge)이야말로 내적인 억압뿐만 아니라 외적인 이데올로기적 지배로부터 우리 스스로를 자유롭게 해준다고 바라보았으며, 체계적인 자기성찰이 우리를 자기지식으로 이끈다고 생각했다. 하버마스의 자기성찰 과정은 인식적 관심에 근거한 정신분석학적 방법이라고 할 수 있다(Clark 2006). 이를 간단히 설명하면 다음과 같다. 첫째, 우리는 매일 사용하는 언어에서 나타나는 왜곡을 알아내야 한다. 여기에는 왜곡된 텍스트의 의미를 알아내는 것뿐만 아니라 텍스트 왜곡 자체도 포함된다. 그 후 이를 사회에 투영함으로써 왜곡된 의사소통과 이데올로기를 바로잡을 수 있고, 이를 통해 해방에 이르게 된다(Habermas 1968).

심을 살펴보는 데 매우 중요하다. 앞서 언급했듯이 하버마스는 다양한 삶의 형태들이 하나의 정치공동체 안에서 융화되려면 개개인의 전정치적 정체성과 구분되어 누구나 인정할 수 있는 정치문화가 공유되어야 한다는 점을 강조하기 때문이다. 유럽의 공론장은 바로 모두가 공유하는 정치문화에 내재되어 있어야 한다. 이러한 정치문화를 어떻게 정의내리느냐에 따라서 공론장의 성격과 헌정적 애국심의 성격이 좌우된다. 하버마스는 유럽의 정치문화는 유럽이 역사적으로 당면한 여러 문제를 해결해온 방식에 달려 있다고 주장한다. 유럽은 다른 어떠한 문화보다 구조적 갈등과 지속적인 긴장, 첨예한 대립을 겪어오면서 이를 극복해왔다. 근대 유럽은 각종 지적·사회적·정치적 갈등의 바람직한 해결을 위한 제도적 장치를 발전시켜오면서 세속권력 대 교회권력, 도시 대 지방, 믿음과 지식 사이에 벌어졌던 뿌리 깊은 균열과 갈등, 대결을 어떻게 다루어야 하는지를 배워왔다. 뿐만 아니라 근대 유럽은 자본주의 근대화에 대한 보수적·사회주의적·자유주의적 해석들을 모두 아우르는 폭넓은 스펙트럼을 제도화시켜왔다. 이 결정체가 정당체계이다. 유럽 정체성의 핵심을 이루는 것이 유럽이 지금까지 겪어온 고통스러운 배움의 결과와 그 과정이다. 이런 역사적 배경이야말로 강력하고 자랑스러운 민족문화들 간의 차이에 대한 상호인정에 기반한 탈민족적 민주주의로의 전환을 용이하게 만들 것이다(2001, 21).

이러한 맥락에서 하버마스는 융합(assimilation)이나 공존(coexistence)이란 표현은 이방인들 사이의 연대라는 새롭고 세련된 형태를 어떻게 만들어내느냐를 배워온 유럽인들의 역사를 설명하는 데 적절하지 않다고 주장한다. 결국 하버마스에게는 현재 유럽이 겪고 있는 위기 역시 그들에게 평등하게 부여된 극복해야 할 공통의 과제이며, 이러한 문제를 풀어내는 과정을 통해 개별 국가들은 좀더 가까이 묶일 수 있다. 공통의 위기는 공통의 정체성을 강화할 수 있는 기회에 다름아니기 때문이다.

외부인에 열려 있는 지속가능한 민주주의

극우정당에 대한 지지율 등에서 보이는 반외국인·반이민 정서가 정치인들이 조종한 결과인지, 실제로 문화적·종교적·종족적 감정에 기반해 발생하는지를 밝히는 일은 현재 유럽 민주주의의 퇴행을 바라보는 데 있어 핵심이 아니다. 중요한 것은 유럽연합의 초국적 민주주의가 완전히 정착되기 전에 경제위기와 높은 실업률이라는 악재를 만났고, 그 결과 개별 민족국가의 틀을 강하게 유지하려는 퇴행적 쇼비니즘의 분출로 나타나고 있다는 점이다. 만약 하버마스의 헌정적 애국심이 유럽연합의 공통적 정체성의 기반을 이루고, 유럽연합을 단지 경제적 연합체가 아니라 정치적 통합으로 나아가게 만드는 핵심 독트린으로 작동하려면 현재의 경향이 정치 엘리트들의 조작 여부와 상관없이 강건하게 뿌리를 내리고 있어야 하기 때문이다.

그렇다면 문제는 유럽의 자유주의적 정치문화를 내장한 공론장에서 이성적 행위자들 간의 의사소통을 전제로 하는 헌정적 애국심이 현재 유럽의 경제위기에서 목격되는 것과 같은 국수주의적 경향을 순화해 민주사회를 어떻게 성공적으로 유지할 수 있느냐다. 여기서 주목해야 할 것은 하버마스의 헌정적 애국심이 '가치'에 대한 실질적 합의가 아니라 '절차'에 대한 합의를 중시하고 있다는 점이다. 다시 말해, 하버마스는 공론장은 사회 내에 존재하는 특정한 '좋음'(the good)의 개념을 옹호해서는 안 되며, 이에 대한 중립성을 유지할 때 그 안에서 의사소통하는 사람들은 자신이 옳다고 생각하는 것을 추구할 수 있다는 자유주의적 중립성 개념을 전제하고 있다. 문제는 현재 유럽에서 목격되고 있는 것처럼 유럽연합이 경제적·사회적 불안으로 인해 증폭되는 자연주의적 민족주의(naturalistic nationalism)의 도전을 받을 때에도 이렇게 이성적 의사소통과 중립적 갈등해결 방식에 근거한 헌정적 애국심이 유럽 정체성의 강건한 기반으로 작동할 수 있느냐다.

2014년 이후 유럽 인구가 감소하면서 향후 50년 안에 노동인구가 약 5천만 명 감소할 것으로 예측되는 등,[13] 유럽에서 이민은 더는 선택이 아니라 필수다. 현재 유럽연합은 기존의 회원국가의 구성원들만을 배타적으로 포용하는 민족국가 중심의 연맹체로 남느냐, 아니면 지금의 위기를 이겨내고 새로 유입되는 인구도 구성원으로 인정하면서 지속가능한 민주주의의 선례를 만들어내느냐 중대한 기로에 봉착해 있다. 하버마스의 주장처럼 현재 유럽연합이 봉착한 문제는 유럽이 겪어왔던 극심한 갈등 및 긴장의 역사가 다

---

13) *Time*, "Europe Hails the Arab Protests, but Fears a Flood of Migrants", 23 February 2011, http://www.time.com/time/specials/packages/article/0,28804,2045328_2045333_2053365,00.html(검색일 2011년 4월 1일).

시 한 번 반복되는 것일지도 모른다. 그의 주장대로 유럽연합에 내장된 '유럽적인' 정치문화가 과거의 위기를 극복하는 핵심적 과정이자 결과라면, 현재의 위기를 극복할 수 있는 동인 또한 될 수 있을 것이다.

참고문헌

1장 아테네 애국심의 두 모델

Plato, *Gorgias*.
Plato, *Menexenus*.
Thucydides, *History of the Peloponnesian War*.

박성우(2003), 「소크라테스는 칼리클레스와 회해할 수 있을까?」, 『서양고전학연구』 제20집.
_____(2007), 「플라톤의 「메네크세노스」와 아테네 제국의 정체성 그리고 플라톤적 정치적 삶」, 『한국정치학회보』 제41집 4호.
Brickhouse, Thomas C. & Nicholas D. Smith(1989), *Socrates on Trial*, Princeton: Princeton University Press.
Collins, Susan D & Devin Stauffer(1991), "The Challenge of Plato's Menexenus", *The Review of Politics* 61, no. 1.
Derrida, Jacques(1997), "Politics of Friendship", in George Collins trans., New York: Verso.
Fine, John V. A(1983), *The Ancient Greek: A Critical History*, Cambridge Mass: Harvard University Press.
Foucault, Michel(2005), *The Hermeneutics of the Subject: Lectures at the College de France 1981-1982*, in Graham Burchell trans., New York: Picador(St. Martin's Press).
Friedländer, Paul(1964), *Plato II: The Dialogues*, in Hans Meyerhoff trans., London: Routledge & Kegan Paul.
Henderson, M.M(1975), "Plato's Menexenus and the Distortions of History", *Acta Classica*, Vol. 18.

Kahn, Charles(1963), "Plato's Funeral Oration: The Motive of the Menexenus", *Classical Philology*, vol. 58. no. 4.

Laraux, Nicole(1986), *The Invention of Athens: the Funeral Oration in the Classical City*, Cambridge: MIT Press.

_____(1993), *The Children of Ahtena: Athenian Ideas about Citizenship and the Division between the Sexes*, in Caroline Levine trans., Princeton: Princeton University Press.

Orwin, Clifford(1994), *The Humanity of Thucydides*, Princeton: Princeton University Press.

Park, Sungwoo(2008), "Thucydides on the Fate of Democratic Empire", *Journal of International and Area Studies*, Vol. 15, No. 1.

Saxonhouse, Arlene W.(1986), *Myths and the Origin of Cities: Reflections on the Autochthony Theme in Euripides' Ion*, in J. Peter Euben ed., Greek Tragedy and Political Theory, Berkeley: University of California Press.

Strauss, Leo(1964), *The City and Man*, Chicago: University of Chicago Press.

2장 중세 독일 민족의식의 발전

Anderson, Benedict ed.(2006), *Imagined Communities*, London: Verso.

Ansbert(1928), *Historia de expeditione Friderici imperatoris,* in Anton Chroust ed., *Quellen zur Geschichte des Kreuzzuges Kaiser Friedrichs I*, (MGH, ss rerum. Germanicarum, N,S, v).

Beumann, Helmut. "Die Bedeutung des Kaisertums für die Entstehung der deutschen Nation im Spiegel der Bezeichnungen von Reich und Herrscher", in Helmut Beumann and Werner Schröder eds., *Aspekte der Nationenbildung im Mittelalter*, Sigmaringen: Jan Thorbecke.

Bremen of Adam(1961), *Gesta Hamburgensis ecclesiae pontifocum*, in Werner Trillmich and Rudolf Buchner eds., in *Quellen des 9. und 11. Jahrhunderts zur Geschichte der Hamburgischen Kirche und des Reiches*, Darmstadt: Wissenschaftliche Buchgesellschaft.

Brühl, Carlrichard(2001), *Die Geburt zweier Völker: Deutsche und Franzosen (9.-11. Jahrhundert)*, Köln: Böhlau.

Ehlers, Joachim(1989), "Die deutsche Nation des Mittelalters als Gegenstand der Forschung", in Joachim Ehlers ed., *Ansätze und Diskontinuität deutscher Nationenbildungen im Mittelalter*, Sigmaringen: Jan Thorbecke.

_____(1998), *Die Entstehung des deutschen Reiches*, 2nd ed., München: Oldenbourg Verlag.

_____(1995), "Was sind und wie bilden sich nationes im mittelalterlichen Europa (10.-15. Jahrhundert)? Begriff und allgemeine Konturen", in Almut Bues and Rex Rexheuser eds., *Mittelalterliche nationes–neuzeitliche Nationen: Probleme der Nationenbildung in Europa*, Wiesbaden: Harrassowitz.

Epp, Verena(1989), "Die Entstehung eines 'Nationalbewußtseins' in den Kreuzfahrerstaaten", *Deutsches Archiv für Erforschung des Mittelalters* 45.

Fichtenau, Heinrich(1975), "Akkon, Zypern und das Lösegeld für Richard Löwenherz", in his, *Beiträge zur Mediävistik*, 3 vols., Stuttgart.

Franz-Josef Schmale ed.(1998), *Die Chronik Ottos von St. Blasien und die Marbacher Annalen*, Darmstadt: Wissenschaftliche Buchgesellschaft.

Gellner, Ernest(1983), *Nations and Nationalism*, Ithaca: Cornell Univ. Press.

Gerwinka, Günter(1977), "Völkercharakteristiken in historiographischen Quellen der Salier- und Stauferzeit", in Herwig Ebner ed., *Festschrift für Friedrich Hausmann*, Graz: Akademische. Druck- u. Verlagsanstalt.

Goez, Werner(1958), *Translatio Imperii: Ein Beitrag zur Geschichte des Geschichtsdenkens und der politischen Theorien im Mittelalter und in der frühen Neuzeit*, Tübingen: Mohr.

Graus, František(1985), "Kontinuität und Diskontinuität des Bewusstseins nationaler Eigenständigkeit im Mittelalter", in P. Sture Ureland ed., *Entstehung von Sprachen und Völkern: Glotto-und ethnogenetische Aspekte europäischer Sprachen*, Tübingen: Niemeyer.

Grundmann, Herbert and Herman Heimpel eds.(1949), *Die Schriften des Alexander von Roes*, Weimar: Böhlaus Nachfolger.

Hermann Hearn Jonathan(2006), *Rethinking Nationalism: A Critical Introduction*, New York: Palgrave Macmillian.

Hirschi, Caspar(2005), *Wettkampf der Nationen: Konstruktionen einer deutschen Ehrgemeinschaft an der Wende vom Mittelater zur Neuzeit*, Göttingen: Wallstein.

Hobsbawm, Eric J(1990), *Nations and Nationalism since 1780: Programme*, Myth, Reality, Cambridge: Cambridge Univ. Press.

Franz Josef Schmale ed.(1972), *Frutolfs und Ekkehards Chroniken und die anonyme Kaiserchronik*, Darmstadt: Wissenschaftliche Buchgesellschaft.

Kahl, Hans-Dietrich, "Einige Beobachtungen zum Sprachgebrauch von natio im mittelalterlichen Latein mit Ausblicken auf das neuhochdetusche Fremdword 'nation'", in Helmut Beumann and Werner Schröder eds., *Aspekte der Nationenbildung im Mittelalter*, Sigmaringen: Jan Thorbecke.

Koch, Gottfried(1972), *Auf dem Wege zum Sacrum Imperium: Studien zur ideologischen Herrschaftsbegründung der deutschen Zentralgewalt im 11. und 12. Jahrhundert*, Berlin: Akademie Verlag.

Kurze, Dietrich(1966[1968]), "Nationale Regungen in der spätmittelalterlichen Prophetie", in Ludus de Antichristo trans., *Historische Zeitschrift* 202.(into German) with epilogue Rolf Engelsing, Stuttgart: Reclam.

Müller-Mertens, Eckhard(2006), "Römische Reich im Besitz der Deutschen, der König an Stelle des Augustus. Recherche zur Frage: seit wann wird das mittelalterlich-frühneuzeitliche Reich von den Zeitgenossen als römsich und deutsch begriffen?", *Historische Zeitschrift* 282.

_____(1970), *Regnum Teutonicum: Aufkommen und Verbreitung der deutschen Reichs- und Königsauffassung im früheren Mittelalter*, Berlin: Böhlau.

_____(2007), "Imperium und Regnum im Verhältnis zwischen Wormser Konkordat und Goldener Bulle. Analyse und neue Sicht im Licht der Konstitutionen", *Historische Zeitschrift* 284.

Nellmann, Eberhard ed.(1979), *Das Annolied*, 2nd ed., Stuttgart : Reclam.

Otto of Freising and Rahewin(1965), *Gesta Frederici seu rectius Cronica*, Franz-Josef Schmale ed. and trans., Adolf Schmidt(into German), Darmstadt: Wissenschaftliche Buchgesellschaft.

Otto of Freising(1990), *Chronica sive Historia de duabus civitatibus*, Walther Lammers ed. and trans., Adolf Schmidt(into German), Darmstadt: Wissenschaftliche Buchgesellschaft.

Özkırımlı, Umut(2000), *Theories of Nationalism: A Critical Introduction*, New York: Macmillian.

Pagden, Anthony ed.(2002), *The Idea of Europe: From Antiquity to the European Union*, Washington, DC: Woodrow Wilson Center Press.

Rauh, Horst Dieter(1988), "Eschatologie und Geschichte im 12. Jahrhundert. Antichrist-Typologie als Medium der Gegenwartskritik", in Werner Verbeke et al. eds., *The Use and Abuse of Eschatology in the Middle Ages*, Leuven: Leuven Univ. Press.

Scales, Len(2003), "German Militiae: War and German Identity in the Later Middle Ages", *Past and Present* 180.

Schaller, H, Martin(1972), "Endzeit-Erwartung und Anti-Christ Vorstellungen in der Politik des 13. Jahrhunderts", in Mitarbeiter des Max-Planck-Instituts für Geschichte eds., *Festschrift für Hermann Heimpel zum 70. Geburtstag*, 3 vols., Göttingen: Vandenhoeck & Ruprecht.

Schlesinger, Walter(1978), "Die Entstehung der Nationen. Gedanken zu einem Forschungsprogramm", in Helmut Beumann and Werner Schröder eds., *Aspekte der Nationenbildung im Mittelalter*, Sigmaringen: Jan Thorbecke.

_____(1986), "Zur Nationenbildung im Mittelalter", in Otto Dann ed., *Nationalismus in vorindustrieller Zeit*, München: Oldenbourg.

Schneider, Reinhard(1989), "Das Königtum als Integrationsfaktor im Reich", in Ehlers ed., *Ansätze und Diskontinuität*.

Schneidmüller, Bernd(1995), "Reich - Volk - Nation: Die Entstehung des Deutschen Reiches und der deutschen Nation im Mittelalter", in Bues and Rexheuser eds., *Mittelalterliche nationes–neuzeitliche Nationen. Probleme der Nationenbildung in Europa*, Wiesbaden: Harrassowitz.

_____(2010), "Nationenbildung als Innovation? Reiche und Identitäten im mittelalterlichen Europa", in Christian Hesse and Klaus Oschema eds., *Aufbruch im Mittelalter - Innovation in Gesellschaften der Vormoderne. Studien zu Ehren von Rainer C. Schwinges*, Ostfildern, Thorbecke.

Schmale, Wolfgang(2000), *Geschichte Europas*, Köln: Böhlau.

Schmugge, Ludwig(1982), "Über "nationale" Vorurteile im Mittelalter", *Deutsches Archiv für Erforschung des Mittelalters* 24.

Smith, Anthony D(2001), *Nationalism*, Cambridge: Polity.

Thomas, Heinz(1992), "Das Identitätsproblem der Deutschen im Mittelalter",

Geschichte in Wissenschaft und Unterricht 43.

_____(1991), "Julius Casear und die Deutschen. Zu Ursprung und Gehalt eines deutschen Geschichtsbewusstseins in der Zeit Gregors VII. and Heinrichs IV", in Stefan Weinfurter ed., *Die Salier und das Reich*, 3 Vols., Sigmaringen: Jan Thorbecke.

Walther, Hans(1959), "Scherz und Ernst in der Völker- und Stämme-Charakteristik mittellateinischer Verse", *Archiv für Kulturgeschichte* 41.

Wilson, Kevin and Jan van der Dussen (1995) eds., *The History of the Idea of Europe*, London: Routledge.

Wolf, Armin(1989), "Die Gliederung Europas in Nationen im Spiegel von Recht und Gesetzgebung des Mittealters", in Joachim Ehlers ed., *Ansätze und Diskontinuität der Nationenbildung im Mittelalter*, Sigmaringen: Jan Thorbecke.

Zientara, Benedykt(1986), "Populus-Gens-Natio. Einige Probleme aus dem Bereich der ethnischen Terminologie des frühen Mittelalters", in Otto Dann ed., *Nationalismus in vorindustrieller Zeit*, München: R. Oldenbourg.

_____(1997), *Frühzeit der europäischen Nationen, Die Entstehung von Nationalbewusttsein im nachkarolingischen Europa*, (German) Klaus Zernack trans., Osnabrück: Fibre.

3장 마키아벨리의 공화적 애국심

곽준혁(2003), 「민족주의 없는 애국심과 비지배 평화원칙」, 『아세아연구』 제46권 4호.

_____(2007), 「키케로의 공화주의」, 『정치사상연구』 제13집 2호.

_____(2008), 「왜 그리고 어떤 공화주의인가」, 『아세아연구』 제51권 1호.

Bader, Veit(1999), "Review: For Love of Country", *Political Theory*, 27:3.

Beiner, Ronald(1993), "Machiavelli, Hobbes and Rousseau on Civil Religion", *The Review of Politics*, 55:4.

Berlin, Isaiah(2001[1979]), *Against the Current: Essays in the History of Ideas*, New York: Oxford University Press.

Canovan, Margaret(2000), "Patriotism is Not Enough", *British Journal of Political Science*, 30:3.

Castelli, Enrico(1949), *Umanesimo e Machiavellismo*, Padova: Editoria Liviana.

Chabod, Federigo(1960), *Machiavelli and the Renaissance*, in David Moore trans., London: Bowes & Bowes.

Cicero, Marcus Tullius(1913(2001)), *De Officcis*, in Walter Miller trans., Cambridge: Harvard University Press.

_____(1928(2000)), *De Re Publica* & *De Legibus*, in Clinton Walker Keyes trans., Cambridge: Harvard University Press.

Colish, Maria(1999), "Republicanism, Religion, and Machiavelli's Savonarolan Moment", *Journal of the History of Ideas*, 60:4.

Curcio, Carlo(1953), *Machiavelli nel Risorgimento*, Milano: Giuffre.

De Grazia, Sebastian(1994), *Machiavelli in Hell*, New York: Vintage Books.

Fontana, Benedetto(1999), "Love of Country and Love of God: The Political Uses of Religion in Machiavelli", *Journal of the History of Ideas*, 60:4.

Gregory, Eric(2008), *Politics and the Order of Love*, Chicago: University of Chicago Press.

Hay, Denys(1971), "*The Italian View of Renaissance Italy*", in J.G. Rowe & W.H. Stockdale eds., *Florilegium Historiale: Essays Presented to Wallace K. Ferguson*, Toronto: University of Toronto Press.

Hörnqvist, Mikael(2004), *Machiavelli and Empire*, New York: Cambridge University Press.

Kateb, George(2000), "Is Patriotism a Mistake?", *Social Research*, 67:4.

Keller, Simon(2005), "Patriotism as Bad Faith", *Ethics*, 115.

Kleingeld, Pauline(2000), "Kantian Patriotism", *Philosophy* & *Public Affairs*, 29:4.

Landon, William J.(2005), "Niccolò Machiavelli's 'Secular Patria' and the Creation of an Italian National Identity", *Politics, Patriotism and Language*, New York: Peter Lang.

Lefort, Claude(1991(2000)), "Machiavelli and the verità effetuale", in David Ames Curtis ed. and trans.,*Writing: The Political Test*, Durham: Duke University Press.

Lovett, Frank(2010), *A General Theory of Domination and Justice*, New York: Oxford University Press.

Machiavelli, Niccolò(1999), "Dell'arte della guerra", in Rinaldo Rinaldi ed., Opere I-2, Torino: Unione Tipografico-Editrice Torinese.

_____(1996), *Discorsi sopra la prima deca di Tito Livio*, intro, Gennaro Sasso, note, Giorgio Inglese, Milano: Rizzoli Editore.

_____(1995), *Il Principe*, intro, Giorgio Inglese, note, Federico Chabod, Torino: Giulio Einaudi Editore.

_____(1984(2000)), *Lettere*, in *Opere* III, in Franco Gaeta ed., Torino: Unione Tipografico-Editrice Torinese.

_____(1986(1971)), *Istorie Fiorentine*, in *Opere* II, Alessandro Montevecchi ed., Torino: Unione Tipografico-Editrice Torinese.

Manet, Pierre(2006), *Democracy without Nations? The Fate of Self-Government in Europe*, in Paul Seaton trans., Wilmington: ISI.

Markell, Patchen(2000), "Making Affect Safe for Democracy?: On Constitutional Patriotism", *Political Theory*, 28:1.

Mazzini, Giuseppe(2005(1975)), *Opere politiche: Scritti Politici di Giuseppe Mazzini*, Terenzio Grandi & Augusto Comba ed., intro, by Maurizio Viroli, Torino: Unione Tipografico-Editrice Torinese.

_____(2009(1836)), "Humanity and Country", in *A Cosmopolitanism of Nations*, Stefano Recchia & Nadia Urbinati ed. & intro., Princeton: Princeton University Press.

Miller, David(1995), *On Nationality*, New York: Oxford University Press.

Najemy, John(1999), "Papirius and the Chickens or Machiavelli on the Necessity of Interpreting Religion", *Journal of the History of Ideas*, 60:4.

Nederman, Cary(1999), "Amazing Grace: Fortune, God and Free Will in Machiavelli's Thought", *Jounral of the History of Ideas*, 60:4.

Orwin, Clifford(1978), "Machiavelli's Unchristian Charity", *American Political Science Review*, 72: 12.

Parel, Anthony(1992), *The Machiavellian Cosmos*, New Haven: Yale University Press.

Patapan, Haig(2008), *The Modern Politics of Love and Fear,* Lanham: Lexington Books.

Pettit, Philip(2010), "A Republican Law of peoples", *Princeton Law and Public Affairs*, Paper Series 08-011.

_____(2006), "*Rawls's Peoples*", in *Rawls's Law of Peoples: A Realistic Utopia?*, Rex

Martin & David Reidy ed., Malden, MA: Blackwell Publishing.
Prezzolini, Giuseppe(1971[2004]), *Cristo e/o Machiavelli*, Beppe Benvenuto ed., Parlermo: Sellerio.
Rahe, Paul(2005), *Machiavelli's Liberal Republican Legacy*, New York: Cambridge University Press.
Recchia, Stefanno & Nadia Urbinati(2009), *A Cosmopolitanism of Nations, Giuseppe Mazzini's Writings on Democracy, Nation Building, and International Relations*, Princeton: Princeton University Press.
Sasso, Gennaro(1958), *Niccolò Machiavelli: Storia del suo pensiero politico*, Napoli: Nella Sede Dell'Istituto.
Viroli, Maurizio(2010), *Machiavelli's God*, in Antony Shugaar trans., Princeton: Princeton University Press.
____(2002), *Republicanism*, New York: Hill and Wang.
_____(1998), *Machiavelli*, New York: Oxford University Press.
_____(1995), *For Love of Country: An Essay on Patriotism and Nationalism*, New York: Oxford University Press.
Xenos, Nicholas(1998), "Questioning Patriotism: Rejoinder to Viroli", *Critical Review*, 12: 1/2.
Zmora, Hillay(2004), "Love of Country and Love of Party: Patriotism and Human Nature in Machiavelli", *History of Political Thought*, 25:3.

4장 스피노자와 조국에 대한 사랑

강영안(1998), 『자연과 자유 사이』, 문예출판사.
공진성(2007), 「스피노자, 관용, 그리고 종교적 불복종의 문제」, 『정치사상연구』 제13집 2호.
____ (2008), 「스피노자의 정치이론에 대한 인간유형론적 해석 비판」, 『사회과학연구』 제16집 1호.
곽준혁(2003), 「민족주의 없는 애국심과 비지배 평화원칙」, 『아세아연구』 제46권 4호.
권혁범(2009), 「민주적 애국주의에 대해서」, 『시민과 세계』 제15호.
김만권(2009), 「'헌법 애국주의', 자신이 구성하는 정치공동체에 애정을 갖는다는 것」, 『시민과 세계』 제16호.
김선욱(2004), 「정치공동체 형성 원리로서의 사랑에 대한 연구」, 『정치사상연구』 제10집 1호.
대한성서공회(2001), 『성경전서』, 표준새번역 개정판.
박삼열(2002), 『스피노자의 『윤리학』 연구』, 선학사.
서동진(2010), 「과연 공화국만으로 충분한가: 애국주의 논쟁을 되짚어보아야 할 이유」, 『시민과 세계』 제17호.
원준호(2003), 「애국심의 대상, 요소, 현실성에 관한 숙고」, 『한국정치학회보』 제37집 3호.
장은주(2009), 「대한민국을 사랑한다는 것: 민주적 애국주의의 가능성과 필요」, 『시민과 세계』 제15호.
_____(2010), 「민주적 애국주의와 민주적 공화주의: 비판과 문제제기에 대한 응답」, 『시민과 세계』 제17호.
조계원(2009), 「한국사회와 애국심: 공화주의적 애국심의 검토」, 『시민과 세계』 제16호.
조승래(2010), 『공화국을 위하여: 공화주의의 형성과정과 핵심사상』, 도서출판 길.
홍영미(2006), 「스피노자의 코나투스 이론」, 『철학연구』 제73집.
Blom, Hans W.(1988), "Virtue & Republicanism: Spinoza's political philosophy in the context of the Dutch Republic", in Helmut Koenigsberger ed., *Republiken und Republikanismus im Europa der Frühen Neuzeit*, München: R. Oldenbourg Verlag.
Cook, J. Thomas(1999), "Did Spinoza Lie to His Landlady?" in Paul J. Bagley ed., *Piety, Peace & the Freedom to Philosophize*, Kluwer Academic Publishers.
Deleuze, Gille, 박기순 옮김(1999), 『스피노자의 철학』, 민음사.
Gatens, Moira & Lloyd, Genevieve(1999), *Collective Imaginings: Spinoza, Past & Present*, London: Routledge.
Grassi, Paola(2009), "Adam & the Serpent: Everyman & the Imagination", in Moira Gatens ed., *Feminist Interpretations of Benedict Spinoza*, Pennsylvania: The Pennsylvania State University Press.
Hobbes, Thomas(1983), The Latin Version, in Howard Warrender ed., *De Cive*, Oxford: Clarendon Press.
Israel, Jonathan I(2000), "Spinoza, Locke & the Enlightenment Battle for Tolera-

tion", in O.P. Grell & R. Porter eds., *Toleration in Enlightenment Europe*, Cambridge: Cambridge University Press.
Karatani, Kojin, 조영일 옮김(2007), 『세계공화국으로』, 도서출판 b.
_____(2010), 『정치를 말하다』, 도서출판 b.
Klever, Wim(2009), "Wim Klever's 22 August 2009 letter to Paolo Cristofolini", http://www.benedictusdespinoza.nl/lit/KleverToCristofolini.pdf.
Mason, Richard(1997), *The God of Spinoza*, Cambridge: Cambridge University Press.
Münkler, Herfried(1987), *Im Namen des Staates: Die Begründung der Staatsraison in der Frühen Neuzeit*, Frankfurt/M.: Fischer.
Nussbaum, Martha C.(2001), *Upheavals of thought: the intelligence of emotions*, Cambridge: Cambridge University Press.
Samely, Alexander(1993), *Spinozas Theorie der Religion*, Würzburg: Königshausen & Neumann.
Schmitt, Carl, 김항 옮김(2010), 『정치신학』, 그린비.
Spinoza, Benedictus de(1925) Carl Gebhardt ed., *Opera*, Heidelberg: Universitätsverlag Winter.
_____(1958), A.G. Wernham trans., *The Political Works*, London: Oxford University Press.

Wolin, Sheldon, 강정인 외 옮김(2007), 『정치와 비전 1』, 후마니타스.
Yovel, Yirmiyahu(1999), "Transcending Mere Survival: From Conatus to Conatus Intelligendi", in Yirmiyahu Yovel ed., *Desire & Affect: Spinoza as Psychologist*, New York: Little Room Press.

5장 헤겔의 인륜적 애국심

장준호(2007), 『국제정치의 패러다임: 전쟁과 평화』, 한울.
헤겔, 임석진 옮김(2008), 『법철학』, 한길사.
"Ansgar Graw im Gespräch mit Angela Merkel", *Die Welt*, 9. November.
Bahr, Egon(2003), "Der Deutsche Weg", *Selbstverstaendlich und normal*, München.
Böckenförde, Ernst-Wolfgang(1922), *Recht, Staat, Freiheit: Studien zur Rechtsphi-*

losophie, Staatstheorie und Verfassungsgeschichte, Frankfurt/M.

Dahrendorf, Ralf(1993), "Freiheit und soziale Bindungen: Anmerkungen zur Struktur einer Argumentation", Krzysztof Michalski ed., *Die liberale Gesellschaft: Castelgandolfo-Gespraech 1992*, Stuttgart.

Europäische Komminision in der BDR ed., EUROBAROMETER 58: Deutschland in Europa 2002. An der Schwelle zur Erweiterung. Die EU vor einer grosse Aufgabe, 2003.

Fabio, Udo Di(2005), *Die Kultur der Freiheit*, München.

Forschner, Maximilian(1992), "Patriotismus-Kosmopolitismus", in Höffe, Otfried ed., *Lexikon der Ethik*, München.

Frei, Norbert(2009), "Der Erinnerungstisch ist reich gedeckt: Geschichtsaufarbeitung in Deutschland", *Die Zeit*, Nr. 14 vom 2. 4.

Hacke, Christian(2005), "Die Außenpolitik der Regierung Schröder/Fischer", Aus Politik und Zeitgeschichte.

Hegel, G.W.F., *Grundlinien der Philosophe des Rechts. 1821*, Hamburg: Meiner, 1995.

Köcher, Elisabeth / Renate (ed.), Allensbacher Jahrbuch fuer Demoskopie 1988-2002, München, 2002.

Kronenberg, Volker(2006), Patriotismus in Deutschland, VS Verlag: Wiesbaden.

_____ "Verfassungspatriotismus im vereinten Deutschland", Aus Politik und Zeitgeschichte, 28/2009, 8. August, 2005.

Lammert, Norbert(2007), "Fröhlicher Patriotismus-Impulse eines Sommermärchen", Hebeker, Ernst Philipp W. Hildmann (ed.). Fröhlicher Patriotismus? Eine WM-Nachlese. Hansseidelstiftung .

Nolte, Paul(2000), Die Ordnung der deutschen Gesellschaft. Selbstentwurf und Selbstbeschreibung in 20. Jahrhundert, München.

Ottmann, Henning(2008), Geschichte des politischen Denkens Die Neuzeit Das Zeitalter der Revolution, Verlag J.B. Metzler: Stuttgart.

Ritter, Gerhard(1966), Das Deutsche Problem: Grundfragen deutschen Staatslebens gestern und heute, München.

Schöllgen, Gregor. "Deutsche Außenpolitik in der Ära Schröder", Aus Politik und Zeitgeschichte, 32-33/2005, 8. August, 2005.

Sternberger, Dolf(1990), "Verfassungspatriotismus: Rede gei der 25-Jahre-Feier der Akademie für Politische Bildung", Peter Haungs ed., Schriften X. Frankfurt/M.

"Patriotismus", Der grosse Brockhaus, Leipzig, 1933.

"Patriotismus", Krug's Philosophisches Woerterbuch, Leipzig, 1828.

"Patriotismus", Lexikon fuer Theologie und Kirche, Freiburg, 1998.

6장 프랑스혁명 이후, 애국주의에서 민족주의로

윤선자(2008), 『축제의 정치사』, 한길사.

홍태영(2008), 『국민국가의 정치학』, 후마니타스.

_____(2011), 『정체성의 정치학』, 서강대학교출판부.

Bertaud, Jean-Paul(1985), *La vie quotidienne des soldats de la Révolution, 1789-1799*, Paris: Hachette.

_____(1988), *The Army of the French Revolution: From citizen-soldiers to instrument of power*, translated by R.R. Palmer, Princeton: Princeton UP.

Blanc, L(1849), "Discours de Louis Blanc, le 29 avril", Émile de Girardin éd., *Le droit au travail au Luxembourg et à l'Assemblée nationale*, 2 vol., Paris: Lévy frères.

Bruno, G(1925), *Le Tour de la France par deux enfants: devoir et patrie*, Paris: Eugéne Belin.

Clausewitz, Karl V. 류제승 옮김(1998), 『전쟁론』, 책세상.

Darriulat, Ph.(2001), *Les patriotes: La gauche républicaine et la nation, 1830-1870*, Paris: Seuil.

Fremont-Barnes, Gregory & Fisher, Todd, 박근형 옮김(2009), 『나폴레옹 전쟁』, 플래닛 미디어.

Habermas, J(1992), *L'espace public,* Paris: Payot.

List, Fredrich(1998), *Le système nationale D'économie politique*, Paris: Gallimard.

Lynn, J.A.(1989), "Towards an Army of Honor: The moral evolution of the French Army 1789-1815", *French Historical Studies* 16, no. 1.

_____(1996a), *The Bayonets of the Republic: motivation & tactics in the army of revolutionary France, 1791-94*, Boulder: Westview Press, Colo.

_____(1996b), "The Evolution of Army Style in the Modern West, 800-2000",

International History Review 18, no. 3. August.

_____(2006), 『배틀, 전쟁의 문화사』, 청어람미디어.

Machiavelli, N., 강정인·안선재 옮김(2003), 『로마사논고』, 한길사.

Mélonio, F(1998), *Naissance et affirmation d'une culture nationale: la France de 1815 à 1880*, Paris: Seuil.

Michelet, Jules(1974), *Le Peuple*, Paris: GF Flammarion.

_____(1984), *Introduction à l'histoire universelle. Oeuvres complète. Tome. III*, Paris: Flammarion.

Mitzman, Arthur(1999), *Michelet ou la subversion du passé,* Paris: La Boutique de 'Histoire.

Pasquino, P.(1998), *Sieyès et l'invention de la constitution en France,* Paris: Odile Jacob.

Robespierre, M.(1793), "Rapport sur les principes du gouvernement révolutionnaire", le 5 Nivôse(le 25 décembre 1793), *Oeuvres de Maximilien Robespierre, Tome X*, Paris: Phénix Editions, 2000.

_____(1794a), "Rapport sur les principes de morale politique qui doivent guider la Convention nationale dans l'administration intérieure de la République", le 17 Pluviôse(le 5 février 1794), *Oeuvres de Maximilien Robespierre, Tome X*, Paris: Phénix Editions, 2000.

_____(1794b), "Rapports des idées religiouses et morales avec les principes républicaines et sur les fêtes nationales", le 7 mai 1794, *Oeuvres de Maximilien Robespierre. Tome X*, Paris: Phénix Editions, 2000.

Rosanvallon, Pierre(1985), *Le moment Guizot*, Paris: Gallimard.

_____(1990), *L'Etat en France de 1789 à nos jours*, Paris: Seuil.

_____(1992), "Le sacre du citoyen", *Histoire du suffrage universel en France*, Paris: Gallimard.

Savy, Nicole(1996), "L'Europe de Victor Hugo: Du gothique au geopolitique", *Michele Madonna Mesbazeille. L'Europe, naissance d'une utopie?*, Paris: L'Harmattan.

Schmitt, C. & Die Diktur, 김효전 옮김(1996), 『독재론』, 법원사.

Soboul, A., 최갑수 옮김(1984), 『프랑스 대혁명사』(상·하), 두레.

_____, 이세희 옮김(1990), 『상뀔로트』, 일월서각.

Talyor, Ch., 이상길 옮김(2010), 『근대의 사회적 상상』, 이음.
Thiesse, M.(1999), "La création des identités nationales", *Europe XVIIIe -XXe siècle*, Paris: Seuil.
Thom, M., 류승구 옮김(2011), 「국가 속의 부족들: 고대 게르만과 근대 프랑스 역사」, 『국민과 서사』(호미 바바 엮음, 후마니타스).

7장 프랑스 민족주의와 유럽의 통합

김용우(2005), 『호모 파시스투스: 프랑스 파시즘과 반혁명의 문화혁명』, 책세상.
박단(2005), 『프랑스의 문화전쟁: 공화국과 이슬람』, 책세상.
조홍식(2006), 『유럽통합과 '민족'의 미래』, 푸른길.
_____(2008), 「시라크와 미테랑의 유럽정책 비교연구: 개인적 비전과 정책의 제약」, 『유럽연구』 제26권 2호.
한명숙(2009), 「프랑스 국적법 개정과 북아프리카 이민자 문제, 1986-1993」, 『프랑스사 연구』 제20호.
Algazy, Joseph, *L'extrême droite en France de 1965 à 1984*, Paris: L'Harmattan, 1989, rééd. 2000.
Anne-Marie, Duranton-Crabol(1988), *Visages de la Nouvelle Droite. Le GRECE et son histoire*, Paris: Presses de la Fondation nationale des sciences politiques.
Bartolini, Stefano(2005), *Restructuring Europe: Centre formation, system building & political structuring between the nation-state & the European Union*, Oxford: Oxford University Press.
Charpier, Frédéric(2005), *Génération Occident. De l'extrême droite à la droite*, Paris: Éditions du Seuil.
Chebel d'Appollonia, Ariane(1996), *L'Extrême-droite en France. De Maurras à Le Pen*, coll. ≪Questions au XXe siècle≫, Bruxelles: éditions Complexe.
Davies, Peter(2002), *The Extreme Right in France, 1789 to the Present*, London: Routledge.
Gellner, Ernest(1983), *Nations & Nationalism*, Ithaca: Cornell University Press.
Haas, Ernest(1958), *The Uniting of Europe: Political, Social & Economic Forces, 1950-1957*, Stanford: Stanford University Press.
Hainsworth, Paul(2000), "The Front National: From Ascendancy to Fragmenta-

tion on the French Extreme Right", in *The Politics of the Extreme Right*, Paul Hainsworth, ed., London: Pinter.

Hix, Simon(1994), "The Study of the European Community: The Challenge to Comparative Politics", *West European Politics*, January.

Lacroix, Justine(2002), "For A European Constitutional Patriotism", *Political Studies* 50(5), December.

Lavau, Georges(1981), *A quoi sert le Parti communiste français?*, Paris: Fayard.

Marcus, Jonathan(1995), *The National Front & French Politics*, New York: New York University Press.

Mayer, Nona et Pascal Perrineau(1996) eds., *Le Front National à découvert*, Paris: Presses de la FNSP.

Milza, Pierre(2002), *L'Europe en chemise noire. Les extrêmes droites en Europe de 1945 à aujourd'hui*, Paris: Flammarion, coll. ≪Champs≫.

Moravcsik, Andrew(1998), *The Choice for Europe: Social Purpose & State Power from Messina to Maastricht*, Ithaca: Cornell University Press.

Rémond, René(1982), *Les droites en France*, Paris: Aubier.

Sidjanski, Dusan(1992), *L'avenir fédéraliste de l'Europe La Communauté européenne des origines au traité de Maastricht*, Paris: PUF.

Smith, Anthony(1993), *National identity*, Reno: University of Nevada press.

Spektorowski, Alberto(2000), "Regionalism & the Right: The Case of France", *The Political Quarterly*, Vol. 71.

Stéphane, François(2008), *Les Néo-paganismes et la Nouvelle Droite* (1980-2006), Milan, Milan: Archè.

Taguieff, Pierre-André(1994), *Sur la Nouvelle Droite: Jalons d'une analyse critique*, Paris: Galilée, ≪Descartes et Cie≫.

Winock, Michel et Jean-Pierre Azéma(1994), *Histoire de l'extrême-droite en France*, Paris: Seuil.

8장 세계시민주의와 애국심

곽준혁(2003), 「민족주의 없는 애국심과 비지배 평화원칙」, 『아세아연구』 제46권 4호.

_____(2010), 『경계와 편견을 넘어서』, 한길사.
비롤리, 모리치오, 김경희·김동규 옮김(2006), 『공화주의』, 인간사랑.
Abizadeh, Arash & Paolo Gilabert(2008), "Is There a Genuine Tension between Cosmopolitan Egalitarianism & Special Responsibilities?" *Philosophical Studies* 138, No. 3.
Bohman, James(2009), "Cosmopolitan Republicanism & the Rule of Law", in Samantha Besson & Jose Luis Marti eds., *Legal Republicanism*, Oxford, N.Y.: Oxford University Press.
Buckinx, Barbara(2011), "Domination in Global Politics", Luis Cabrera ed., *Global Governance, Global Government*, Albany: State University of New York Press.
Bufacchi, Vittorio(2005), "Motivating Justice", *Contemporary Political Theory* 4.
Callan, Eamonn(2006), "Love, Idolatry & Patriotism", *Social Theory & Practice* 32, No. 4.
Cheneval, Fancis(2009), "Multilateral Dimensions of Republican Thought", in Samantha Besson & Jose Luis Marti eds., *Legal Republicanism*, Oxford, N.Y.: Oxford University Press.
Driver, Julia(2007), "Cosmopolitan Virtue", *Social Theory & Practice* 33, No. 4.
Goodin, Robert E.(1988), "What is So Special about Our Fellow Countrymen?", *Ethics* 98.
Keller, Simon(2005), "Patriotism as Bad Faith", *Ethics* 115.
Laborde, Cecile(2010), "Republicanism & Global Justice: A Sketch", *European Journal of Political Theory* 9, No. 1.
Lenard, Patti Tamara(2010), "Motivating Cosmopolitanism?: A Skeptical View", *Journal of Moral Philosophy* 7, No. 3.
Lovett, Frank(2010), *A General Theory of Domination & Justice*, Oxford: Oxford University Press.
MacIntyre, Alasdair(2002), "Is Patriotism a Virtue?", in Igor Primoratz ed., *Patriotism*, Amherst, N.Y.: Humanity Books.
Mason, Andrew(2000), *Community, Solidarity & Belonging,* Cambridge: Cambridge University Press.
Miller, David(2000), *Citizenship & National Identity*, Cambridge: Polity Press.
_____(2005), "Reasonable partiality towards compatriots", *Ethical Theory & Moral*

Practice 8.

Miller, Richard W.(1998), "Cosmopolitan Respect & Patriotic Concern", *Philosophy & Public Affairs* 27, No. 3.

Moore, Margaret(2009), "Is Patriotism an Associative Duty?", *The Journal of Ethics* 13, No. 4.

Nathanson, Stephen(2007), "Is Cosmopolitan Anti-Patriotism a Virtue?", in Igor Primoratz & Aleksandar Pavković eds., *Patriotism: Philosophical & Political Perspectives*, U.K.: Ashgate.

Nussbaum, Martha C.(1996), "Patriotism & Cosmopolitanism", in Joshua Cohen ed., *For Love of Country*, Boston: Beacon.

____(2008), "Toward a globally sensitive patriotism", *Daedalus* 137, No. 3.

Pettit, Philip(1997), *Republicanism: A Theory of Freedom & Government*, Oxford: Oxford University Press.

____(2001), "Capability & Freedom: A Defence of Sen", *Economics & Philosophy* 17, No.2.

____(2008), "Republican Freedom: Three Axioms, Four Theorems", in Cécile Laborde & John Maynor eds., *Republicanism & Political Theory*, Oxford: Blackwell Publishing Ltd.

____(2010), "A Republican Law of Peoples", *European Journal of Political Theory* 9, No. 1.

Pogge, Thomas W.(2002), *World Poverty & Human Rights*, Cambridge: Polity Press.

Primoratz, Igor(2002), "Patriotism: A Deflationary View", *The Philosophical Forum* 33, No. 4.

____(2007), "Patriotism & Morality: Mapping the Terrain", in Igor Primoratz & Aleksandar Pavković eds., *Patriotism: Philosophical & Political Perspectives*, U.K.: Ashgate.

Scheffler, Samuel(2001), *Boundaries & Allegiances*, Oxford: Oxford University Press.

Sen, Amartya(1999), *Development & Freedom,* New York: Sage.

Tan, Kor-Chor(2004), *Justice without Borders: Cosmopolitanism, Nationalism & Patriotism*, Cambridge: Cambridge University Press.

Verlinden, An(2010), "Reconciling Global Duties with Special Responsibilities:

Towards a Dialogical Ethics", in S. van Hooft & W. Vandekerckhove eds., *Questioning Cosmopolitanism*, New York: Springer.

Viroli, Maurizio(1995), *For Love of Country : An Essay on Patriotism* & *Nationalism*, Oxford: Clarendon Press.

Walker, Kathryn(2012), "A troubled reconciliation: a critical assessment of Tan's Liberal Cosmopolitanism", *Critical Review of International Social* & *Political Philosophy* 15, No.1.

White, Stuart(2003), "Republicanism, Patriotism & Global Justice", in Daniel A. Bell & Avner de-Shalit eds., *Forms of Justice: Critical Perspectives on David Miller's Political Philosophy*, New York, Oxford: Rowman & Littlefield Publishers, Inc.

Young, Iris Marion(2007), "Two Concepts of Self-Determination", in *Global Challenges: War, Self-Determination* & *Responsibility for Justice*, Cambridge: Polity Press.

9장 하버마스의 헌정적 애국심

곽준혁(2003), 「민족주의 없는 애국심과 비지배 평화원칙」, 『아세아연구』 제46집 4호.

김만권(2009), 「'헌법 애국주의', 자신이 구성하는 정치공동체에 애정을 갖는다는 것」, 『시민과 세계』 제16호.

김범수(2008), 「민주주의에 있어 포용과 배제: '다문화사회'에서 데모스의 범위 설정 문제를 중심으로」, 『한국정치학회보』 제48집 3호.

김병국(1994), 「민족주의: 하버마스와의 대화」, 『계간사상』 여름호.

김준석(2010), 「그리스 경제위기와 유럽경제통합」, 『정세와 정책』 4월호.

장은주(2010), 「민주적 애국주의와 민주적 공화주의: 비판과 문제제기에 대한 응답」, 『시민과 세계』 제17호.

조계원(2009), 「한국 사회와 애국심: 공화주의적 애국심의 검토」, 『시민과 세계』 제16호.

한승완(2010), 「'자유주의적 민족주의'와 '헌법애국주의'」, 『사회와 철학』 제20호.

BBC, "France sends Roma Gypsies to Romania", 20 August 2010, http://www.bbc.co.uk/news/world-europe-11020429(검색일 2011년 4월 1일).

BBC, "Merkel says German multicultural society has failed", 17 October 2010, http://www.bbc.co.uk/news/world-europe-11559451(검색일 2011년 4월 1일).

BBC, "State multiculturalism has failed, says David Cameron", 5 February 2011, http://www.bbc.co.uk/news/world-europe-11559451(검색일 2011년 4월 1일).

BBC, "Europe: Nationalist resurgence", 18 April 2011, http://www.bbc.co.uk/news/world-europe-13115454(검색일 2011년 4월 19일).

BBC, "Nationalist True Finns make gains in Finland vote", 18 April 2011, http://www.bbc.co.uk/news/world-europe-13107620(검색일 2011년 4월 19일).

Ben Hall, "Immigration in the European Union: problem or solution?" http://www.oecdobserver.org/news/fullstory.php/aid/337/(검색일 2012년 4월 2일).

Clarke, Simon(2006), "Theory & Practice: Psychoanalytic Sociology as Psycho-Social Studies", *Sociology*, 40(6): 1153-1169.

El Mundo Madrid, "L'Espagne aussi dure que l'Arizona", 25 May 2010, http://www.presseurop.eu/fr/content/article/258431-l-espagne-aussi-dure-que-l-arizona(검색일 2011년 4월 1일).

Habermas, Jürgen(1968), *Knowledge & Human Interests*, London: Heinemann.

_____(1990[1998]), "Citizenship & National Identity", in *Between Facts & Norms: Contribution to a Discourse Theory of Law & Democracy*, Cambridge, MA: The MIT Press.

_____(1998), "The European Nation-State: On the Past & Future of Sovereignty & Citizenship", *The Inclusion of the Other: Studies in Political Theory*, Cambridge, MA: The MIT Press.

_____(2001), "Why Europe Needs a Constitution", *New Left Review* 11, 5-26.

_____(2009), *Europe: The Faltering Project*, in C. Cronin trans., Cambridge: Polity.

_____(2011), *Zur Verfassung Europas: Ein Essay*, Berlin: Suhrkamp.

_____(2012), *The Crisis of the European Union: A Response*, Cambridge: Polity.

Jaspers, Karl(1948[2001]), *The Question of German Guilt*, in E.B. Ashton trans., New York: Fordham University Press.

Mouffe, Chantal(2000), *The Democratic Paradox*, London: Verso.

Müller, Jan-Werner(2007), *Constitutional Patrotism*, Princeton: Princeton University Press.

_____(2006), "On the Origins of Constitutional Patriotism", *Contemporary Political Theory* 5.

Spiegel, "Habermas, the Last European: A Philosopher's Mission to Save the EU", 25 November 2011, http://www.spiegel.de/international/europe/habermas-the-last-european-a-philosopher-s-mission-to-save-the-eu-a-799237.html(검색일 2012년 4월 7일).

Telegraph, "Nicolas Sarkozy declares multiculturalism had failed", 11 February 2011, http://www.telegraph.co.uk/news/worldnews/europe/france/8317497/Nicolas-Sarkozy-declares-multiculturalism-had-failed.html(검색일 2011년 4월 1일).

Time, "Europe Hails the Arab Protests, but Fears a Flood of Migrants", 23 February 2011, http://www.time.com/time/specials/packages/article/0,28804,2045328_2045333_2053365,00.html(검색일 2011년 4월 1일).

Young, Iris(2000), *Inclusion & Democracy*, Oxford: Oxford University Press.

필자소개

공진성 조선대학교 정치외교학부 교수, 독일 훔볼트 대학 정치학 박사, 서강대학교 사회과학연구소 연구교수 역임. 주요 저·역서와 논문: 『폭력』『테러』『관용에 관한 편지』「스피노자, 관용, 그리고 종교적 불복종의 문제」.

곽준혁 숭실대학교 가치와 윤리연구소 공동소장, 미국 시카고 대학 정치학 박사, 고려대학교 정치외교학과 교수와 경북대학교 정치외교학과 교수 역임. 주요 저·역서와 논문: 『경계와 편견을 넘어서』『신공화주의』「Coexistence without Principle」「Non-domination and Contestability: Machiavelli contra Neo-Roman Republicanism」.

박성우 중앙대학교 정치국제학과 교수, 미국 시카고 대학 정치학 박사, 한림대학교 민족통합연구소 전임연구원 역임. 주요 저서와 논문: 『정보화시대의 전자민주주의 거버넌스』「플라톤의 「메네크세노스」와 아테네 제국의 정체성 그리고 플라톤의 정치적 삶」「Two Concepts of Justice in the City-Soul Analogy of Plato's Republic」.

윤비 성균관대학교 정치외교학과 교수, 독일 훔볼트 대학 정치학 박사, 서울대학교 외교학과 박사후연구원 역임. 주요 논문: 「A Visual Mirror of Princes: The Wheel on the Mural of Longthorpe Tower」「Ptolemy of Lucca-A Pioneer of Civic Republicanism? A Reassessment」.

장준호 경인교육대학교 윤리교육과(정치철학) 교수, 독일 뮌헨 대학 정치학 박사, 경희대학교 인류사회재건연구원 연구교수 역임. 주요 저서와 논문: 『독일의 평화통일과 통일독일 20년의 발전상』『국제정치의 패러다임: 전쟁과 평화』「세계사회를 이해하는 두 가지 구조: 칸트의 당위적 국제사회와 헤겔의 실재적 세계사회」.

조계원 고려대학교 정치외교학과 박사수료. 주요 논문: 「한국 사회와 애국심」「The Candlelight Vigils in South Korea: Neoliberal Protestors with National-Democratic Discourses」.

조홍식 숭실대학교 정치외교학과 교수, 프랑스 파리정치대학 정치학 박사, 세종연구소 연구위원과 가톨릭대학교 국제학부 교수 역임. 주요 저·역서: 『하나의 유럽』『유럽통합과 '민족'의 미래』『미국이라는 이름의 후진국』『똑같은 것은 싫다』『케인즈는 왜 프로이트를 숭배했을까?』.

홍승헌 고려대학교 정치외교학과 박사수료. 주요 논문: 「여론과 정책: 민주화 이후 한국 정부의 정책응답성」「Liberal Neutrality and Agonistic Politics: the Judicial Review of the Korean Constitutional Court Reconsidered」.

홍태영 국방대학교 안보정책학부 교수, 프랑스 사회과학고등연구원 정치학 박사, 서강대학교 사회과학연구소 연구교수 역임. 주요 저서와 논문: 『개인이 아닌 시민으로 살기: 몽테스키외 & 토크빌』『국민국가의 정치학』『정체성의 정치학』「유럽적 근대성과 유럽적 가치의 형성」.